하나님 부부로 살아가기

하나님 부부로 살아가기

홍장빈 · 박현숙 공저

규장

하나님 중심으로 사는 부부

나와 엘렌은 지난 30년 동안 이 책의 공동 저자인 홍장빈, 박현숙 부부가 서로 사랑하는 모습을 지켜보았습니다. 이 두 사람은 서로 깊게 사랑합니다. 결혼, 자녀양육, 부부 관계 등 그리스도인 가정의 모범이 되었습니다. 특히 아가서 2장의 남자와 여자처럼 행복한 부부 사랑을 아름답게 보여주었습니다. 어떻게 이렇게 살 수 있었을까요?

바로 하나님 중심의 부부 관계입니다. 이 두 사람이 좋은 부부 관계를 이룬 비결은 항상 하나님을 중심으로 살기 때문입니다. 하나님의 뜻을 생각하고 그분의 말씀에 귀를 기울이면서 순종하는 삶을 살기 때문입니다. 결혼하기 전에는 하나님의 자녀로 살다가 결혼하고 하나님의 부부가 된 이야기가 이 책에 그대로 나타납니다. 이 시대에 꼭 필요한 좋은 책이 출간되어서 참 기쁩니다.

이들이 좋은 부부 관계를 이룬 증인은 그들의 자녀입니다. 또한 우리 부부와 예수전도단과 많은 교회의 성도들이 이 부부가 살아가는 모습을 보면서 거룩한 도전을 받았습니다. 그런데 누구든지 이들처럼 행복한 부부가 될 수 있습니다. 하나님을 중심으로 살면 가능합니다.

우리 모두는 세상을 축복하기 위해 부르심을 받았습니다. 그 축복은 가정에서 시작합니다. 그 기초는 좋은 부부 관계입니다. 부부가 서로 사랑하면 행복한 가정을 위한 튼튼한 뿌리가 내립니다.

그 어느 때보다도 행복한 가정이 중요한 시대가 되었습니다. 홍장빈, 박현숙 부부처럼 많은 부부들도 하나님의 부부로 살아가기를 소망합니다. 일상생활에서 이들이 어떻게 하나님의 부부가 되었는지 보여주는 이 책이 큰 격려와 실제적인 가르침을 보여줄 것을 확신합니다. 이 책이 출간되어서 참 기쁩니다. 결혼을 소망하거나 좋은 부부가 되어서 행복한 가정을 이루기 원하는 사람들에게 나와 엘렌은 이 책을 적극 추천합니다. "꼭 읽으세요."

오대원 & 엘렌 로스 David & Ellen Ross, 예수전도단 설립자

진짜 부부의 진짜 부부생활 책

우리는 홍장빈 목사님과 박현숙 사모님의 사역으로 큰 축복을 받았습니다. 두 분은 예수원 가족과 생명의강학교의 학부모 수양회에서 최근 2년 동안 강의와 상담으로 섬겼습니다. 참석한 모든 사람들이 큰 도움을 받았습니다. 따뜻한 유머, 성경 본문에 대한 깊은 이해, 실제적인 사례를 소개하는 간증들이 잘 어울리는 강의 시간이었습니다. 우리는 웃고 즐거워하면서 은혜를 받았고, 우리 삶에 성경적 원칙을 적용했습니다. 특히 아가서 본문으로 강의한 내용이 좋았습니다. 남편과 아내 사이의 친밀하고 아름다운 사랑을 보여주는 메시지였습니다. 지금 이 글을 쓰는 순간에도 다시 한번 생각이 납니다.

두 분의 강의에서 가장 좋았던 것은 하나님나라의 가치를 분명하게 강조한 것입니다. 신랑 되신 예수님과 신부인 우리의 관계, 아버지 하나님과 자녀인 우리의 관계가 강의의 기반이었습니다. 부부들이 예수님을 사랑하듯 서로를 사랑하고, 하나님을 중심으로 살아가면 누구든지 행복한 가정을 이룰 수 있다는 자신감을 갖게 되었습니다. 그런 강의를 현실의 삶에서 살

아낸 분들이 있어서 정말 감사합니다. 특히 두 분이 서로 바라볼 때 보여주는 사랑의 미소가 있어서 참 좋습니다.

영어식으로 표현하면 두 분의 삶은 'real-deal'입니다. 한국어로 어떻게 말해야 할까요? '진짜 부부'입니다. 이들 부부와 함께하면 우리는 상쾌해집니다. 두 분과 우리 집 거실에서 차를 마시며 대화할 때, 예수원 식탁에서 밥을 먹으며 교제할 때, 강의를 들을 때, 모든 시간이 우리를 새롭게 했습니다. 하나님을 사랑하는 모든 가족에게 '진짜 부부'의 진짜 부부생활 책, 《하나님 부부로 살아가기》를 추천합니다.

벤 & 리즈 토레이예수원, 생명의강학교

부부생활의 본을 보여주신 부모님의 책

우리는 비교적 이른 나이에 결혼해서 어느덧 3년의 세월이 흘렀습니다. 늘 같이 있고 싶고 언제나 마음으로 함께하고 싶어 결혼했습니다. 결혼하고 나니 부부는 오랜 친구처럼 다정하고 친밀한 사이라는 것을 알게 되었습니다. 동시에 날마다 새로운 모습으로 서로를 깜짝 놀라게 하는 사람인 것도 알았습니다. 또 서로가 있는 모습 그대로 보여주고 받아주는 관계임도 배웠습니다. 어둠 속에서 한 발짝도 나아가지 못하고 발을 동동거릴 때도 괜찮다고 손을 내밀어주는 사람이 곁에 있다는 사실에 감격했습니다. 봄바람 같은 웃음과 푸르게 멍든 외로운 가슴의 눈물까지 공유하고, 상대에게 보여주기 미안할 정도의 추한 모습마저 따뜻하게 감싸주는 것이 사랑의 힘이라는 사실을 경험했습니다. 대도시 같은 삶의 온갖 소음 속에서도 서로에게 고요함을 선물해주는 사이인 것을 알게 되어 감사했습니다.

이처럼 사랑을 깨닫고 실천하며 사는 결혼생활이 행복합니다. 그래서 저희 부부는 서로에게 항상 고마운 선물임을 고백하며 살고 있습니다. 정말이지 늘 함께 있어 좋은 이 사람과 평생을 행복하게 살고 싶다는 소망이 날마다 더 커지기만 합니다.

그래서 지금뿐만 아니라 끝까지 좋은 부부 관계를 이룰 지침이 필요했습니다. 또 부부로서 서로를 더 많이 사랑하고 싶은데 어떻게 해야 할지 고민될 때도 답이 필요했습니다. 그럴 때마다 부모님을 생각했습니다. '두 분은 이럴 때 어떻게 하셨지?' 하며 방법을 찾았습니다. 그러던 중에 부부로 살아온 이야기를 책으로 쓰신다고 해서 참 다행이다 싶었습니다. 이처럼 좋은 부부 관계에 대한 성경적인 모델이 되어주셔서 감사드립니다. 더불어 그 방법을 글로 전해주시느라 수고하신 부모님께 다음 세대 부부를 대신해서 감사드립니다.

부모님이 쓰신 원고를 읽는데, 두 분이 저희에게 보여주신 부부의 모습이 생각났습니다. 두 분은 평소에 한 팀이 되어 사셨습니다. 저희를 키울 때나 사역을 할 때도 늘 함께했습니다. 두 분의 기질과 성향이 다른 것은 분명해 보입니다. 그럼에도 불구하고 그 다른 점까지 서로를 도와주는 장점으로 만드셨습니다. 부족한 부분을 서로 돕고 채워주는 사랑을 보여주셨습니다. 무엇보다 대화를 중요하게 여기면서 오랫동안 대화하는 모습을 보았습니다. 부모님은 서로의 손을 꼭 잡고 한 번 붙잡은 손을 결코 놓지 않고 살아가셨습니다.

하나님 안에서 서로 사랑하며 행복하게 살기 원하는 모든 분들에게 이 책이 큰 도움과 축복이 되리라 확신합니다. 그래서 적극 추천합니다.

홍브니엘 & 이예령 큰아들 부부

2015년 3월, 아내가 《하나님 아이로 키워라》를 출간했다. 그 책을 중심으로 많은 교회와 여러 모임에서 우리 부부는 자녀양육 세미나를 진행했다. 그리고 가을이 되었을 때, 우리 가족은 함께 여행을 했다. 엄마 책의 출간을 기념하는 가족여행이었다.

제주 열방대학의 기독학교에 다니던 막내아들은 체험학습을 신청했고, 에버랜드에서 일하던 둘째 딸은 그즈음에 근무 계약을 끝냈다. 딸은 힘들게 번 돈으로 동생의 여행 경비를 보탰다. 결혼해서 타국에 살고 있는 큰아들 부부도 휴가를 받아 합류했다.

2주간의 여행은 즐거웠다. 큰아들이 어느새 어른이 되어서 운전을 교대해줄 때는 자랑스럽고 대견했다. 아이들이 어린 시절에 살던 곳을 다시 다니면서 우리 가족이 살아온 하루하루, 순간순간을 추억했다. 각자 떨어져 살다가 오랜만에 만난 아이들은 여행 내내 쉴 새 없이 웃으며 얘기했다. 옛 이야기만이 아니라 서로의 진로를 위해서도 대화하고 기도하는 시간을 가졌다. 어렸을 때와 마찬가지로 지금도 여전히 서로를 위하고 배려하고 사랑하며 즐거워하는 아이들을 보면서 우리 부부는 무척 기쁘고 행복했다.

　우리 모두를 바라보는 하나님의 마음도 동일할 것이다. 자녀들이 서로 사이좋게 지내는 모습을 지켜보는 내가 이렇게 행복한데, 그분의 자녀인 우리가 행복하게 산다면 하나님 아버지는 얼마나 더 즐거워하실까.

　그 반대도 마찬가지다. 우리 가족은 여행 중에 사소한 일로 갈등이 한 번 있었다. 그날 저녁에 오해가 풀리고 다시 즐겁게 여행을 계속했지만, 그 짧은 시간에 아빠인 나는 마음이 힘들었다. 오해가 풀렸기에 얼마나 다행인지. 그런데 우리가 살아가면서 싸우고 화해하지 않는다면, 하나님 아버지의 마음은 또 얼마나 아프실까. 우리 모두 하나님 앞에서 자녀. 결혼해서 가정을 이루어도 하나님 앞에서는 자녀로 살아간다. 항상 하나님을 의지하고 그분을 중심으로 살아야 한다. 그러면 하나님의 부부가 된다.

　우리 부부는 하나님을 의지하면서 살아왔다. 힘든 일이 있으면 하나님께 호소했고, 두 사람이 노력해도 해결이 안 되면 기권하고 하나님께 물었다. 좋은 일이 있으면 하나님께 감사하고, 도움이 필요하면 하나님께 부르짖었다. 늘 하나님을 기쁘시게 하는 삶을 살고 싶었다. 하나님이 중심이 되는 가정을 이루려고 노력했다.

　그래서 '자녀양육'에 이어 '부부 관계'에 대한 책을 제안받았을 때, 우리 부부는 살아온 이야기를 있는 그대로 쓰기로 했다. 부부의 삶을 보여주는 글쓰기가 누구든 쉽지 않겠지만 하나님의 말씀이 있기 때문에 가능했다. 글을 쓰기 전, 나는 한 달 동안 아가서 2장을 묵상하면서 읽었다. 그러다가 마음의 불꽃이 일어나서 글을 쓰기 시작했다. 그렇게 마감한 내 원고는 남편의 삶이고 남자의 글이었다. 아내는 평소 좋아하던 창세기 2장과 에베소서 5장을 묵상했다. 성경 읽고 기도만 하는 줄 알았는데, 며칠 만에 다 썼다고 했다. 아내의 삶이 글로 바뀌어 있었다.

우리는 원고를 쉽게 넘기지 못했다. 서로의 글을 읽으며 우리의 삶을 돌아보았다. '이렇게 살아왔구나.' 감사하면서 행복했다. 그런데 우리의 이야기가 일반화될 수 있을까? 선교단체 간사의 부부생활이 직장인들에게 격려가 될까? 1980년대에 시작한 이야기들이 21세기를 살아가는 부부들에게 도움이 될까? 부부에 관한 많은 책이 있는데, 또 한 권을 추가하는 이유는 무엇인가? 그리고 우리의 민낯을 보여도 되는 걸까?

원고를 품고만 있던 어느 날, 우리가 무엇을 해야 하는지 알게 되었다. 각 부부의 삶이 다른데, 어차피 하나의 정답을 쓰지는 못한다. 부부생활의 일반 지식을 담은 백과사전을 쓸 수도 없다. 우리 부부는 통의 한 방울 물이다. 저울에 있는 작은 티끌이다. 그런데도 행복하게 살아온 원인은 하나님이었다. 그 하나님께 감사의 예물을 드리자. 남편으로서 아내로서 또 각자 하나님의 자녀로서 감사의 예물을 드리듯 우리의 지난 삶을 글로 헌물드리자.

규장 출판사가 있어서 격려와 용기를 냈다. 특히 편집 2팀 최지설, 김나연 두 분의 지지와 수고가 큰 힘이 되었다. 여진구 대표님과 규장

10

직원들은 이 시대의 문서 선교를 섬기는 귀한 분들이다. 규장 출판사는 전문성과 열정이 탁월하다. 그러나 그 무엇보다 중요한 것은 사옥 옥상에 있는 '십자가 기도실'이다. 나는 그 방의 기도의 힘을 믿는다. 그 기도를 들으시는 하나님을 믿는다. 그 하나님이 우리 부부의 중심이시다.

'그녀는 어떻게 그런 생각을 했을까.'
섬으로 돌아오는 배에서 그녀를 생각했다.
나를 걱정해주던 그녀의 따뜻한 마음이 내 마음에 남았다.

chapter 1

러
브
스
토
리

첫 만남

"밥은 어떻게 드시나요?"

질문을 받고 나는 속마음을 들킨 것 같아 당황했다. 나는 섬에서 전도한 이야기를 간증한 뒤에 질문을 받고 있었다. 어느 모임에서나 질문은 비슷했다. 참석한 사람들이 궁금하게 생각한 것은 사역에 관한 것이었다. 그곳에서 몇 명을 전도했는지, 교회를 어떻게 세우고 있는지를 알고 싶어했다. 예상했던 것처럼 사역에 관련된 질문이 계속되었다. 나는 미리 준비한 내용으로 성실하게 대답했다. 그날 모임도 그렇게 끝나는 줄 알았다. 나는 슬쩍 시계를 보았다.

바로 그때, 그녀가 질문을 했다. 나는 사람들 앞에서 사역의 은혜를 말하고 있었지만, 속으로는 '섬으로 돌아가면 또 무엇을 먹어야 하나?' 고민하고 있었다. 작은 섬에 혼자 있으면서 끼니마다 밥을 해 먹는 것이 힘들었다. 그렇다고 식사를 대신할 만한 다른 간식도 없었다. 그녀는 내 마음을 어떻게 알았을까. 그 질문이 나를 흔들었다.

"밥이요? 아! 밥이 힘들어요. 다른 것은 괜찮은데, 밥 먹는 게 제일 힘들어요. 음, 전도는 어렵지 않은데… 그러니까 그런 부분이 힘들어요. 밥을 하는 거요. 어떻게 반찬을 만들어야 할지…. 그게 참, 설거지는 쉬운데…."

나는 두서없이 대답하면서 그녀의 얼굴을 보았다. 내 밥 문제를 정말 걱정하는 표정이었다. 그때 '이런 여자와 결혼하면 정말 좋겠구나' 싶었다. 우리의 첫 만남이었다.

1986년, 서해안의 외딴섬에서 전도하던 시절이었다. 그 섬은 내가 훈련받은 예수제자훈련학교(DTS) 마지막 전도여행 지역이었다. 훈련 기간이 끝났는데도 나는 집이 아닌 그 섬으로 다시 갔다. 전도여행 때 우리는 해안선 전도팀으로 동해안, 남해안, 서해안의 여러 지역에서 두 달 동안 복음을 전했다. 훈련학교로 돌아와서 일주일 동안 정리 기간을 보내면 DTS 모든 과정이 끝나는 일정이었다. 그 섬에 가기 전까지 사역했던 대부분의 지역에서는 전도의 열매가 많이 맺혔다.

해운대 백사장의 연합 전도집회에서는 800명 이상이 예수님을 영접했고, 바닷가에 있는 여러 교회를 돕는 사역에서도 은혜가 넘쳤다. 동해안의 어느 어촌 마을에서 만난 할아버지는 내가 갖고 있던 한자 성경을 읽다가 예수님께로 돌아왔다. 우리 팀이 전도한 곳마다 사람들은 복음을 잘 받아들였다.

그런데 그 섬은 달랐다. 섬마을 주민들은 우리를 환영하면서 맛있는 음식을 푸짐하게 대접해줄 정도로 친절하고 좋은 분들이었지만,

복음은 받아들이지 않았다. 나는 전도여행의 모든 과정을 마치고 훈련학교로 돌아왔는데도 자꾸 그 섬이 생각났다. '왜 전도가 되지 않았을까? 무엇이 문제였을까? 기도가 부족했나? 다른 지역은 잘됐는데, 유난히 그 섬만 전도가 안 된 이유가 무엇일까?' 아무리 생각해도 이유를 알 수 없었다.

'주님, 다른 팀이라도 그 섬에 가서 복음을 전하게 해주세요.' 이렇게 기도하는데 갑자기 섬 주민 중 한 사람이 내게 했던 말이 떠올랐다. "교회를 다니고 싶어도 여기는 교회가 없으니 전도해도 소용없습니다."

이는 단지 전도받기 싫어서 둘러대는 말이 아니라 그 섬에도 교회가 있었으면 좋겠다는 말로 들렸다. 그 말이 계속 생각나서 그 섬에 교회가 세워지게 해달라고 기도했다. 기도할수록 누군가 그 섬에 가서 교회를 세웠으면 하는 소원이 일어났다. '훈련을 마치면 나는 집으로 돌아가야 해. 작은 식당을 시작한 어머니가 일손이 필요해서 나를 기다리고 계시니까. 나는 그 섬으로 갈 수 없어.'

주변에 신학생들이 눈에 띄었다. 그들 중에서 누군가를 보내달라고 기도하는데 마음 깊은 곳에서 음성이 들렸다.

'네가 가라.'

이를 확인하기 위해 기도하면서 성경을 읽었다. 내가 섬으로 다시 가야 한다고 성경말씀도 말하고 있었다. DTS 간사님과 의논했는데, 누군가 다시 간다면 장빈 형제가 가면 좋겠다고 했다. 나는 집으로 돌아가서 어머니께 죄송하다고 말씀드리고, 옷만 몇 벌 챙겨서 다시 섬으로 돌아갔다. DTS 전도여행은 끝났지만, 내 전도여행은 아직 끝나지 않았다.

어떻게 그런 생각을 했을까

서해안 작은 섬의 이장님은 나를 환영하지도 거절하지도 않았다. 한번 다녀갔던 사람이 다시 찾아온 것을 신기하게 생각하는 눈치였다. 노인들만 많은 섬에서 서울 청년을 보니 분위기가 좋아졌다며 나를 환영하는 주민도 있었다.

전도여행 단기팀으로 왔을 때보다 그곳에서 살려고 와서 그런지 나는 쉽게 적응했다. 처음부터 적극적으로 전도하기보다는 마을 사람들의 일을 꾸준히 도와드리기로 했다. 그러다보면 자연스럽게 전도할 기회가 있을 것이라 기대했다.

배를 타고 바다에 나가는 일은 할 수 없었지만, 마을에는 일손이 필요한 일이 많았다. 굴 껍질에 김 포자를 붙이는 일이나 퇴비를 나르고 짐을 옮기는 일과 밭일을 섬마을 주민들과 함께했다. 마을 사람들이 공동으로 하는 일에도 참여하고, 이장님이 알려주는 집을 찾아다니면서 내가 할 수 있는 일을 했다. 그렇게 일하면서 마을 주민들과 친해졌고 노인 어른들의 말동무도 되었다. 일하는 틈틈이 이야기를 주고받았더니 복음도 자연스럽게 전해졌다. 예수님을 믿지는 않지만, 성경 공부를 원하는 주민도 생겼다. 마을에 한 명 있는 청년과 친구처럼 지냈고, 초등학교 선생님들도 친하게 되었다. 몇 명 안 되는 마을 아이들은 학교가 끝나면 곧장 내게 달려와 내 뒤를 졸졸 따라다녔다.

저녁마다 내 방으로 놀러오는 사람들이 늘어나더니 마을회관의 비어 있는 창고에서 예배를 드려도 된다고 이장님이 허락해주셨다. 그곳에 가서 산 지 한 달 만에 정식으로 예배가 시작되었다. 돈을 받지 않고 일해주었기 때문인지 예배 시간에 와서 앉아 있어 주는 분들이 늘어났다. 그중에서 몇 사람은 예수님을 믿기 시작했다. 나는 예수전도단의 여러 팀을 초청했다. 드라마로 전도하는 홍콩 YWAM팀도 섬을 방문했다. 섬에 외국인들이 들어온 것은 처음이라며 이장님이 마을 잔치까지 열어주었다.

그러던 중에 섬 교회의 개척 소식을 듣고 여러 모임에서 간증자로 나를 초청했다. 공동체 예배가 그립기도 하고, 육지에서 찬거리라도 구입할 겸 나는 초청을 받으면 꼭 참석했다.

섬에서 생활하는 기간이 늘어나면서 한 가지 어려움이 있었다. 주민들에게 부담을 주지 않으려고 내가 직접 밥을 해 먹었는데, 그 일이 가장 고민거리였다.

'그녀는 어떻게 그런 생각을 했을까.' 섬으로 돌아오는 배에서 그녀를 생각했다. 나를 걱정해주던 그녀의 따뜻한 마음이 내 마음에 남았다.

섬 교회가 어느 정도 자리를 잡아갈 때, 입대 영장이 나왔다. 섬 선교회의 도움으로 목회자를 초빙한 후에 나는 내 또래가 제대하는 뒤늦은 나이에 신병이 되었다.

신병 적응 기간이 끝나자마자 본격적인 군인 생활을 시작했다. 우리 부대는 훈련과 작업이 많았다. 주특기 훈련을 받으면서 동시에 크고 작은 작업이 끊임없이 이어졌다. 훈련이 많은 부대는 작업이 없거나 내무반 생활이 비교적 편한데, 우리 부대는 하루 종일 바쁘고 복잡했다. 도무지 조용히 있을 시간이 없었다.

유일한 기쁨은 경계 근무에 나가는 시간이었다. 부대를 둘러싸고 있는 담장과 후문 근처에서 보초를 서는 그 시간은 간섭받지 않는 소중한 시간이었다. 경계 근무의 사수로 좋은 선임을 만난 날은 더 좋았다. 그날 함께 보초를 서는 선임은 내무반에서도 평판이 좋고, 후임들에게 지지를 받는 좋은 선임이었다. 경계 근무를 시작하자마자 군대에 오니까 무엇이 좋고 싫으며 무엇이 힘든지를 물었다. 나도 모르게 순간적으로 대답했다. "군대에 오니까 밥 먹기가 편합니다."

혼자 밥을 해 먹으면서 섬에서 생활한 이야기를 했다. 이야기를 꺼내자 몇 달 동안 함께 지냈던 섬마을 사람들이 생각났다. 큰 소리로 신이 나서 찬양하던 아이들, 자기 혼자만 내 손을 잡으려고 울던 아이, 예배가 끝나고 사탕 하나를 줄 때 그렇게도 좋아하던 개구쟁이 녀석, 새로운 교인들, 성경공부를 좋아했던 섬마을의 유일한 청년, 내가 하는 모든 일을 적극적으로 지원해준 마을의 어르신들, 조금씩 태도가 바뀐 이장님. 한 명씩 생각하다 보니 모두 보고 싶었다.

그때, 그녀가 생각났다. 밥 먹기가 편하다는 말을 꺼냈기 때문일까? '이름이 뭐였고 얼굴이 어떻게 생겼지?' 자세히 생각나지 않았지만 한 번 더 만나고 싶었다. 이름이라도 알아두었으면 좋았을 거라고 아쉬워하는데 경계 근무가 끝났다. 달빛이 아련한 가을밤이었다.

자꾸만 떠오르는 사람

군대에 잘 적응하면서 부대 생활도 순조롭게 진행되었다. 선임들이 한 꺼번에 제대했고, 내 동기들은 상병이 되자마자 모든 업무에서 선임 사수가 되었다. 나는 한밤중의 경계 근무 시간을 여전히 좋아했다. 조용히 기도할 수 있고, 후임들과 진지한 대화를 하기에도 적당한 시간이었다. 특히 신병이 들어오면 보초 서는 시간을 활용해서 대화를 많이 했다. 어느 날, 신병이 한 명 와서 둘이 함께 근무를 서고 있었다. 이런저런 이야기를 하면서 내가 물었다. "밥은 맛있나?"

그때 그녀의 이름이 갑자기 생각났다. '현숙.' 어떻게 그녀 이름이 떠올랐을까. 처음 만난 그날, '밥은 어떻게 해 먹느냐'는 그녀의 질문에 내가 대답을 얼버무리자 어색한 분위기를 바꾸려고 했는지 농담처럼 누군가 말했다. "현숙 자매가 가서 밥해주려고 그러나요?" 그때 들은 이름이 갑자기 생각났다. '그래, 맞아. 현숙이었지.' 이름이 생각나자 얼굴이 조금씩 떠올랐다.

몇 달 뒤, 후배에게서 편지가 왔다. 내가 군대로 떠난 후에, DTS 훈련을 받으러 들어간 후배였다. 그가 보낸 편지를 읽으며 이전에 있었던 행복한 시간을 떠올렸다. 그런데 편지 중간에 '현숙'이라는 이름이 나왔다. 여러 도시에서 훈련 학생들이 왔고, 광주에서 온 학생 중에 현숙 자매가 있는데, 남자친구가 주말에 학교를 방문해서 깜짝 생일선물로 꽃다발을 주고 갔다는 내용이었다.

훈련학교의 일상을 소개하는 여러 이야기 중에 하나였지만, 내 눈이 거기에서 멈추었다. '광주에서 온 현숙이라면, 그녀가 아닌가. 남자친구가 있었구나. 그것도 DTS까지 찾아와서 꽃다발을 전해줄 만큼 확실한 사람이 있구나.' 나는 실망할 겨를도 없이 그녀를 향한 마음을 조용히 내려놓았다. 사실 내가 마음을 내려놓고 말고 할 일도 아니었지만. 군대 생활에만 충실하려고 마음을 먹었다.

그런데 경계 근무를 나가면 그녀가 생각났다. 내려놓기로 했는데, 자꾸만 생각났다. 괜히 나 혼자 두 마음과 싸웠다. 어느 날, 평소처럼 야간 근무를 서는데 그녀를 처음 만났던 날에 들었던 말이 갑작스레 떠올랐다. 모임 전 인사하는 시간에 'DTS 마치고 이번 학기에 복학했다'고 말했었다. 그녀가 이미 DTS를 했다면, 또다시 DTS에 갔을 리가 없다고 추리했다.

후배가 쓴 편지를 다시 천천히 읽어보니 함께 훈련받는 학생들의 이야기를 소개하는 중에 '현숙'이라는 학생의 이야기가 써 있었다. 어디에도 그녀가 간사라고 짐작할 만한 문장이 없었다. 간사들 이야기는 따로 썼는데, 현숙이라는 이름은 없었다.

'그러면 남자친구가 꽃을 들고 찾아왔다는 현숙은 다른 현숙인가?'

괜히 혼자 생각하는 시간이 많아졌다.

생각이 너무 복잡해져서 후배에게 편지를 썼다.

'광주지부 대학사역에 현숙이 많은가 보네. 내가 아는 현숙이라는 자매가 있는데, 너희 훈련학교에 있다는 현숙이 그 사람이 맞나? DTS를 이미 한 걸로 아는데, 왜 DTS를 다시 받지? 광주지부에 현숙이 또

있는지 궁금하네. 뭐, 알아볼 필요는 없는데, 괜히 궁금하네.'

며칠 뒤에 답장이 왔다.

'형, 광주지부에 현숙이 7명이 있답니다. 누구를 더 알아볼까요?'

나는 답장하지 않았다. 내가 직접 확인하고 싶었다. 마침 예수전도단의 전국 여름 수련회가 다가오고 있었다. 나는 그 기간에 맞춰서 휴가를 받으려고 내가 할 수 있는 모든 일을 다했다. 중대본부 행정병에게 PX 닭발도 사주고, 인사계 주임 상사에게도 부탁하고, 평소보다 더 열심히 군대 생활을 했다. 야외 훈련과 내무반 생활 모두 열심을 냈다. 결코 쉽지 않은 일이었지만, 결국 수련회 기간에 맞춰서 휴가를 받았다. 대학 신입생인 여동생도 함께 여름 수련회에 갔다. 이미 계획한 다른 일정이 있어서 가지 않겠다는 동생에게 '너는 꼭 가야 한다'면서 함께 갔다.

대학생 전도학교라고 부르던 수련회 첫날, 진행 담당간사가 나를 따로 소개했다.

"DTS를 마치고 섬에서 혼자 전도하던 장빈 형제가 군대에 갔는데, 휴가를 나왔습니다. 공동체 예배를 사모하고 모임을 소중히 여기는 마음으로 이 기간에 정기 휴가를 맞춰서 나왔답니다. 군대에 가본 사람은 알지만, 이건 쉬운 일이 아닙니다. 얼마나 충성된 귀한 형제입니까? 뜨겁게 환영합시다."

나는 고개를 들지 못했다.

수련회 첫날, 그녀를 찾았다. 여학생들의 소그룹 리더였던 그녀는 나를 보고 반갑게 인사만 하고 자기 조 모임으로 가버렸다. 며칠 동안 지켜보다가 용기를 내어 그녀를 찾아갔다. 내 여동생에 대해 길게 소개했다.

"내 여동생이 함께 왔어요. 학생 운동권에 있는데, 학교생활이 힘들다고 하네요. 내가 집에 있으면 도와주겠지만 군대에 있으니 어떻게 할 수가 없네요. 시위하다가 다칠까 봐 걱정도 됩니다. 한번 만나서 고민도 듣고 상담해줄 수 있을까요? 내가 오빠지만 아무래도 남자라서 마음속 이야기를 못하는 것 같아요. 소그룹 리더로 바쁘겠지만, 한 번만 시간 내서 만나주세요. 그런데 혹시 지금 DTS를 받고 있나요? 지난번에 했다고 들은 것 같은데…."

수련회 마지막 날 그녀가 나를 찾아왔다. 동생을 만났는데 너무 염려하지 않아도 될 것 같다고 말했다. 자신도 DTS 마치고 캠퍼스 리더로 있으면서 나라와 민족의 현실을 외면하지 않으려 한다고 했다. 동생의 방황과 고민은 동생이 참 좋은 기독청년이라는 표시 아니겠느냐며 내 동생이 예쁘고 훌륭하다고 말했다.

수련회가 다 끝나고 광주로 가는 단체 버스가 떠나기 전에 나는 그녀를 한 번 더 보려고 뛰어갔다. 그녀는 나를 발견하고 활짝 웃으며 다시 한 번 말했다. "동생은 너무 걱정하지 마세요. 좋은 오빠가 있잖아요. 군대에서 수고가 많네요." 나는 그녀가 탄 버스가 멀어질 때까지 그 자리에 오랫동안 서 있었다. 군대로 복귀해서 경계 근무를 나간 첫날, 보름달 속에서 환하게 웃고 있는 그녀가 보였다. 그녀는 예뻤다.

그녀를 위한 기도

야간 경계 근무가 있는 밤이면 그녀를 생각하며 기도했다. 아직 감정이 일어난 것도 아니고, 교제하기로 약속한 사이도 아니었다. 여름 수련회에 함께 있었지만, 개인적인 말은 꺼내지도 못했다. 그렇지만 군대에 있는 동안이라도 그녀를 위한 기도를 쌓아놓고 싶었다. 그 당시 나는 야간 경계 근무에 나가면 인도네시아와 말레이시아의 미전도 종족을 위해서 집중적으로 기도하고 있었다.

'이름도 모르고 얼굴도 모르는 사람을 위해서도 간절히 기도하는데, 나는 그녀의 이름과 얼굴도 알고, 더구나 일주일 동안 함께 있었던 사이니 기도해도 되겠지.'

나는 주로 그녀를 축복하는 기도를 했다. 교제하는 관계로 발전하지 않아도 괜찮았다. 그리스도 안에서 한 가족이니 기도해주는 것은 좋은 일이라고 생각했다.

누군가를 위해 기도하면 항상 보람이 있다. 그녀를 위해 기도하는 보람을 느끼며 그 힘으로 군대의 힘든 기간을 무사히 보냈다. 나는 부대 동료나 신앙 공동체의 누구에게도 그녀 이야기를 하지 않았다. 그녀와의 관계는 가벼운 이야깃거리가 아니었기에. 하나님과 나만 알고 있는 비밀스런 기도를 계속 이어갔다.

나는 입대하고 나서 부대 주소로 국제 YWAM 뉴스레터를 신청했었다. 여러 나라의 우편물이 부대로 오기 시작했다. 당시는 일반 우편물로 사역의 소식지를 보내는 시절이었다. 봉투도 화려한 국제 우편물을 자주 전해주던 행정병이 '도대체 무슨 일을 하다가 군대에 왔느냐'고 물었다. '어떻게 여자에게서 온 편지는 한 통도 없고, 영어로 된 잡지만 오느냐'고 궁금해했다.

그러던 어느 날, 제대 직전에 한 여자로부터 카드가 왔다. 그녀가 보낸 성탄절 카드였다. 사실 그 카드는 내가 보낸 카드에 대한 답장이었다. 나는 광주지부 간사의 도움으로 학생 리더 주소록에 있는 그녀의 집 주소를 알고 있었다. 오고 가던 길에 만났지만, 같은 공동체 가족으로 안부를 전하며 즐거운 성탄 되길 바란다고 썼다. 조금이라도 부담을 주고 싶지 않은 마음으로, 최대한 평범한 문장을 신중하게 골랐다.

이에 대한 그녀의 답장 역시, 기독교인이라면 누구라도 사용했을 법한 문장으로 성탄 인사를 했다. 나는 그 짧은 카드를 읽고 또 읽었다. 며칠 기다렸다가 이번에는 길게 쓴 편지를 보냈다. 군대에 있으면서 성경을 읽고 말씀을 묵상하면서 배운 은혜를 간증했고, 곧 제대한다는 내용도 썼다. 그리고 우리 집 주소도 적어넣었다. 오랫동안 답장이 오지 않았다.

나는 제대 전에 마지막 동계훈련에 참여했다. 겨울 야산의 매서운 추위에 떨면서 혹한기 적응 훈련을 했다. 텐트는 냉기로 가득하고, 땅바닥은 얼어 있었다. 나와 분대원들은 밤이 지나가기를 웅크린 채 기다렸다. 덜덜 떨며 아침 일찍 따뜻한 밥을 싣고 오는 배급차를 생각하며 견뎠다. 그렇게 추운 밤을 버티고 있는데, 중대 행정병이 나를 찾아와서 조용히 불렀다.

"홍 병장님 앞으로 편지가 왔습니다. 이번 훈련이 끝나면 중대에서 받아보면 되는데, 여자 분에게서 온 편지 같아서 빨리 읽어보라고 직접 갖고 왔습니다. 원래는 훈련 기간에 편지를 전달하면 안 되는데, 여자 분에게서 온 편지는 처음인 것 같아서요. 그런데 누구십니까?"

그녀의 편지였다. 그동안 군에서 수고했다는 말과 제대할 때까지 건강하라는 내용이었다. 학교를 졸업하고 시골집으로 왔는데, 이사하다보니 답장이 늦었다며 미안하다는 내용도 있었다. 편지 겉봉투에는 그녀의 고향집 주소가 뚜렷하게 적혀 있었다. 좋은 감정을 살짝 표현한 문장들이 보였고, 편지지의 마지막 줄에는 집 전화번호가 써 있었다. 야전 텐트의 흐릿한 불빛 아래서 편지를 읽고 또 읽었다. 순식간에 추위가 떠나고 혹한기 훈련이 끝났다.

나는 그녀의 편지를 받고 곧바로 기도 내용을 바꿨다. 단지 그녀를 축복하는 기도에서 결혼을 전제로 교제해도 되는지에 대한 분명한 확인을 구하는 기도를 했다. 하나님이 보내주셨다는 마지막 증거로, 상식을 뛰어넘는 어려운 응답을 구했다. 그녀의 어린 시절을 알게 해달라고 기도했다. 만약 나를 위해 예비된 여자라면, 누군가 나를 찾아와서 그녀의 어린 시절 얘기를 들려주길 간구했다. 내가 군대에 있는데 이런 응답은 가능하지 않을 것 같았다. 누가 면회를 오더라도 그녀를 아는 사람이 올 리도 없고, 더구나 동계훈련이 끝나면 나는 제대 준비를 위해 사단 대기소로 가야 한다. 누군가 나를 찾아올 시간도 없다. 마치 양털 앞에 있는 기드온의 심정으로 응답을 기다렸다.

제대를 앞두고 부대를 떠나 사단 대기소로 옮겼다. 하는 일 없이 시간을 보내고 있는데, 중대본부 행정병이 연락을 했다. 혹시 괜찮으면 부대로 한번 오라고 했다. 제대하려고 떠난 사병이 다시 부대를 가는 경우는 거의 없다. 내가 궁금해하자 조용히 말했다.

"신병이 한 명 왔는데요. 지난번 홍 병장님께 제가 갖다준 편지 말입니다. 그 여자 친구 분에게서 온 편지 말입니다. 우리 고향하고 멀지 않은 곳이어서 주소를 대충 기억하고 있었는데, 신병이 그 동네 사람인 것 같습니다. 내 기억으로는 같은 동네 같은데, 한번 만나보시지요."

나는 뛰어갔다. 내가 그녀의 이름을 말하자 그 신병은 몹시 놀라면서 그녀가 자기 누나의 친구라고 말했다. 누나 친구 중에서도 제일 좋아하는 누나라고 했다. 나는 그 신병을 모든 일에서 열외시켜주었다. 신병은 하루 종일 그녀의 어린 시절 얘기를 내게 들려주었다. 양털에 이슬이 흠뻑 내렸다.

1988년 12월 27일에 카드를 받았다. 그해 내가 받은 유일한 크리스마스 카드였다. '오고 가던 길에 만난 자매에게' 이렇게 시작하는 글은 '특별한 의미는 두지 마세요'라는 말을 강조하는 것 같았다. 그러나 내게는 특별했다.

결혼 기도

스물다섯 살이 되던 그해 1월 1일. 나는 한 권의 노트를 마련했다. 표지에 '결혼 기도'라고 썼다. 맨 앞장에 약속의 말씀을 적었다. '네 청춘으로 독수리같이 새롭게 하겠다'(시 103:5)라는 말씀은, 올해는 결혼할 사람을 만날 것이라는 소망을 주었다.

나는 왜 결혼 기도를 시작했던가. 간절하게 결혼하고 싶어서가 아니라 결혼해야 한다는 당위성 때문이었다. 주일학교 시절부터 사람은 각자 하나님으로부터 받은 사명이 있다고 배웠다. 내 자신만을 위한 삶이 아닌, 타인에게 도움을 주는 존재로 살겠다고 결심했다. 그런 사람이 되기 위해 성실하고 바르게 살려고 노력했다. 그러나 나 혼자서 평생 헌신적인 삶을 살기에는 용기도 힘도 턱없이 부족하다는 사실을 청년 시절에 깨달았다. 함께 사명을 이루며 살아갈 사람이 필요했다. 그때까지는 그것이 결혼하려는 이유였다.

결혼을 해야겠는데 누구를 어떻게 만나게 될까. 창세기를 읽으며 방법을 찾았다. 하나님은 에덴동산을 경작하고 지키며 각종 들짐승과 새들에게 이름 짓는 사명을 아담에게 주셨다. 아담은 이 일을 함께할 사람이 필요했다. 그 사실을 아담도 알고 하나님도 아셨다. 그래서 하나님은 돕는 배필을 그에게 주셨다. 하나님이 하와를 이끌어 오실 때 아담은 단번에 알았다. 자신과 생을 누리며 사명을 함께 이룰 가장 소중하고 유일한 짝임을 알아보았다. 그래서 아담은 '당신은 나의 뼈 중의 뼈요, 살 중의 살이요'라고 고백했다(창 2:23). 하나님은 아담의 필요를 아시고 그에게 딱 맞는 짝을 주셨다.

아담과 하와는 이제 하나님으로부터 함께 사명을 받았다. '생육하고 번성하여 땅에 충만하라. 땅을 정복하고 땅에 있는 모든 생물을 다스리라.' 하나님은 이 사명을 이룰 수 있는 힘과 능력과 권세도 그들에게 주셨다.

나는 창세기의 하나님이 지금도 살아 계신 나의 하나님이심을 믿었다. 그 하나님을 의지하기 위해 기도를 시작했다. 나를 만드시고 사명을 주신 하나님은 내 짝도 예비하셨으리라. 내가 하나님을 보고 있으면 그 손에 이끌려 오는 나의 배우자를 볼 수 있으리라. 하나님이 짝지어주는 배우자를 만나면 함께 사명을 이루며 복되게 살 수 있으리라.

성경을 읽거나 책을 읽을 때 기도제목이 생각났다. 길을 걸어가고 있는데 새로운 기도제목이 떠오르기도 했다. 그러면 나는 그 생각을 가감없이 결혼 기도 노트에 기록했다. 그 기도제목을 정리하면 다음과 같이 몇 가지로 요약할 수 있다.

• 세상보다도, 나보다도 먼저 하나님을 첫째로 사랑하는 사람
• 하나님 다음에 나를 가장 사랑하는 사람
• 정직하고 겸손한 성품으로 거룩함을 사모하는 사람
• 서로의 강점을 살리고 약점을 보완해줄 수 있는 남자

여기에 특이한 기도제목 하나가 더 있었다. 그것은 '홍장빈 형제의 눈빛을 닮은 사람'이었다. 언젠가 한 번 보았던 그의 눈이 어둠 속에서 살아 있는 보석처럼 반짝였던 생각이 나서 적었는데, 그때는 내가 그와 결혼할 줄은 정말 몰랐다. 처음에는 원하는 배우자의 키까지 자세히 적었지만, 성경을 묵상하던 중에 하나님은 중심을 보신다는 말씀을 읽고 바로 지웠다. 그때 말씀에 순종한 것이 얼마나 다행인지.

결혼 기도를 하는 동안에 여러 번 믿음을 테스트받았다. 갑자기 돈 많은 사람을 친구로부터 소개받았다. 그런데 하나님을 믿지 않는다고 해서 나는 '노'라고 말해야 했다. 평상시 내게 호감이 있던 선배가 프러포즈를 한 적도 있었다. 또 내가 호감이 있을 때는 내게 전혀 관

심이 없던 어떤 사람이, 그해에 슬그머니 다가와서 나를 혼란스럽게 하기도 했다. 그럴 때마다 하나님 앞에 나가서 물었다. '이 사람입니까?' 하나님은 내가 들을 수 있는 방법으로 대답하셨고 나는 알아들었다. '아니구나!'

여름이 지나고 가을의 끝에서 나는 고민했다. '적당히 타협하면 안 될까. 분명한 확신이 없어도 결혼할 수 있지 않을까.' 불안하기도 했다. '이러다가 아무도 못 만나는 것은 아닌가.' 그러나 나는 이것만큼은 확신했다. '나를 지으신 하나님이 내게 가장 어울리는 짝을 분명히 예비하셨으리라. 나를 나보다도 더 잘 아시는 하나님이 내게 최선의 사람을 인도하시리라.' 언제나 그분의 최선이 나의 최선이었으므로 나는 주님을 더 의지하며 기다렸다.

12월 25일이 되었다. 매해 성탄 카드로 가득했던 편지함이 웬일인지 그해에는 텅 비었다. 그것보다 더 심각한 일은 결혼할 사람을 만날 수 있을 거라고 믿었던 그해가 다 저물어가고 있었다. 그때 나는 선택을 해야 했다. 포기와 실망으로 마무리할 것인지, 아니면 그럼에도 불구하고 하나님의 선하심을 찬양할 것인지를.

12월 27일, 집에 들어오면서 습관적으로 우편함 앞에서 발을 멈췄다.

'나의 계획대로, 나의 소망대로, 내가 믿었던 대로 일이 진행되지 않는다고 해서 하나님의 선하심과 인자하심이 변하거나 없어지지 않는다. 아직 이 해가 다 저문 것도 아니지 않는가. 끝까지 기다리자. 그리 아니하실지라도 하나님은 선하시다.'

마음을 정하고 '주님을 찬양합니다'라고 고백하며 우편함에 손을 넣었는데 성탄 카드 하나가 잡혔다. 그해에 내가 받은 단 한 장의 성탄 카드였다. 너무 반갑고 귀해서 나는 얼른 답장을 쓰고 말았다. 오고 가던 길에 만난 사람이 보낸 카드에 그리 쉽게 답장을 하다니. 그러나 그 답장이 군대에서 그토록 기다리던 그의 기도응답이었다는 것을 나는 몰랐다.

첫 만남

1986년 가을, 바람이 차가웠다. 플레어스커트를 바람이 이리저리 휘몰았다. 수업은 일찍 끝났는데 예수전도단 학생 리더모임 시간은 아직도 많이 남았다. 떨어진 플라타너스 잎이 마른 비명을 지르며 보도블록에서 뒹굴었다. '나는 어떻게 살아야 하나.' 학생 운동권을 나와서 예수님의 제자로 훈련받고 다시 복학했지만, 내 고민은 끝나지 않았다. '시대의 비명 소리를 외면하지 않는 예수님 제자의 삶은 과연 무엇인가.'

DTS를 마쳤다는 이유로 나는 예수전도단 캠퍼스 리더가 되었다. 그런데 시간이 지나도 리더모임은 익숙해지지 않았다. 편한 바지 대신 그때 막 입기 시작한 스커트마냥 어색했다. 몇 주 전에 들은 '과격한 자매'라는 말이 어이가 없었다. 그래서 가능하면 조금 늦게 참석하곤 했는데, 그날은 평소와 달리 조금 일찍 갔다. 모임 장소에 도착하여 문을 열었는데 한 형제가 나를 반겼다.

처음 본 사람이었다. 빛을 등지고 실내로 들어서서 그렇게 보였는지 모르지만, 나를 향해 웃는 그의 눈빛이 어둠 속에서 보석처럼 빛났다. 사람들이 다 모이기를 기다리는 짧은 시간에 그 형제와 몇 마디 얘기를 주고받았다. 마지막으로 그가 이렇게 말했다.

"조국의 민주화를 위해 목숨을 바치는 청년들이 많은데 우리도 주를 위해 목숨을 바치는 것이 마땅하지요."

내가 학생 운동권에 있었다는 간사님의 소개말을 듣고 그렇게 말해주다니, 속이 다 시원했다. 대화가 통했다. 그는 나라와 민족을 위해 몸부림치는 청년들을 존중했고, 그리스도인의 헌신이 무엇을 의미하는지 아는 형제였다. 대화가 통하는 것뿐만 아니라 복음을 전하기 위해 낯선 섬에서 산다는 그가 존경스러웠다.

리더모임이 끝나는 시간에 사람들은 앉은 순서에 따라 그에게 한 마디씩 질문을 했다. 내 차례가 되었다. "밥은 어떻게 해드시나요?" 밥을 해 먹는 일이 쉽지 않겠다 싶어 그냥 한 질문이었다. 그 말이 그에게 그토록 중요한 의미가 될 줄은 몰랐다. 그 후, 군복을 입고 모임에 참석한 그 형제를 한두 번 봤다. 나를 보려고 휴가 기간에 일부러 광주까지 왔었다는 것은 2년이나 지난 뒤에 알았다.

편지

크리스마스 카드를 받고 답장을 했지만, 편지가 올 것이라는 생각은 전혀 못했다. 편지지 넉 장에 가득 쓴 그의 이야기를 읽다가 고민에 빠졌다. 오고 가던 길에 만난 사람의 간단한 안부 이상이라는 생각이 들었다. 답장을 안 했다. 결혼 기도에 대한 하나님의 인도하심일 수도 있고, 그렇지 않을 수도 있기 때문에 신중해야 했다.

만약 내가 결혼 기도를 하지 않았다면, 그런 편지는 그냥 무시했을지도 모른다. 고민하다가 예수전도단 수련회인 겨울 전도학교에 갔다. 그 편지를 가지고 갔다. 말씀을 듣고 소그룹 활동을 하고 예배를 드리는 중에도 편지에 대한 생각이 떠나지 않았다. 답장을 해야 하나 말아야 하나 친구에게 고민을 털어놓았다.

"답장 해! 아무 일도 안 일어나면 어때. 그리스도 안에서 형제자매로 지내면 되지."

그 말은 내게 용기를 주었다. 그러나 답장할 정도의 용기는 아니었다.

졸업과 동시에 오랜 광주 생활을 끝내고 나는 시골집으로 내려갔다. 낯선 도시에서 자취생으로 살다가 고향집에 오니 좋았다. 취업이나 결혼을 하면 또 떠나야겠지만, 그래도 부모님 곁에서 일 년이라도 살고 싶었다. 지난 크리스마스 예배 때, 하나님께 그렇게 해달라고 기도를 했었다. 어머니는 윗목에서 조끼를 뜨고 계시고, 방학을 맞은 어린 조카는 따뜻한 아랫목에 배를 깔고 누워 담임선생님께 편지를 쓰다가 내게 도움을 청했다.

"고모, 선생님은 어떤 얘기를 좋아하실까요?"

"글쎄, 네가 하고 싶은 얘기는 뭔데?"

조카와 얘기를 나누던 그때, 나도 편지를 써야겠다고 결정했다.

"편지지가 예쁘구나. 고모가 몇 장 빌려도 될까?"

봉투에 시골집 주소를 또박또박 적어 마침내 홍장빈 형제에게 편지를 보냈다.

그녀는 예뻤다

나는 군대를 제대했다. 그녀가 보고 싶었다. 제대한 다음 날 그녀가 있는 곳으로 가려고 했는데, 그녀가 친구 결혼식에 참석하기 위해 서울에 온다고 했다. 나는 강남 고속버스터미널로 나가겠다고 말했다. 그녀는 너무 늦은 시간에 도착할 것 같으니 터미널에 나오지 말라고 했다. 그 말은 나를 잘 모르는 말이었다. 더구나 자매가 혼자 늦은 시간에 도착한다는데, 무서운 서울의 밤길에서 어떻게 친구 집을 찾아갈지 걱정이 되었다. 알았다고 말하고 전화를 끊고 나니 몇 시에 도착하는지를 듣지 못했다. '내가 누군가의 밤길을 걱정하다니.'

나는 새로 나온 성경책 두 권을 사서 한 권을 포장했다. 그리고 저녁부터 고속버스터미널에서 기다리기 시작했다. 도착하는 모든 버스를 마중했다. 그녀가 탄 버스는 밤 11시에 도착했다. 버스에서 내리려고 서 있는 그녀가 보였다. 그때 나는 새삼 깨달았다.

'하나님이 여자를 예쁘게 만드셨구나.'

우리는 잠깐 만났다가 다음 날 헤어졌다. 그녀는 취업을 위한 시험 때문에 서울에서 지내야 했고, 나는 군 입대 전에 살던 섬에서 조금 떨어진 다른 섬으로 가야 했다. 그 섬에서도 교회 개척을 요청했기 때문이다. 제대하면 그 섬에 가기로 이미 결정했었다. 그녀와 교제하는 것과 상관없이 기도하면서 결정한 일이었다. 나는 예수전도단 간사로 복직하고 서울을 떠나 섬으로 갔다.

우리는 편지를 주고받으며 교제했다. 나는 주로 성경 묵상과 섬에서의 생활과 읽은 책 내용을 길게 썼다. 그녀는 주로 내 안부를 물었다. 연필로 곱게 써 내려간 그녀의 편지는 외딴섬에서 듣는 흥겨운 노래 같았다. 그녀는 아가서 본문을 적어서 보냈는데, 나는 아가서를 사랑하게 되었다. 나는 편지를 받는 날에는 춤을 추었다.

우리는 또 전화로 교제했다. 이번에 온 섬은 지난번 섬보다 더 작고 교통도 불편했다. 배를 두 번이나 갈아타야 했고, 두 번째 배가 오지 않으면 두 시간 정도를 걸어서 섬을 건너야 했다. 섬에 전화도 없었다. 공중전화가 있는 가장 가까운 곳까지 가려면 또 두 시간을 걸어야 했다. 썰물이 되면 길이 드러나고 밀물이 되면 길이 없어지는 특이한 지형이었다. 큰 섬으로 건너왔다가 물때를 맞추지 못하면 물이 빠지기를 몇 시간이고 기다려야 했다. 이동하는 일이 불편했지만, 그녀와 전화하기로 약속한 시간이 되면 무슨 일이 있어도 큰 섬으로 건너갔다. 나는 그녀의 목소리를 듣기 위해 바다를 건넜다.

섬에는 보리밭이 가득했다. 서울에서 취업을 준비하던 그녀에게 보리 이삭을 넣어 편지를 보냈다. 서울이 낯설고 적응이 힘들었는데 보리 이삭을 보고 울었다는 답장이 왔다. 보리가 심어져 있을 시골집에 가고 싶은데, 취업 준비를 중단하고 돌아갈 수 없어서 마음이 힘들다고 했다. 그녀가 힘들다고 한 편지는 처음이었다.

나는 다음 날 섬을 나와 서울에 가서 그녀를 만났다. 서울 거리가 그렇게 아름답고 재미있는 줄을 예전에는 미처 몰랐다. 우리는 함께 예수전도단 화요모임에 참석한 후 덕수궁 돌담길을 걸었다. 화요모임이 덕수궁 근처에 있어서 몇 년 동안 걸었던 길인데, 그녀와 함께 걸으니 새로웠다. 그녀가 서울에 있어서일까, 서울이 참 좋았다.

인생을 건 결심

"여기가 맞는 것 같은데…."

"천천히 생각하세요."

"미안해요. 버스도 잘못 타서 미안했는데, 장소를 찾지 못하겠네요. 분명히 전에 왔었는데…. 길을 헤매서 정말 미안해요."

"괜찮아요. 버스 정거장에서 다시 시작할까요?"

그녀는 길을 찾지 못하고 몇 번이나 왔다갔다했다. 서울역 근처에서 일한다는 그녀의 동생을 만나기 위해 함께 찾아가는데, 장소를 찾지 못했다. 비슷한 집이 많다면서 당황스런 표정을 지었다. 어떻게 도와주어야 하나 생각하는데, 오래전에 읽었던 책의 여백에 내가 적었던 문장이 생각났다. '어떤 사람과 결혼하고 싶은가?'에 대한 내 생각을 쓴 메모였다. '내가 진심으로 도와주고 싶은 마음이 일어나면 그 여자가 내 여자다!' 그런데 지금 내 눈앞에서 길을 못 찾아 방황하고 있는 그녀의 얼굴과 그 메모가 겹쳐 보였다. 그 순간 나는 결심했다.

'그래! 이 여자와 꼭 결혼하자. 내가 평생 길을 찾아주자. 내가 잘하는 게 길 찾기 아닌가!'

언젠가 여자를 만나면 한강을 걷고 싶었는데, 마침내 그날이 왔다. 우리 둘 다 말문이 열렸다. 그녀는 학교 다니느라 일찍 집을 떠나서인지 늘 집이 그립다고 했다. 특히 엄마와 시간을 보내지 못하는 것을 아쉬워했다. 결혼하기 전에 일 년이라도 부모님 곁에서 살고 싶다고 했다. 그 소원을 기도제목으로 적었다고 말했다. 나는 그녀가 보성으로 내려가는 것이 좋겠다고 권했다. 그녀는 망설였다.

"아직 취업도 못했는데…." 말을 잇지 못하는 그녀가 안쓰러웠다.

나는 섬으로 돌아가야 해서 늦어도 그날 오후에는 목포로 출발해야 했다. 터미널 의자에 나란히 앉아서 목포행 버스 몇 대를 그냥 보냈다. 조금이라도 더 같이 있고 싶었고, 헤어지는 게 너무 싫었다. 그러나 더 미룰 수 없는 상황이 되어 그녀를 뒤로하고 나는 머뭇거리며 다음 버스를 탔다. 내 뒤를 언제 따라왔는지 그녀가 내 옆자리에 앉았다. 찬란한 봄날에 우리는 그렇게 버스여행을 떠났다.

서울을 벗어나는 버스 안에서 그녀는 길가에 핀 개나리가 예쁘다고 말했다. 나는 개나리가 예쁘다는 것을 처음 알았다. 조금 가다가는 차창 밖으로 보이는 배꽃이 예쁘다고 말했다. 나는 배꽃을 처음 보았고, 배꽃이 예쁜 것도 처음 알았다. 꽃들을 보고 활짝 웃는 그녀는 그 어떤 꽃보다 더 예뻤다. 그녀는 평소에 차멀미가 심해서 버스 타는 것을 싫어했는데, 버스를 계속 타고 싶어져서 신기하다고 했다.

늦은 시간에 도착했는데도 예수전도단 목포지부 간사들이 우리를 환영했다. 다음 날 나는 섬으로 들어가고, 그녀는 목포지부의 행사를 돕는 협력 간사가 되었다. 목포지부 간사들 중에 그녀의 DTS 동기들이 많았다. 나는 섬에서 전도하며 교회를 개척하고, 그녀는 집에서 부모님을 돕다가 목포지부에 도움이 필요하면 목포로 왔다. 목포지부는 개척하는 단계여서 큰 행사가 없었다. 사역이 성장하기를 간절히 기도했다. 그래야 우리가 만날 수 있었다.

오랜만에 어렵게 만나도 우리는 데이트인지 사역인지 구분할 수 없는 시간을 보내야 했다. 대부분 시내를 다니면서 전단지를 붙이고 행사 진행을 도왔다. 어느 날은 전신주에 올라가서 현수막을 걸어야 했다. 쉽게 올라갈 수 없는 구조라 모두들 망설이고 있는데, 내가 펄쩍 뛰어서 전신주에 올라갔다. 그녀가 나를 보고 있었다.

사역이 끝나면 나는 섬으로 떠나고, 그녀는 며칠 더 지부에 머물면서 행사를 마무리했다. 섬으로 가는 여객선을 타고 바닷길을 지나다 보면, 바닷가에 위치한 예수전도단 간사 생활집이 보인다. 그 옥상에서 그녀는 늘 내게 손을 흔들어 배웅했다. 여름이 시작될 무렵, 섬으로 떠나는 배에서 보니 그날도 어김없이 손을 흔들고 있는 그녀가 보였다. 점점 멀어져가는 그녀를 보는데 눈물이 났다. 더 이상 헤어지고 싶지 않았다. 이제는 나 혼자 살 자신이 없었다.

100원의 기적

결혼을 생각하니 실제적인 고민이 다가왔다. '경제적인 문제를 어떻게 해결해야 할까.' 하나님이 우리의 만남을 인도하고 계심은 이미 확인했다. 그런데 재정적인 부분은 또 다른 장벽이었다. 나는 돈을 버는 사람이 아닌, 전임 사역자의 삶을 선택했다. 내 선택이 한 여자의 삶에 어려움이 된다면, 어떻게 내가 결혼할 수 있을까. 여호와 이레의 하나님이 우리 가정의 하나님이신 것을 확인해야만 했다. 나는 간절히 기도했다. 하나님은 말씀으로 내가 앞으로 결혼해서 가정을 이루었을 때, 필요한 재정을 주시겠다고 약속하셨다.

> 내가 잡혀 있는 자에게 이르기를 나오라 하며
> 흑암에 있는 자에게 나타나라 하리라
> 그들이 길에서 먹겠고 모든 헐벗은 산에도 그들의 풀밭이 있을 것인즉
> 그들이 주리거나 목마르지 아니할 것이며
> 더위와 볕이 그들을 상하지 아니하리니
> 이는 그들을 긍휼히 여기는 이가 그들을 이끌되
> 샘물 근원으로 인도할 것임이라
> 이사야서 49장 9,10절

기도의 응답으로 이 말씀을 받고, 앞뒤 내용을 연결하고 원독자 중심으로도 읽어보았다. 원래는 구원받은 하나님의 사람을 지켜주시고

축복하신다는 구절이지만, 나는 나 개인에게도 주신 말씀으로 믿었다. 특히 길에서 먹겠다는 말씀과 헐벗은 산에도 그들의 풀밭이 있을 거라는 구절이 힘이 되었다. 말씀을 큰 소리로 읽고 선포했다. 몇 번 선포했더니 마음이 뜨거워졌다. 성경말씀이 큰 힘이 되었다. 그렇지만 나는 실제적인 확인도 구했다.

어느 날, 그녀에게 전화하기로 약속한 날인데 돈이 없었다. 내 가방과 옷 주머니를 하나씩 차례로 뒤졌는데, 100원짜리 동전이 하나 나왔다. 아무리 찾아봐도 더는 없었다. 밀물이 되기 전에 공중전화가 있는 섬으로 건너가야 하는데, 100원밖에 없다니. 100원으로 얼마나 통화할 수 있을지 알 수 없었다. 서로 이름 한 번 부르고 끊어지더라도 나는 전화를 걸어야 했다. 그녀가 보고 싶고 목소리가 듣고 싶었다. 동전 하나를 들고 두 시간을 걸었다.

당시 내 마음은 갈등이 심했다. 마을회관을 빌려서 예배를 어렵게 시작했는데 모이는 사람이 거의 없었다. 섬마을 어린이들은 나를 좋아해도, 그들의 부모님은 반응이 없었다. 이전 섬처럼 마을 일을 많이 도와주는데도 큰 변화가 없었다. 나는 자주 낙심했다. 섬에서 복음 전하는 일을 계속하고 싶었지만, 그녀와 만나서 데이트하고 싶은 마음도 컸다. 두 마음이 서로 싸우고 있었다. 나는 그녀를 축복하는 기도와 함께 마을 주민과 교회 개척을 위해 기도하면서 바닷길을 걸었다.

어느덧 공중전화기 앞에 도착하여 100원을 넣었다. 그녀는 즉시로 전화를 받았다. "전화가 곧 끊어질 거예요." 먼저 상황을 설명한 후 안부를 물었다. 그리고 다음에는 길게 통화하자면서 미안하다고 말했다.

그런데 전화가 끊어지지 않았다. 어떻게 지내는지 한 번 더 물었다. 그녀는 대답하는 대신 내 안부를 물었다. 전도가 되지 않는 이야기, 그래도 몇 사람은 소망이 보이지만 교회 개척을 어떻게 해야 할지 모르겠다는 이야기, 섬마을 아이들 이야기, 이 섬에 계속 있어야 하는지 고민된다는 이야기를 했는데, 전화가 끊어지지 않았다. 그녀가 말했다. "형제님은 복음을 위해서 귀한 삶을 살고 있어요. 정말 수고가 많으시네요."

사실은 그녀가 어떻게 지내는지 듣고 싶었는데, 자신의 상황에 대해 자세히 말하지 않았다. 그녀도 쉽지 않은 시간을 보내는 것 같았다. 기도제목을 묻고, 힘을 내라는 이야기를 했다. 벌써 30분이 지났는데, 전화가 끊어지지 않아서 이 상황을 어떻게 받아들여야 할지 몰랐다.

우리는 그날 100원을 넣고 두 시간 넘게 통화했다. 그동안 밀렸던 이야기를 충분히 했다. 길이 끊어지는 밀물 시간을 피해 내가 섬으로 건너가려면 할 수 없이 수화기를 그만 내려놓아야 했다. '100원으로 두 시간을 통화하다니!' 공중전화를 관리하는 분도 이유를 몰랐고, 전화비를 변상하는 방법도 알 수 없었다.

나는 바닷길을 걸어오면서 하나님을 찬양했다. 하나님이 우리의 만남과 결혼을 축복하신다는 확신이 더 커졌다. 우리가 앞으로 함께 걷는 그 길에 먹을 양식이 있을 것을 믿었다. 헐벗은 산에 살더라도 우리 가정을 위한 푸른 초장이 있을 것이다. 또 한 번 양털에 이슬이 내렸다. 이제 확인은 끝났다. 프러포즈를 해야겠다.

확신

강남 고속버스터미널에 홍장빈 형제가 있어서 나는 당황했다. 그는 똑같은 성경책 두 권을 사서 내게 한 권을 선물했다. 마치 우리가 무슨 사이라도 되는 듯 행동하는 그가 부담스러웠지만 싫지는 않았다.

그날 이후, 그는 더 적극적으로 내게 연락을 했다. 그에게서 걸려온 전화를 받으면 이상하리만큼 기뻤다. 마치 하늘에서 뿌리는 기쁨을 맛보는 것 같았다. 그래서 나는 그것을 하나님이 주시는 기쁨으로 해석했다. 어느 날 그로부터 빌립보서 1장을 묵상한 내용을 길게 쓴 편지가 왔다. 그날 아침에 내가 묵상한 말씀과 같았다.

그것을 나는 하나님이 우리와 함께하신다는 증거로 삼았다. 마침내 나는 이 형제와 결혼을 전제로 교제하기로 결정했다. 그동안 내가 결혼을 위해 기도하며 생각했던 사람과 중요한 부분이 일치했다. '그는 하나님을 제일 사랑하는 헌신된 형제다. 나를 많이 사랑한다. 주변 사람들에게 존경받는다. 소극적인 나와 다르게 적극적이다.' 그래서 처음부터 그를 하나님이 내게 주신 사람으로 확신하고 교제를 시작했다.

누구나 자신의 배우자를 하나님께로부터 온 사람, 즉 천생연분으로 확신하는 것은 매우 중요하다. 왜 중요한가는 결혼 후에 더 자세히 알게 되었다. 나는 결혼하고 대부분 대학생에게 복음을 전하고 그들을 도와주는 예수전도단 대학사역의 간사로 섬겼다. 그들에게 그리스도 안에서 행복한 이성교제를 많이 강의했다. 결혼이 무엇인지 알 때 행복한 이성교제도 가능하기에 성경에서 말하는 결혼에 대해 연구하고 가르쳤다.

결혼이란 무엇인가? 성경에서 말하는 결혼은 두 사람이 합해서 한 몸이 되는 것이다(창 2:24, 엡 5:22-33). "1+1=2"는 수학적 계산으로 틀림이 없다. 그러나 결혼의 공식은 "1+1=1"이 맞다. 한 사람 더하기 한 사람은 두 사람이 아니고 한 몸이다. 성경은 이것이 바로 결혼이 가지고 있는 비밀이라고 한다. 이것은 결혼의 정의인 동시에 결혼의 신비이며 결혼의 매력이며 결혼의 가치다. 남자는 부모를 떠나 아내의 머리가 된다. 여자는 부모를 떠나 남편의 몸이 된다. 남편은 머리로, 아내는 몸으로 결합한다. 그렇게 한 육체, 즉 한 몸이 된다. '너는 나의 머리며, 나는 너의 몸이다. 너는 나의 몸이며, 나는 너의 머리다.' 부부는 그렇게 한 사람이다.

일반적으로 사람들은 배우자를 자신의 반쪽이라고 한다. 사람을 수직으로 나눌 때 절반인 반쪽을 생각한다. 그렇게 연결되었다면, 부부가 분리되어도 몸의 절반이 있으니 살아갈 수 있다. 그러나 성경은 배우자를 그런 의미의 반쪽이라고 하지 않는다. 머리와 몸, 즉 수평으로 연결되었다고 한다. 그래서 나눌 수가 없다. 나누면 머리 없는 몸이 되고, 몸 없는 머리만 남게 되어 사람으로 살아남을 수 없다. 이것이 누구와 결혼할지 신중하게 고민해야 하는 이유다.

사람은 누구든지 선택의 자유가 있다. 누구와 결혼할지를 결정하는 것도 자신의 선택이다. 내가 원하는 사람을 선택할지, 하나님이 예비하신 짝을 선택할지는 본인이 결정한다. 나는 언제나 나 자신보다 나를 만드신 주님이 나를 더 잘 안다고 믿는다. 어떤 사람이 내 배우자로 가장 적합한지도 나보다 주님이 더 잘 아신다고 믿었다. 그래서 기도했다. 주님을 신뢰하고 의지했다. 그분을 바라보고 있었다. 그분을 바라보고 있었기 때문에 그분의 손을 잡고 온 그를 알아볼 수 있었다. 그가 주님이 내게 주신 배우자임을 확신했다.

멀미가 사라졌어요

오늘도 몇 군데 이력서를 넣었다. 사실 취직이 될 거라는 확신은 없다. 별로 내세울 게 없는 이력서 내용 때문만은 아니다. 직장생활에 대한 소망이나 비전이 없어서다. 어려운 살림 속에서도 대학을 보내주신 부모님께 최소한의 도리를 해야 한다는 것 외에는 취직할 이유를 찾지 못했다. 어려서부터 전임 사역자로 살고 싶었기에 다른 삶을 꿈꿔본 적도 없었다.

화려하고 싱그러운 봄날인데도 나는 파김치처럼 삭아버린 청춘을

질질 끌며 자취방에 돌아왔다. 쓰다 망쳐버린 이력서가 여기저기 널브러진 책상 한편에 어깨를 짓누르던 가방을 막 내려놓으려는 순간, 전화벨이 울렸다. 그였다. 봄비 같은 그의 목소리는 갑자기 파릇파릇하게 올라온 보리싹처럼 내 청춘을 되살려냈다. 섬에서 교회 개척을 하고 있던 그가 서울에 온 것이다. 물론 데이트하러 온 것이 아니라 일 때문에 상경했다지만 어찌 내 얼굴도 안 보고 그냥 내려갈 수 있겠는가.

나는 내려놓으려던 가방을 다시 둘러메고 그가 있는 곳을 향해 뛰었다. 지금까지 어깨에 멘 것이 그렇게 무거웠던 가방이 아니라 앞뒤로 흔들릴 정도의 가벼운 핸드백이었음에 새삼 놀랐다.

다음 날, 우리는 한강을 따라 거닐었다. 물빛이 맑았는지 흐렸는지 둔치길이 짧았는지 길었는지 생각도 안 난다. 오직 그동안 떨어져 지내야 했던 그리운 사람이 내 곁에 있었다는 것 말고는. 서울에 살던 그는 제대 후 남쪽 섬으로 사역하러 내려갔고, 남쪽이 고향인 나는 졸업 후 취직하러 서울에 올라왔기 때문에 우리를 연결해주는 것은 주로 편지와 가끔 연결되는 전화가 전부였다. 그런 우리가 강가를 함께 거닐며 데이트를 하고 있다는 사실이 꿈만 같았다. 그러나 시간은 강물 따라 매정하게 흘러가버렸다. 그는 다시 목포로 내려가야 했다. 나는 그와 조금이나마 더 같이 있고 싶어서 고속터미널까지 따라갔다.

아직도 못 다 푼 문제가 시험지 뒷면에 가득한데 종료를 알려버리는 종소리마냥 버스 출발 시간이 다 돼버렸다. 이별을 아쉬워하며 안절부절못하는 내가 안쓰러웠는지 아니면 사막 같은 도시에 사랑하는 이를 차마 혼자 두고 갈 수 없었던지 차에 오르며 그는 자꾸 뒤를 돌아보았다. 나는 재빨리 매표소로 뛰었다. 막 떠나고 있던 목포행 버스를 겨우 잡아타고 나는 그의 옆자리에 앉았다.

서울을 벗어나서 고향 쪽으로 가는 길에서 만난 봄 산을 보자, 갑자기 내 입에서 말이 쏟아져 나왔다. 마치 잃어버렸던 모국어를 다시 찾은 것마냥 나는 그의 곁에 앉아 쉼 없이 단어를 모아 문장을 연결했다. 그렇게 그에게 이야기를 들려주었다. 하얀 배꽃과 분홍 복숭아꽃에 얽힌 내 어린 시절 이야기 같은 것이었다. 그는 백사장에서 함께 뛰어놀던 섬 아이들 얘기 그리고 그물 깁는 어부들 사이에서 섬사람이 돼가고 있는 자신에 대한 얘기를 했다. 서울에서 목포로 오는 여섯 시간 내내 서로 주고받는 얘기가 끝날 줄 몰랐다.

목포터미널에 도착했을 때 나도 모르게 '벌써 다 왔네! 아쉽다'라는 생각을 하다가 그만 소스라치게 놀랐다. 그동안 살아오면서 버스를 더 타고 싶다고 생각한 적은 단 한 번도 없었기 때문이다. 나는 어려서부터 버스만 타면 멀미를 했다. 그래서 엄마는 버스를 타기 전에 내게 꼭 멀미약을 챙겨 먹이셨다. 어린 내가 멀미약 냄새를 맡으면 오히려 차 냄새가 연상되어 더 멀미를 하게 된다는 것을 엄마는 모르셨다. 차에서 말을 하기 위해 입을 벌리면 멀미가 더 심해지기 때문에 나는 대화하기를 싫어하는 사람처럼 차 안에서는 누구한테든 입을 꼭 다물었다. 그러나 속으로 하나님께 기도하는 것은 쉴 수 없었다.

'토하지 않게 해주세요. 빨리 도착하게 해주세요.'

숨을 참고 멀미 기운을 막아보려고 애쓰는 동안 다음 정거장에서 덜커덩 차가 멈춘다. 그때가 가장 괴롭다. 배 속에서 울렁거리던 것이 끝없는 공간을 만들고 빠르게 회전한다. 공중에 매달렸다가 벼랑 끝으로 추락하는 것 같은 아득함과 아찔함이 동시에 휘몰아쳐서 참을 수 없이 메스껍다. 양 볼을 부풀려 입을 꾹 다물고 온 힘을 다해 견디고 있는 사이에 차가 다시 '부릉' 출발하고 이번에는 몸이 통째로 흔들리다가 떠오른다. 속에서 밀며 올라오는 것을 진정시켜 보려고 손잡이를 더욱 세게 잡고 안간힘을 쓰다보면 내 손등의 힘줄이 시퍼렇게 솟는다. 그곳에 이마를 대고 또 기도한다.

'제발 멈추는 일 없이 곧장 가게 해주세요.'

창문을 열어 간간히 바람을 쐴 수 있을 때는 조금 낫다. 그러나 한겨울에는 창문을 열 수도 없다. 더구나 히터 냄새까지 차 냄새와 섞이면 도저히 참을 수 없어 끝내 토하고 만다. 승객들 앞에 내 배 속 내용물을 보인 창피함과 고약한 냄새를 피운 미안함은, 느글거리는 멀미 기운을 참는 고통보다 백 배는 더 크다. 한번 토하기 시작하면 반드시 다시 토하게 된다. 그래서 그토록 간절히 기도하는 것 아니겠는가. 토하지 않기를.

어느 날이던가. 기진맥진 비틀거리며 차에서 내리는데 속 모르는 여자애들이 나를 보며 부럽다는듯이 이렇게 말하는 소리가 들렸다.

"야, 재 좀 봐. 백설공주같이 얼굴이 하얘."

맞다. 백설공주다. 차에서 내려 창백해진 내 이마에 백설공주를 살려낸 왕자님의 손길 같은 찬바람이 상쾌하게 스칠 때에야 비로소 나도 살아나기 때문이다. 이제 살았다는 안도감에 간신히 입을 열 수 있을 때 엄마를 향한 내 첫마디 말은 항상 이것이었다. "다시는 차 안 탈

래요." 유난히 멀미가 심한 나를 보며 어머니는 늘 같은 말씀을 또 하신다. "갓난아기 때도 차만 타면 젖을 토하더니만. 쯧쯧." 멀미에 시달리는 딸이 너무도 안쓰러워서 엄마는 그렇게 말씀하셨지만, 엄마의 그 말을 들을 때면 나는 내 상태에 대해 체념하곤 했다. '나는 멀미에서 도저히 벗어날 수 없는 운명을 타고났구나.'

그런 내가 멀미를 전혀 하지 않고 여섯 시간이나 버스여행을 했다니. 그것도 멀미를 생각조차 하지 않고 버스를 탔다는 것을 버스에서 내린 다음에야 깨달았다니. 내가 차를 타고서 이처럼 멀미 안 한 기록을 갖게 될 줄 정말 몰랐다. 사랑은 기적을 낳는다더니만…. 멀미가 사라졌다.

항상 같이 있고 싶다

수요일 이른 아침에 목포지부 간사인 영희 언니가 나를 불렀다.

"우리 전어구이 해 먹을까? 장빈 형제랑 같이 가서 전어 한 바가지만 사다줘."

심부름을 시키는 언니가 고마웠다. 나는 부리나케 형제 간사 숙소로 달려가 그를 불렀다.

"전어를 사와야 하는데 어디서 파는지 알죠?"

"그럼요, 저 아래 어시장이 있어요."

우리는 뛸듯이 대문을 나서서 아주 천천히 계단을 내려갔다. 작은 어시장을 느릿느릿 돌며 펄떡이는 다른 생선들을 구경하다가, 싱싱한 전어 한 바가지를 샀다. 바닷가 도로를 따라 되돌아오는 길은 아무리 느리게 걸어도 너무 짧았다. 계단을 오를 때는 내려올 때보다 더 천천히 발을 뗐다.

"아! 우리 가위바위보 놀이 어때요?"

"좋죠. 가위바위보!"

이긴 사람은 한 계단만 오르고 진 사람은 두 계단을 내려갔다. '아! 전어! 빨리 갖다줘야 아침상에 차릴 수 있을 텐데….' 나는 속으로만 생각했다.

"미안해요. 너무 늦었죠."

"괜찮아. 사실 오늘 아침에 반찬이 너무 많아서 내일 먹어야겠다고 생각했어."

내일 필요한 찬거리를 오늘 아침에 사오라고 시킨 영희 언니가 정말 고마웠다. 아침 식사가 끝나면 그는 섬으로 들어가야 한다.

나는 2박 3일 동안 목포지부 사역을 함께했다. 차를 타고 시내를 돌며 전도집회 안내 방송을 했다. 골목골목 다니며 전단지도 붙였다. 일만 하지는 않았다. 간사들과 함께 놀기도 했다. 지부의 리더 간사님은 우리를 코란도에 태우고 바닷가 모래사장 위를 신나게 달려주었다. 방파제에 사선으로 전부 앉혀놓고 고개를 내밀게 하여 멋지게 사진을 찍어주었다. 함께 화요모임 준비도 하고 다 같이 예배도 드렸다.

목포지부 간사들은 우리 교제를 적극적으로 지지하고 응원해주었다. 이제 막 결혼해서 마냥 행복한 내 친구 귀숙은 결혼에 대한 소망을 내게 한껏 심어주었다. 영희 간사님은 내가 잠깐 와서 머물 수 있도록 방 한쪽을 내주고, 또 맛있는 밥과 반찬으로 대접해주었다. 지부 간사들과 같이 어울리는 틈에서 우리는 서로를 자연스럽게 알아갔다. 그러나 이제 곧 그는 섬으로 들어가야 한다.

영희 언니의 속 깊은 배려 덕분에 그날 아침 우리는, 둘이서 심부름을 핑계 삼아 데이트를 했다. 아침밥을 먹고 나서 그는 짐을 싸들고 계단을 내려갔다. 나도 내 집으로 돌아갈 짐을 챙겨놓고 옥상으로 올라갔다. 바다를 오래 내려다보았다. 여객선 터미널에서 그를 태운 배가 마침내 나타났다. 그가 보이는 것 같았다. 손을 흔들었다. 흔들고 또 흔들었다. 배가 사라졌다. 파도가 일었다.

'우리는 언제까지 이렇게 살아야 할까? 더는 헤어지고 싶지 않다. 그와 항상 같이 있고 싶다.'

결혼해야 할 또 다른 이유를 그때 깨달았다.

프러포즈

봄이 가고 여름이 오고 있었다. 나와 결혼해달라고 그녀에게 프러포
즈를 했다. 그녀는 아무 대답이 없었다. 그저 밝은 미소만 지었을 뿐.
그녀는 집으로 돌아가면서 며칠 뒤에 오겠다고 했다. 그때까지 전화
도 하지 말라고 부탁했다.

　그녀를 기다리는 며칠이 몇 달 같았다. 혹시 나와 결혼하지 않겠다
고 하면 어찌해야 하나 고민했다. 그럴 리가 없다고 마음을 추스르다
가 감기 몸살이 났다. 초여름에 감기에 걸려서 나는 꼼짝없이 몸져누
웠다. 섬으로 돌아가는 일정을 취소하고 목포지부 간사 공동생활집
에서 병치레를 했다. 평소에 건강했던 내가 아프자 함께 살던 간사들
도 걱정을 많이 했다. 내가 아픈 이야기를 전해들었는지 그녀가 왔다.

　그녀가 사온 무화과를 먹으면서 병문안을 받았다. 아파서 행복했다.
프러포즈에 대한 대답은 아직 듣지 못했지만 그녀가 곁에 있으니 좋았
다. 그녀는 물수건을 내 이마에 얹어주었다. 아파 누워 있느라 못한 내

빨래를 해주었다. 빨래를 널고 와서 그녀가 천천히 이야기를 시작했다.

"형제님을 만나서 행복해요."

"앞으로 더 행복하고 더 즐겁고 더 기쁠 거예요."

"프러포즈를 해주어서 고마워요."

빨랫줄에 널려 있는 내 옷이 바람을 따라 춤을 췄다. 그녀가 빨래한 내 옷을 빨리 입고 싶어서 나는 일어났다.

결혼을 약속했지만, 어떻게 부모님께 알려야 할지 막막했다. 그녀는 취업을 준비하다가 중간에 집으로 돌아왔고, 나는 경제적인 대책도 없이 작은 섬에서 전도하고 있었다. 기회가 되면 정식으로 인사를 드리자고 했다. 그녀가 집으로 돌아가는 길을 배웅하기 위해 목포터미널에 같이 왔다. 보성으로 가는 버스가 기다리고 있었다. 그녀가 버스를 탔다. 시간을 계산해보니 지금 보성에 갔다가 막차를 타면 오늘 안으로 목포로 돌아올 수 있었다.

나는 버스를 함께 타고 그녀를 보성읍까지 배웅했다. 그녀가 집에 가려면 보성읍에서 한 번 더 버스를 갈아타야 했다. 또 시간을 계산해보니 보성으로 나오는 버스를 타고, 목포로 오는 막차를 탈 수 있을 것 같았다. 나는 그녀와 함께 시골길을 달리는 버스에 몸을 실었다.

그녀가 사는 동네 앞에서 내렸다. 갑자기 왔기 때문에 그녀의 부모님께 정식으로 인사드리는 일은 다음에 하기로 했다. 돌아가는 버스를 기다리는 동안, 그녀가 다녔던 초등학교를 돌아보았다. 작은 운동장, 작은 그네, 독서하는 소녀 동상…. 내가 다녔던 초등학교 모습과 똑같았다. 학교를 나와 논길을 따라 걷는데 갑자기 폭우가 쏟아졌다. 여름 장마에 빠른 속도로 냇물이 불어나더니 마을 밖으로 나가는 하나뿐인 다리가 물에 잠기고 말았다. 잠깐 왔다가 돌아갈 계획이었는데, 그만 산골에 꼼짝없이 갇히고 말았다.

그녀의 집에 가서 인사를 드렸다. 그녀의 어머니는 정말 맛있는 저녁상을 차려주셨다. 나를 진심으로 환영했다. 그녀의 아버지는 별 말씀이 없었다. 이틀 동안 물이 빠지지 않았고 버스도 다니지 않았다. 농사철에 할 일이 많아서 우리 둘은 밭과 논을 오가면서 일했다. 새벽에는 마을의 재배 작물인 삼베나무를 찌는 일도 함께 했다.

"힘든 일인데 그렇게 재미있어요?" 그녀의 어머니가 나에게 말했다. "우리 딸이 이렇게 웃음소리가 큰 줄 미처 몰랐네." 미소를 지으며 이런 말을 덧붙이셨다. 갑자기 내린 폭우 덕분에 첫인사를 마쳤다.

그녀는 졸업하기 전까지 예수전도단의 광주지부 학생이었기에 간사들이 모두 그녀를 잘 알고 있었다. 평소에 그녀를 신뢰하고 좋아하던 간사들이 그녀를 누군가에게 소개하려 한다는 이야기를 들었다. '나와 교제한다는 사실을 몰랐단 말인가.' 나는 당장 광주로 갔다. 간사들이 살고 있는 집에 도착하니 모두 모여서 저녁을 먹고 있었다.

"이제 나와 결혼을 전제로 교제하고 있는 자매를 다른 형제에게 소개하는 일은 하지 말아주세요."

나는 최대한 정중하게 부탁했다고 생각했는데, 모두 수저를 내려놓고 놀란 눈으로 나를 쳐다보았다. 나는 이제 우리가 교제하는 사실을 공식적으로 알려야겠다고 생각했다. 그래서 상견례를 겸해 약혼예배를 드렸다.

다이아몬드 꽃병과 같은 여자

결혼은 10월에 하기로 했다. 천천히 진행되던 섬 사역도 약혼식을 전후해서 어느 정도 마무리했다. 나는 섬에서 전도하는 단계까지 사역 책임을 맡고 있었으므로, 교회 개척은 다른 팀이 하도록 인계한 다음, 광주지부로 사역을 옮겼다. 결혼한 이후에는 광주에서 대학생 사역을 계속할 예정이었다.

결혼 이후에 본격적인 대학사역을 시작하기로 하고, 모처럼 여유 있는 시간을 보냈다. 섬 교회를 개척하는 긴장된 사역에서 벗어나니 마음이 풀어졌다. 더구나 약혼식까지 하고나니 이제 모든 일이 끝났다고 생각했다. 보성으로 그녀를 만나러 갔다.

나는 약속 장소에 앉아 있었는데, 그녀가 들어오는 것을 몰랐다. 그녀와 대화하는 중에 나도 모르게 다른 생각을 하기도 했다. 그녀와 만난 이후, 처음 있는 일이었다. 몇 차례 진지한 대화가 오고갔다. 그녀가 물었다.

"혹시 무슨 고민 있으세요?"

"이제는 만나도 마음이 느슨해진 것 같아 좋네요."

나는 '마음의 여유를 갖게 되었다'며 좋은 뜻으로 '느슨해졌다'고 표현했다. 그런데 내 의도와 달리 그녀는 '느슨해졌다'는 말을 다르게 받아들였다. 그날 오후 우리의 대화는 계속 어긋났다.

"함께 앉아 있는 시간이 설레지 않아서 좋아요."

이 표현 역시 '마음이 편해져서 좋다'는 뜻으로 사용한 말이었다. 그런데 그녀는 그 말도 다르게 받아들였다. 나를 가만히 쳐다보던 그녀가 나를 걱정하면서 다시 물었다.

"정말 무슨 일 있는 건 아니죠?"

나는 아무 일도 없다면서 언성을 높였다. 그러자 그녀가 일어나 밖으로 나갔다.

한참을 기다렸는데 그녀가 돌아오지 않았다. 다급한 마음에 그녀를 찾아나섰다. 아무리 찾아도 그녀가 보이지 않아서 불안했다. 일단 버스터미널로 달려갔다. 그녀의 마을로 가는 버스 개찰구 앞에서 기다리다가 하나님께 기도했다.

'그녀에게 잘못 말한 것을 회개합니다. 주님, 지금 그녀가 어디에 있나요?'

보성읍에 하나 있는 육교가 떠올랐다. 육교를 향해 뛰었다. 그녀가 육교를 건너오고 있었다. 육교 한가운데서 미안하다고 말하고 어디에 갔었는지 물었다. 집에 가는 버스를 타려고 터미널에 갔다가 마음이 편치 않아 기도를 했는데 육교를 건너가자는 생각이 들었다고 했다. 우리 둘이 처음으로 티격태격한 날이었다. 그날도 하나님은 우리를 보고 계셨다.

무엇이 문제였을까. 가만히 돌아보니 근본적인 문제가 떠올랐다. 나는 여자를 모른다는 생각이 들었다. 결혼하기 전에 여자를 알아야 했다. 행복한 결혼생활을 위해서라도 반드시 여자를 알고 싶었다. 여자를 만드신 창조주 하나님께 기도했다.

'여자는 어떤 사람입니까?'

하나님은 신비롭게 말씀하셨다. 그전까지 나는 주로 성경말씀을 기도 응답으로 받거나 가끔 분명한 내적인 음성으로 들을 때도 있었다. 귀로 하나님의 음성을 들은 적도 두 번 있었다. 그런데 여자는 어떤 사람인지 질문한 나에게 하나님은 특별한 방법으로 응답하셨다. 눈을 감고 있는데, 그림이 떠올랐다. 그런 방식의 응답은 처음이었다. 선지자들이 환상을 보았다는 것이 실감났다. 마치 진짜 그림을 보는 것처럼 선명했다. 꽃병이었다. 다이아몬드로 만든 꽃병이 보였다.

'여자는 다이아몬드로 만든 꽃병이라는 뜻이군요. 그럼 제가 결혼할 그녀는 어떤 사람입니까?'

'네가 결혼할 그녀도 다이아몬드로 만든 꽃병이란다.'

나는 황홀하고 행복했다. 다이아몬드로 만든 꽃병이 어느 정도로 귀한지 알 수 없어도 내가 결혼할 그녀가 찬란하고 강하고 아름답다는 의미인 것은 분명했다. 그런데 그림이 이어졌다. 내가 살짝 건드리자 다이아몬드로 만들어졌다는 꽃병이 산산조각이 났다. 나는 눈을 감고 있었는데, 꽃병 깨지는 소리를 실제로 들은 것 같아 깜짝 놀랐다.

'네가 결혼할 여자, 너의 아내가 될 그녀는 다이아몬드로 만든 꽃병처럼 아름답다. 강하고 빛나는 사람이다. 그러나 네가 함부로 대하면 쉽게 깨진다.'

다이아몬드가 강하다는 것은 상식이다. 그 소재로 만든 꽃병이라면 분명 강할 텐데, 왜 쉽게 깨지는지 알 수 없었다. 내가 본 그림은 거기까지였다. 나는 식은땀이 났다. 하나님께서 내 기도에 구체적인 방법으로 응답해주셔서 감사했지만, 그 내용은 생각할수록 두려웠다. 세 가지 사실이 명확하게 각인되었다.

'여자는 아름답다. 여자는 강하다. 그러나 여자는 쉽게 깨진다.'

내가 결혼할 여자도 아름답고 강하지만, 쉽게 깨질 수 있다. 내가 분별없이 말을 하면 다이아몬드 꽃병에 금이 갈 것이고, 함부로 대하면 산산이 부서질 것이다. 내가 이해하기에 적절한 방법으로 응답해주신 하나님께 감사드리며 찬양했다. 절대로 꽃병을 깨뜨리지 않겠다고 결심하고 그것을 하나님께 말씀드렸다.

'제 여자가 다이아몬드 꽃병으로 빛나는 삶을 살도록 제가 돕겠습니다. 꽃병이 깨지지 않도록 제가 깨어 있겠습니다.'

다이아몬드 꽃병의 그림으로 응답을 받은 후, 나는 많은 부분에서 변화되었다. 우리 두 사람이 이루게 될 가정을 하나님께서 축복하신다는 믿음이 더 강해졌다. 그녀를 볼 때마다 찬란한 꽃병이 보였다. 내가 조금이라도 방심하면 강해 보이는 꽃병에 금이 가는 소리가 들렸다. 그래서 그녀를 더 소중하게 대했다. 내가 깨어 있기 위해 하나님께 더 가까이 나갔다. 그녀를 알아가며 하나님을 알아갔다.

나는 결혼을 준비하는 시간에 "그리스도인의 결혼과 가정"이라는 주제로 함께 공부하자는 제안을 했다. 그녀가 기다렸다는 듯이 찬성했다. 나는 기독교 서점에서 판매하는 결혼에 관한 책을 눈에 보이는 대로 다 구입했다. 책 내용을 한 권씩 요약해서 설명했고, 그녀는 그렇게 살고 싶다면서 함께 기도하자고 했다. 어떤 책은 한 장씩 차례로 공부하며 서로를 알아갔다.

우리는 교제하는 기간에 돈이 부족했다. 만나서 결혼하기까지 나는 그녀에게 성경책 한 권, 머리핀 하나, 체크셔츠 한 벌, 장미 한 송이를 선물했고, 영화는 두 번 보았다. 대부분 걸으면서 대화하고, 가정에 관한 책을 공부하면서 우리의 미래를 설계했다. 그렇게 데이트를 했다. 재정적인 어려움이 도리어 유익한 시간을 창출하게 만들었다. 우리는 정말 많이 걷고 많이 얘기했다. 이것은 후에 행복한 결혼을 위한 밑거름이 되었다. 결혼식 날짜가 다가오고 있었다.

결혼식

우리는 광주 선교사 동산에서 결혼하기로 했다. 그곳에서 결혼하고 싶은 이유가 있었다. 그곳은 작고 검소한 결혼식을 하기에 딱 좋았다. 하객들과 함께 찬양하며 첫 결혼 예배를 드릴 수 있었다. 그 무엇보다 선교사 동산은 우리 둘에게 의미가 있었다. 예수전도단 광주 지부는 선교사 동산의 작은 예배당에서 매주 정기 모임을 했는데, 그녀의 신앙이 그곳에서 성장했다. 신부에게 중요한 곳이라면 나에게도 중요했다. 뒷편에는 호남지역의 1세대 선교사들의 묘가 있었다. 나는 종종 그 선교사 무덤 앞에서 내 삶을 돌아보며 기도 시간을 가졌었다. 우리에게 어울리는 장소였다.

그러나 결혼식을 하기에는 예배당이 너무 작았다. 그래도 그곳을 포기할 수 없어 예배당 앞에 있는 농구장 공터에서 결혼식을 하기로 했다. 함께 장소를 둘러보던 대학생들이 재미있겠다며 아무것도 없는 그곳을 결혼식장으로 꾸몄다. 예배당에서 전기를 끌어오고, 의자는 한국대학생선교회(C.C.C.)에서 빌려왔다. 분홍색 크리넥스 티슈를 엮어 꽃길을 깔고, 레이스를 만들어 테이블을 장식했다. 야외 공터가 멋진 결혼식장이 되었다.

가을볕이 화사했다. 많은 사람들의 도움과 축복을 받으며 우리는 아름다운 결혼식을 했다. 주례는 당시 예수전도단 대표를 맡고 있던 홍성건 목사님이 해주셨다. 목사님의 첫 번째 결혼 주례였다. 목사님은 결혼 서약서를 우리가 직접 만들라고 하셨다.

나는 오늘 당신을 나의 아내로 맞아들입니다.
이제부터 당신은 가장 사랑스러운 그리고 나의 유일한
나의 뼈 중의 뼈요 살 중의 살입니다.
내가 모든 사람들을 사랑하겠지만
그것은 당신 안에서 가능할 것입니다.
이후로 당신에게 어떤 변화가 생기더라도
나는 끝까지 사랑할 것입니다.
예수 그리스도께서 다시 오실 때까지
온 땅에 복음을 전하는 가정을 이루기 위하여
나의 모든 것을 당신에게 위탁합니다.

내가 먼저 결혼 서약을 하고, 그녀도 서약했다.

하나님께서 당신을 나의 남편으로 주셨습니다.
그래서 저는 공경하고 복종하고 사랑을 다해서 섬기겠습니다.
이제부터는 당신을 통해서 하나님을 보게 될 것입니다.

성혼선포가 있은 후에 예수전도단 대학생들이 준비한 축가를 불렀다. 그녀가 가장 좋아한 아가서 2장으로 만든 찬양이었다.

나의 사랑, 나의 사랑, 나의 어여쁜 자야!
일어나 함께 가자.
겨울은 지나고 비도 그쳤고
지면에는 꽃이 피어 새들이 노래할 때
비둘기 소리는 우리 귀에 들리누나.
무화과나무에는 푸른 열매 익었고
포도나무 꽃이 피어 향기를 발하누나.
나의 사랑 나의 어여쁜 자야!
일어나 함께 가자.

우리는 경기도 양평으로 신혼여행을 갔다. 연휴가 끝난 콘도는 한산했다. 우리는 날마다 산길을 오르내리며 숲을 구경했다. 조용해서 신혼여행을 보내기에 알맞았다. 감사한 일들을 생각하고 나눴다. 첫 만남부터 결혼에 이르기까지 인도해주시고 축복해주신 하나님께 감사드렸다. 우리를 받아준 양 가족이 참 감사했다. 옆에서 지지하고 돕고 응원해준 모든 사람들이 고마웠다. 무엇보다 서로에게 감사했다.

나는 커피를 마시지 않지만 아침마다 그를 위해 커피콩을 갈고 커피를 내린다.

나는 향기를 맡고 남편은 커피를 마신다.

내가 타준 커피를 마시며 행복해하는 남편을 보는 것은 정말 행복하다.

chapter *2*

나의 사랑

나의 어여쁜 그대

결혼생활의 나침반

신혼여행에서 오르내렸던 산은, 나침반이 필요 없을 만큼 이정표가 곳곳에 있었다. 길을 잃어버릴 염려가 없었다. 깊고 험한 산도 아니었다. 능선을 따라 등산로도 잘 정비되어 있었다. 약간 경사진 곳은 잡고 갈 수 있는 밧줄도 있었다. 등산하기에 무리가 없어서 산을 오르고, 또 내려오는 모든 순간이 상쾌했다. 마치 우리의 만남과 결혼 과정 같았다.

그러나 이제부터가 시작이다. 앞으로 가정을 잘 이루어가야 할 텐데, 가다가 길을 잃어버리면 어떻게 해야 할까. 앞날을 알 수 없으니 방향을 찾도록 도와주는 변함없는 기준, 나침반이 필요했다. 그래서 성경에서 부부생활의 나침반을 찾았다. '처음부터 나침반을 잘 따라가면, 무슨 일이 있어도 서로를 잃어버리지 않겠지.'

신혼여행을 다녀온 며칠 후, 결혼식을 녹화한 비디오테이프가 도착했다. 차를 마시면서 편안한 마음으로 우리 결혼식 장면을 영상으로 다시 보았다. 공터를 식장으로 만들어준 예수전도단 대학생들의 밝은 얼굴이 반가웠고, 그들의 수고가 사역 간사인 우리에게 힘이 되었다. 그들이 부른 아가서 2장의 축가를 우리도 따라했다.

나는 남편으로서 어떻게 아내를 사랑해야 하는지 아가서 노래를 부르면서 깨달았다. 좋은 남편이 되는 구체적인 방법이 아가서에 있었다. 나는 아가서 말씀을 부부생활의 나침반으로 삼았다.

'사랑 이야기'가 '사는 이야기'에 묻혀버리기 전에, 사랑을 지키고 행복을 더 키우고 싶어 나는 아가서를 읽었다. 아가서 2장을 읽으면서 아내 사랑의 나침반을 완성했다. 주로 남편의 역할에 초점을 맞춘 7가지 실천 내용을 결혼 서약의 업그레이드 버전인 아가서 서약을 만들었다.

- 나는 아내에게 예쁘다고 말한다.
- 나는 아내와 함께 간다.
- 우리 땅에 꽃을 피운다.
- 아내가 바위틈에 숨지 않도록 격려한다.
- 작은 여우를 그냥 두지 않는다.
- 서로에게 속한 한 몸이 된다.
- 나는 항상 아내에게 돌아간다.

나의 사랑, 나의 어여쁜 그녀

쇼핑센터는 사람들로 붐볐다. 아내는 식재료를 사러 가고, 나는 서점으로 갔다. 원하던 책을 구입하고 아내가 있는 지하 매장에 내려가니, 그곳은 더 복잡했다. 북적이는 사람들 틈에서 아내가 보였다.

"여보, 필요한 것 다 샀나?"

내가 아내 가까이 다가가 물었다.

"어떻게 나를 찾았어?"

"찾기 쉬워. 당신은 예뻐서 잘 보여."

오늘도 성공이다. 아내에게 예쁘다고 말했다. 아내가 가장 듣기 좋아하는 말이다. 아가서 서약의 첫 번째가 '나의 사랑, 나의 어여쁜 그대'이기 때문에 늘 진심을 담아 나는 아내에게 예쁘다고 말한다.

아내는 결혼 후에 나와 함께 예수전도단 대학사역 간사가 되었다. 나는 아내가 캠퍼스 예배에서 학생들에게 설교하기를 원했다. 아침마다 아내가 성경을 묵상하고 나누는 내용에 은혜가 넘쳐서 좋은 설교자가 되기에 충분하다고 생각했다. 그래서 가능하면 내가 설교할 시간을 줄여서라도 아내가 설교하도록 기회를 주려고 했다.

그런데 아내는 설교하는 걸 무척 부담스러워했다. 일대일로 성경을 가르치며 양육하는 것은 좋아하는데, 많은 사람들 앞에 서는 일은 힘들어했다. 앞에 나가면 몸이 떨리고 얼굴이 화끈거린다고 했다. 당신은 잘할 거라고 아무리 격려해줘도 아내는 주저했다. 처음으로 아내가 설교하던 날, 내용은 좋았는데 너무 떨려서 마무리를 잘 못했다.

집에 돌아오면서 아내에게 말했다.

"당신이 설교를 잘하도록 내가 도와줄게."

"다시는 설교하지 않을 거야."

하루는 아내에게 떨지 않는 비법을 전수했다.

"떨리면 발가락을 막 움직여봐."

"…."

"그래도 계속 몸이 떨리고 긴장되면, 손톱으로 아무 데나 꼬집어. 다른 사람이 눈치채지 못하게 아프게 꼬집으면 떨리는 게 멈출 거야."

"손톱으로 꼬집으라고? 좀 더 효과적인 방법은 없어? 아니야. 나는 자신이 없어. 나는 캠퍼스 모임에서 설교하지 않고, 양육만 할 거야."

내가 계속 거듭해서 설명하고 설득해도 다시는 설교하지 않겠다는 아내의 결심은 확고했다. 지난번 설교의 후유증이 심한 듯했다. 나도 포기해야 하나 고민했다. 내가 잠시 비켜주는 것이 좋을 것 같아서 방을 나오는데, 갑자기 생각나는 말이 있었다.

"아! 그런데 당신이 설교할 때, 정말 예쁘더라. 나는 그렇게 예쁜 설교자는 처음 봤네. 진짜야. 당신, 정말 예뻤어."

"그래? 내가 그렇게 예뻤어?"

예쁘다고 말하면 아내가 좋아한다. 그래서 아내에게 예쁘다는 말을 자주 한다. 이것은 내가 스스로 깨우친 것이 아니라 성경에서 배웠다. 성경은 삶의 모든 부분에서 올바르게 사는 법을 가르친다. 좋은 남편이 되는 법도 성경에서 배울 수 있다. 성경을 읽고 그 가르침을 따르면 선한 남편의 능력을 갖추게 된다.

> 모든 성경은 하나님의 감동으로 된 것으로
> 교훈과 책망과 바르게 함과 의로 교육하기에 유익하니
> 이는 하나님의 사람으로 온전하게 하며
> 모든 선한 일을 행할 능력을 갖추게 하려 함이라
> 디모데후서 3장 16,17절

남편이 아내를 사랑하는 것만큼 선한 일이 어디 있겠는가. 나는 사랑을 실천하는 실제적인 방법을 성경에서 배웠다. 사랑은 성경에서 배워야 한다. 세상의 빛으로 살려면 세상보다 더 뛰어나야 하는데, 드라마와 영화 같은 세속적인 문화에서만 사랑을 배우면 세상을 뛰어넘을 수 없다. 부부 사랑도 성경이면 충분하다. 아가서처럼 좋은 사랑 교본은 없다.

아가서는 신랑이신 예수님과 신부인 교회의 관계를 말한다고 신학자와 성경학자들이 강조한다. 그래야만 본문에 나오는 구체적인 표현들이 자연스럽다고 가르친다. 그러나 그것만은 아니다. 아가서는 부부간의 아름다운 사랑을 가장 잘 보여준다.

> 나의 사랑하는 자가 내게 말하여 이르기를
> 나의 사랑, 내 어여쁜 자야…
> 아가서 2장 10절

남자가 여자에게 '당신은 나의 사랑이며, 나의 어여쁜 사람'이라고 고백한다. 이 말을 듣는 여자는 '사랑한다'는 말과 함께 '예쁘다'는 말도 들으니 더 좋아한다.

여자는 왜 예쁘다는 말을 듣기 좋아할까? 바로 여자의 정체성이 예쁜 사람이기 때문이다. 사람은 누구나 자기 정체성에 맞는 말을 들으면 행복하다. 하나님은 처음부터 여자를 예쁜 사람으로 창조했다. 그래서 여자는 예쁘다는 말을 들으면 행복하다. 아내는 여자다.

여자를 창조하신 하나님을 찬양하며, 그 여자가 나에게 온 것을 감사하는 마음으로 나는 종종 아내에게 '당신은 예쁘다'고 말한다. 그때마다 아내는 행복한 미소를 지으며 좋아한다.

어느 날, 아내에게 물어보았다.

"예쁘다는 말이 그렇게 좋아? 왜 좋아?"

"음… 당신이 예쁘다는 말을 하려고 노력하는 것을 알아. 그걸 알고 있는데도 좋아. 왜냐면 당신이 나를 정말 사랑하고 있고 나를 좋아한다는 것을 더 깊게 확신하게 돼. 부부가 서로 그 확신을 심어주는 것이 가장 중요하지 않을까?"

"예쁘다는 말이 그렇게 중요한 말인가?"

"그럼, 중요한 말이지. 나를 살리는 말이야. 당신이 나를 한결같이 사랑한다는 확신을 심어주지. 그 확신은 내가 소중한 존재라는 사실을 잊지 않게 해줘. 그래서 내가 늘 자신감이 있는 거야. 당신 덕분이지. 고마워요."

예쁘다는 말을 들으면 여자들은 자신감을 갖게 된다. 특히 어린 시절에 예쁘다는 말을 자주 들으면 평생 도움이 된다. 어느 교회의 여성 목사님과 우리 부부가 가깝게 지냈다. 설교, 찬양 인도, 교인 상담, 일상 대화 등 모든 부분에서 자신감이 있어 보였다. 내 아내가 "목사님은 목회를 참 잘하신다"고 하자 그 목사님이 대답하신 내용이 인상적이었다.

"내가 어렸을 때, 우리 부모님은 항상 나에게 예쁘다고 말해줬어요. 어떤 모습으로 있어도 예쁘다고 했지요. 어느 날 잠에서 막 깨어났는데, 부스스한 내 모습을 보고 엄마가 말했어요. '너는 정말 예쁘구나. 자고 일어난 모습도 참 예쁘다. 이렇게 예쁘니 너를 좋아하지 않을 사람이 없을 거야.' 그래서인지 사람들을 대하는 것이 전혀 불편하지가 않아요."

어렸을 때 예쁘다는 말을 충분히 들었다면 매우 감사한 일이다. 혹시 그런 말을 별로 듣지 못했어도 괜찮다. 결혼 후에 남편에게 들으면 된다. 물론 어린 시절에 무너진 정체성은 쉽게 회복되지 않지만, 남편이 아내를 충분히 사랑하고 자주 예쁘다고 말해주면 아내는 회복된다. 아름다운 여자로 다시 태어난다.

사실 '예쁘다'는 말은 모든 연령층의 여자들이 다 좋아한다. 심지어 걸음마를 막 배우기 시작한 아기도 예쁘다는 말을 들으면 활짝 웃는다. 우리 부부가 어느 날 문병을 갔다. 아빠를 병문안 온 어린 딸이 병원 로비에 있었다. 병실에 들어가지도 못하고 밖에 오래 있었는지 많이 피곤해 보였다. 어른들이 말을 걸어도 시큰둥했다. 자꾸 엄마 뒤로 몸을 숨겼다. 아내가 아이에게 천천히 다가갔다.

"너는 어쩌면 이렇게 예쁘니? 정말 예쁘구나. 머리핀도 예쁘고, 옷도 예쁘고, 신발도 예쁘고…. 그중에서 얼굴이 제일 예쁜데!"

아이는 자기를 예쁘다고 말해준 아내를 보고 따라 웃더니 살며시 손을 내밀었다. 아내는 그 아이 손을 잡고 거닐며 한참을 놀아주었다. 어린 여자아이도 자기를 진심으로 예쁘다고 말해주는 사람에게 마음을 연다. 예쁘다는 말은 여자의 마음을 여는 열쇠다.

여자에게 예쁘다고 말하는 것은 사랑의 표현이다. 사랑은 표현해야 한다. 나는 결혼 전에 사랑 표현에 서툴렀다. 표현하려고 하면 어색해서 늘 망설였다. 우리가 교제하는 기간에 함께 고속버스를 타고 가면서 그녀가 산과 들에 피어 있는 봄꽃을 보며 예쁘다고 말할 때, 나도 꽃이 예쁘다고 말했다. 그러나 창문 밖의 어떤 꽃보다 그녀가 더 예뻐 보였는데, 그 말을 할 용기가 없었다. 사랑하는 마음을 표현할 방법을 몰랐다.

결혼 후 아내에게 사랑을 충분히 표현하고 싶어서 연구하고 노력했다. 물론 아내가 내 마음을 알고 있고 내 사랑을 믿고 있지만, 그 마음과 사랑을 확인시켜주고 싶었다. 나는 아가서에서 그 방법을 찾았다. 특히 결혼식 축가로 들었던 아가서 2장이 교과서였다.

"사랑하는 여자에게는 '예쁘다'라고 말하면 되는구나."

나는 성경말씀을 따라서 몇 번씩 혼자 연습하고, 마침내 실천했다.

첫 설교를 잘 못해서 상심한 아내에게 설교할 때 예뻤다고 표현한 한 마디 말이 아내에게 그처럼 큰 용기를 안겨줄 줄은 몰랐다. 설교할 기회가 있을 때마다 아내는 피하지 않고 도전했다. 아내는 이제 사람들 앞에서 떨지 않는다.

예쁘다는 말을 하려면 사랑하는 마음이 먼저 일어나야 한다. 아가서에는 "나의 어여쁜 자야"라고 말하기 이전에 "나의 사랑"이라는 말을 먼저 했다. '사랑하는 사람'과 '예쁜 여자'는 같은 말이다. 사랑하면 예뻐 보인다. 또 예쁘다고 말하면 사랑하는 마음이 일어난다. 예쁘다는 말을 자주 하면 말하는 사람과 듣는 사람 모두에게 사랑의 감정이 솟아난다. 그래서 아무에게나 함부로 하면 안 되는 말이다. 나는 오직 한 여자, 내 아내한테만 예쁘다고 말한다. 남자들은 이 말을 아주 신중하게 사용해야 한다. 특별한 말, 친밀함을 느끼게 해주는 말이기 때문이다.

내가 예쁘다는 말을 아무리 자주 해도 아내는 그만하라고 하지 않는다. 어제 밥을 먹었지만 오늘 또 먹고 싶은 것처럼 날마다 사랑의 언어를 듣고 싶어 한다. 예쁘다는 말은 사랑한다는 말의 다른 표현이기 때문이다. 아니, 그 이상의 의미를 주기 때문이다.

'사랑한다'와 '예쁘다'라는 말 중 아내들은 어떤 말을 더 좋아할까? 내 아내가 말했다.

"당신이 나를 사랑한다고 말하면, 참 좋아. 뭐랄까, 비유하자면 '당신은 요리를 잘해'라고 말하는 것 같아서 좋아. 그런데 '예쁘다'고 말하면, '당신이 만든 버섯 들깨탕이 참 맛있네'라고 말하는 것 같아. 사랑을 좀 더 구체적으로 표현하는 것 같아서 더 좋지."

은총을 입은 남자

신혼 시절, 남편은 환하게 미소를 띠고 잠이 들었다. 자다가도 몇 번이나 눈을 떠서 내 얼굴을 바라보았다. 그때마다 그는 잠꼬대처럼 중얼거렸다.

"하나님, 이것이 꿈이 아니군요. 제가 결혼한 것이 맞군요. 제가 가정을 이루다니 꿈만 같습니다. 감사합니다."

남편이 열세 살이 되던 해, 그의 아버지는 심장마비로 사망했다. 그러자 곧이어 경제적인 어려움이 몰려와서 집과 가재도구가 팔렸다. 아버지가 돌아가신 슬픔이 채 가시기도 전에 사람들이 들이닥쳐 모두 가져갔다. 한밤중에 장독대마저 차지하려고 간장을 쏟아내는 그들의 기척이 이불을 꾹 눌러쓴 그의 귀에 들렸다. 그래서 그는 한동안 물 쏟아지는 소리에도 진저리를 쳤다. 남은 가족들은 집과 살림살이를 모두 잃고 뿔뿔이 흩어졌다. 어린 그도 어쩔 수 없이 자신의 남은 물건을 불태우고 홀로 서울에 왔다.

낮에는 돈을 벌고 밤에는 공부를 했다. 따뜻한 집을 그리며 허기진 배를 움켜쥐고 어두운 도시를 헤맸다. 매일 잠잘 곳과 먹을 것을 걱정했다. 지금까지 살아오면서 숙식 걱정이 없는 군대 시절이 제일 좋았다고 할 만큼 그는 힘들고 외롭게 살았다. 이제 그 모든 일을 지나간 추억으로 말할 수 있어 감사하다고 남편이 말했다. 나는 남편의 이야기를 들으면서 결혼으로 얻은 그의 행복을 꼭 지켜주어야겠다고 다짐했다.

남편의 행복을 지켜주기 위해

나는 결혼생활을 하면서 남편이 언제 행복해하는지 지켜보았다. 축구하고 온 날, 그는 행복해 보였다. 양손에 축구화를 흔들며 집에 들어오는 그가 활짝 웃었다. 온몸은 땀으로 범벅이고 얼굴은 아직도 남아 있는 축구장의 열기로 후끈거렸다. 몸은 지쳐 있을 것이 분명한데도 눈은 샛별처럼 빛났다. 처음 만났을 때의 그 눈빛이었다. 나는 그 눈빛과 열정과 웃음을 지켜주고 싶었다. 사역을 쉬는 날에도 축구하러 가겠다고 하면 언제든 보내주었다. 가로등이 꺼진 운동장에서 자동차 헤드라이트를 켜놓고 간사들과 축구하다가 새벽에 들어온 날에도 나는 잘했다고 박수쳐주었다. 이기고 돌아온 날은 더 좋아했으므로 남편 팀이 이기기를 바랐다. 자신이 골을 넣고 온 날은 더욱더 기뻐했으므로 그가 다치지 않고 골을 넣기를 간절히 기도하기도 했다.

제주도에 오더니 남편이 자전거를 타기 시작했다. 예수전도단 열방대학 개척팀에 합류해서 우리는 제주도로 이사했다. 남편은 집에서 열방대학까지 한 시간 이상을 자전거로 출퇴근했다. 퇴근하고 집에 오면 헉헉대며 안전모를 벗는 그의 머리에서 땀과 열기가 뿜어져 나왔다. 자전거를 들여놓다가 현관문에 서 있는 나를 보더니 그가 밝게 웃었다. 눈이 보석처럼 빛났다. 내가 반한 그 눈빛이 분명했다. 나는 남편의 눈빛과 웃음과 열기를 꼭 지켜주리라 다짐했다. 남편이 낮에 일하고 들어와서는 밤에 자전거를 타러 또 나가도 언제든 보내주었다.

헤드랜턴을 켜고 사라봉과 별도봉 산책길을 자전거로 오르내렸다는 말에 대단하다고 말해주었다. 걸어가도 가파른 그 길을 자전거로 어떻게 다녔을까 궁금하고 걱정이 되었지만, 서너 바퀴 돌고 온 날은 더 좋아했으므로 마음껏 박수쳐주었다. 휴일에는 자전거를 타고 산과 바다를 돌아다녔다. 집에 돌아오면 온몸이 땀으로 흠뻑 젖어 있었다. 비가 오는 날에는 더 열심히 자전거를 탔다. 바람이 거세고 비가 퍼붓는 날에 자전거를 타고 오면 더 자랑스러워했으므로 나는 가슴 졸이며 넘어지지 않기를 기도하면서도 날이 개기를 바라지 않았다. 남편의 행복을 지켜주고 싶었다.

쇼핑을 지루해하는 줄 알았던 남편이 전자상가에서 하루 종일 물건들을 들었다 놓았다 하며 구경하는 모습을 보고 나는 놀랐다. 새로 나온 기기를 오랫동안 만져보다가 마침내 사겠다고 말하면 나는 한 번도 반대하지 않았다. 생활비를 또 줄여야 하는 것이 뻔한데도 나는 남편의 선택과 의지를 존중했다. 나의 선택과 의지를 존중받을 때 내가 행복하듯이 그도 마찬가지일 거라 생각했다.

"세상에서 제일 맛있는 커피는 남이 타준 커피"라고 언젠가 남편이 말했다. 나는 커피를 마시지 않지만 아침마다 그를 위해 커피콩을 갈고 커피를 내린다. 나는 향기를 맡고 남편은 커피를 마신다. 내가 타준 커피를 마시며 행복해하는 남편을 보는 것은 정말 행복하다.

나만의 특별한 이름을 받다

신혼여행에서 돌아오고 며칠이 지난 후에 남편은 내 이름을 새롭게 지어주었다. 그는 나를 '나의 사랑 나의 어여쁜 자'라고 불렀다. 그래서 나는 '그의 사랑 그의 어여쁜 자'가 되었다. 남편은 나의 빛깔과 향기에 맞는 이름을 부를 줄 아는 사람이었다. 남편은 최초의 남자 아담이 했던 일을 했다.

하나님은 아담에게 이름 짓는 일을 맡기셨다(창 2:19). 그래서 아담은 이름 짓는 자가 되었다. 아마도 아담은 이렇게 노래했으리라.

"내가 너의 이름을 불러주기 전에는 너는 그저 동물 중 한 마리였다. 내가 너에게 토끼라고 불러주었을 때 너는 깡충깡충 뛰어와 '나의 토끼'가 되었다."

아담이 토끼의 이름을 불렀다는 것은, 그냥 우연히 지나가다가 아무 생각없이 내뱉은 단어가 어떤 작은 동물에게 붙어서 갑자기 토끼라는 이름을 갖게 된 것이 아니다.

아담은 작고 귀여운 생물을 보았고 동그란 눈을 들여다보고 털을 쓰다듬어주었을 것이다. 그의 손에서 빠져 내달려가는 작은 동물의 뒷다리 힘을 느끼고 그를 따라 숨 가쁜 달리기 경주도 했을 것이다. 그러고는 속성과 외모에 가장 적합한 이름을 찾아서 그 이름으로 불렀을 것이다. '토끼'라고. 토끼는 얼마나 기뻐 뛰었겠는가. '작은 동물'이나 '아무것도 아닌 짐승'에서 이제 특별한 자신만의 이름으로 불러준 아담이 정말 좋았을 것이다. 아담은 그렇게 생물의 이름을 지어주면서 특별한 관계를 맺었다.

아담은 하나님이 주신 이름 짓는 능력과 지혜가 있었다. 지혜로운 아담은 자기가 만난 처음 사람을 '여자'라고 불렀다(창 2:23). 딱 맞는 아름다운 이름이었다.

그 여자를 아내로 맞이했다. 그런데 아내가 뱀의 꾐에 넘어가 죄를 짓고 죽음을 선고받았다. 아담은 순간 당황해서 핑계했을지라도 아내를 버리거나 떠나지는 않았다. 자기 아내 때문에 자신도 흙으로 돌아가게 되었음에도 아내를 원망하지 않았다. 그의 아내인 여자는 자기 때문에 남편과 땅마저 저주를 받았음을 깨닫고 당장 죽고 싶었을 것이다. 아내가 정죄감에 빠져 어찌할 바를 모르고 멍한 눈으로 나무 밑에 앉아 있을 때 아담이 다가왔다. 남편인 아담은 손을 내밀고 자기 아내의 눈을 바라보며 말했다.

"하와! 당신의 이름은 이제부터 하와요."

아담은 좌절과 낙심 속에 있는 아내에게 새로운 이름을 지어주었다. 그의 아내는 '생명'이란 뜻을 가진 하와가 되었다. 죽음을 선고받았던 여자는 이제 남편의 도움으로 새롭게 생명의 이름을 받았다.

아담이 그의 아내의 이름을 하와라 불렀으니
그는 모든 산 자의 어머니가 됨이더라

창세기 3장 20절

아담은 그렇게 자기 아내에게 새 이름을 지어주었다. 남편이 하와
라고 불러주어서 그의 아내는 생명을 잉태하는 여자가 되었고, 또 모
든 생명의 어머니가 되었다. 아담이 자기 아내에게 새 이름을 지어주
었을 때 하나님은 그들에게 회복의 상징으로 큰 선물을 주셨다. 무
화과나무 잎으로 가렸던 수치를 튼튼한 가죽옷으로 가려주셨다(창
3:7,21).

하나님은 아담을 칭찬하셨다. 아담이 자기 아내의 이름을 너무나
도 잘 지었다고 인정해주셨다. 그 증거가 가죽옷이다. 아담은 아내
에게 새 이름을 지어주는 사랑을 보여줌으로써 하나님의 축복을 받
았다.

모든 남편은 자기 아내를 살려주는 사람이다. 그들은 생명의 기쁨
을 회복시키는 열쇠를 갖고 있다. 열쇠를 사용하는 방법은 아주 간단
하다. 자기 아내의 이름을 새롭게 불러주면 된다. 당신 아내 이름은
'나의 사랑, 나의 어여쁜 자'다. 그러면 당신 아내는 당신에게로 와서
그 이름에 맞는 사랑스럽고 어여쁜 당신의 아내가 될 것이다. 이름 짓
는 남편들의 역할을 보면 김춘수 시인의 시 〈꽃〉이 생각난다.

내가 그의 이름을 불러주기 전에는

그는 다만
하나의 몸짓에 지나지 않았다.

내가 그의 이름을 불러주었을 때
그는 나에게로 와서
꽃이 되었다.

내가 그의 이름을 불러준 것처럼
나의 이 빛깔과 향기에 알맞은
누가 나의 이름을 불러다오.
그에게로 가서 나도
그의 꽃이 되고 싶다.

우리들은 모두
무엇이 되고 싶다.
나는 너에게 너는 나에게
잊혀지지 않는 하나의 의미가 되고 싶다.

'내가 너의 이름을 불러주었을 때 너는 나의 꽃이 되었다. 너도 나의 이름을 불러주었으면 좋겠다. 왜냐면 나도 너에게로 가서 너의 꽃이 되고 싶기 때문이다.' 우리는 모두 서로에게 특별한 의미가 되고 싶다. 그저 '여자, 남자'로 통칭되기보다 '나의 아내, 나의 남편'과 같은 특별한 관계로 불리고 싶다.

결혼하고 남편은 나를 '여보'라고 불렀다. 부부의 향기와 빛깔에 딱 맞는 이름으로 나를 불렀다. 남편이 나를 '여보' 하고 부르면 나는 그에게로 가서 '그의 여보'가 되었다. 남편은 나를 '나의 사랑'이라고 불렀다. 나는 그에게로 가서 '그의 사랑'이 되었다. 남편은 나를 '나의 어여쁜 자'라고 불렀다. 나는 '그의 어여쁜 자'가 되었다.

행복이 손끝을 통해 전달되다

나는 대학 청년 사역을 하면서 결혼에 대한 소망이 없다고 말하는 남자 청년들을 많이 만났다. 그들은 한결같이 아내를 행복하게 해줄 자신이 없다고 했다. 살아오면서 불행한 가정을 많이 보아서인지 자신도 결혼하면 깨어진 가정이 될까 봐 두렵다고 말했다. 그럴 때면 나는 남편 이야기를 들려주었다. 꿈꿀 수 없는 환경이기에 더 꿈을 꾸어야 한다고 말했다. 꿈꾸고 노력하면 행복한 가정을 이룰 수 있다. 그 증거가 나의 남편이다. 남편은 불행한 현실 속에서 '좋은 남편과 좋은 아빠'가 되는 꿈을 꾸었고 이제 그 꿈은 현실이 되었다. 나는 남편이 웃는 얼굴로 자고 있을 때 가장 행복하다. 누구든 아내에게 이런 행복을 주는 남편이 될 수 있다.

모든 남자는 아담을 닮아서 이름을 지을 수 있다. 한 여자를 특별한 의미로 부르면 된다. 아내를 주시는 하나님의 은총은 구하고 찾는

자 모두의 것이다. 이미 결혼한 남자들은 오늘 자기 아내를 행복하게 할 수 있다. 그녀의 빛깔과 향기에 알맞은 이름을 불러주라. '나의 사랑 나의 어여쁜 여보'라고 부르면 된다. 그렇게 부를 수 있는 아내가 있는 자는 복 받은 남자다. 결혼한 남자는 그렇게 하나님의 은총을 누려라.

"언니는 항상 흰색 블라우스만 입나봐요."

"그런가?"

"우리가 몇 년 만에 만나곤 하잖아요. 그때마다 언니는 흰색 블라우스만 입고 있었어요."

"그렇구나."

"언니, 이제는 나처럼 꾸미고 사세요."

"나도 꾸미고 사는데…."

"정말요? 그런데…."

"나는 우리 집을 꾸미지."

결혼하면서 나는 이런 결심을 했다.

'아무리 허름한 방에 살더라도 예쁜 풀꽃 한 송이는 꽂아놓는다.'

내가 방을 꾸미고 집을 꾸미는 것을 좋아하지만 남편을 위해서가 더 맞다. 남편의 지나온 삶을 들으면서 결정한 나만의 사랑 표현이다. 남편은 어린 나이에 집을 떠나 혼자 살면서 창고에서 잔 적도 많았다고 했다. 캄캄한 창고에 웅크리고 누워 따뜻한 가정을 꿈꿨다고 했다. 자기 인생의 목표는 좋은 남편과 좋은 아빠가 되는 거라고 했다. 그렇다면 나는 좋은 아내가 되고 좋은 엄마가 되겠다고 나 스스로에게 약속했다. 남편은 집을 떠나 사역하는 일이 아주 많다. 국내 여러 지방뿐 아니라 해외 곳곳을 여행한다.

저녁에 집에 돌아왔는데, 내일 가는 곳은 계절이 다르다면서 여행 가방을 새로 싸기도 했다. 심지어는 중국에서 미국으로 갔다가 다시 한국에 왔는데, 집에 들르지도 못하고 인천 공항에서 바로 호주로 가기도 했다. 집에 있는 시간이 상대적으로 많지 않은 남편을 위해 나는 집을 꾸민다. 남편이 집에 오면 쉴 수 있도록. 남편이 집에 왔다는 것을 느낄 수 있도록.

남편이 "집에 오니 정말 좋다"고 말하면 나는 좋은 아내가 된 것 같아 기분이 좋다. 남편이 어두운 창고에서 꿈꾸던 행복한 가정을 선물하고 싶어서 나는 집을 꾸민다. 집뿐만이 아니다. 남편과 함께 강의하러 갈 때면 하룻밤을 묵더라도 숙소를 예쁘고 정갈하게 꾸민다. 남편이 그곳을 집처럼 편안하다고 말하면 나는 좋은 아내가 된 것 같아 기분이 좋다.

그는 결혼했고 그에게는 아내가 생겼다. 남편은 매일 하나님의 은총에 감격하고 또 감격한다. 지금도 자다가 문득문득 눈을 떠서 자기 아내인 나를 확인한다. 따뜻한 내 손을 꼭 잡고 다시 잠드는 남편에게서 행복이 손끝을 통해 온 마음으로 전달된다. 신혼 시절 남편의 얼굴에 피어난 행복한 미소는 잠들지 않고 지금까지 환하다. 내 남편이 되었기에 자신은 하나님께 은총을 입은 자라고 늘 내게 말한다.

아내를 찾은 자는 행복을 찾은 자요,

여호와께 은총을 입은 자이다.

잠언 18장 22절 ^{쉬운성경}

정들었던 기도원을 나서면서 시냇가 개울의 다리를 건넜다.

다리를 건너며 남편은 몇 번이나 말했다.

"가족이 함께 있는 곳이 우리 집이다."

chapter 3

나
와
함
께
가
요

대화하는 부부

"그때 아버지가 울고 계셨다는 것을 알았어."

"…."

"학교에서 돌아왔는데 엄마가 집에 안 계셨어. '엄마, 엄마' 하고 찾았는데 아버지가 화장실에서 대답하셨지. '엄마는 병원에 입원했단다.' 한참 후에 화장실에서 나오는 아버지 얼굴을 봤어. 울고 계셨던 거야. 우리 아버지가. 처음 알았어, 아버지도 운다는 것을! 나는 덜컥 겁이 났어. 왜냐면 아버지가 울 만큼 엄마가 많이 아프다는 말이잖아. 그런데 또 한 가지 사실을 알았어. 엄마를 위해 울 만큼 아버지가 엄마를 많이 사랑하신다는 것을. 그래서 기분이 좋았어. 상반된 두 가지 감정이 동시에 느껴졌어. 당신도 그런 적 있었어? 그때 나는 초등학교 3학년생이었는데."

"이리와, 내가 안아줄게."

아내의 마음을 어루만지듯 조용히 안아주었다. 아내가 고개를 들고 다시 말했다.

"참, 내가 내 동생 이야기를 했던가?"

"응? 아, 동생! 많이 했지! 또 하려고?"

아내는 신혼 시절 밤마다 말하기 시작했다.

"그날, 학교 가는 길에서 꽃을 보았어."

"어? 그 이야기는 지난번에 했는데?"

"아니, 그건 초등학교 때 이야기이고, 중학교 때 학교 가는 길에서 꽃을 보았다고."

"꽃은 어느 길가에나 있지 않나?"

"아니야, 그날 본 꽃은 특별했어."

아내는 말을 처음 배운 사람처럼 끊임없이 말했다. 마치 말하기 위해 결혼한 여자 같았다. 아버지 이야기, 어머니 이야기, 학교 이야기, 자기가 길에서 넘어진 이야기 등을 계속 말했다. 이미 한 이야기를 또 하기에 그건 벌써 했다고 알려주면, 아니라고 새로운 이야기라고 했다. 먼저 한 이야기를 수정하거나 추가하기도 했다. 동생이 태어난 날, 학교에서 울었던 이야기, 길가에 핀 꽃 이야기 등을 듣고 또 들었다. 여러 번 들었더니 내가 경험한 것처럼 그림이 그려졌다. 처가 동네가 내 고향처럼 느껴졌다.

어느 날, 학교 가는 길에 본 꽃 이야기를 또 해서, 내가 웃으면서 쳐다보았더니, 아내도 따라 웃었다.

"아, 맞다. 그 이야기는 했었지. 그래, 이제 다 말한 것 같아. 당신과 결혼해서 이렇게 얘기할 수 있어서 참 좋아. 마음속 깊은 곳에서 어두운 장막이 걷히고, 환한 빛으로 가득 채워지는 그런 기분이야."

"나도 당신 이야기를 들으면서 좋았어."

"여보! 당신은 내 친구야. 진짜 내 친구. 이제 외롭지 않아서 좋아."

사역을 마치고 집으로 돌아오는 길에는 주로 내가 이야기했다. 우리 부부는 대학사역 간사로 캠퍼스 사역을 하면서 걷는 날이 많았다. 교통비가 없어서 걷기 시작했는데 그 시간이 오히려 우리에게 축복이었다. 어떻게 살았는지, 무슨 일이 있었는지, 앞으로 하고 싶은 일은 무엇인지 이야기하다 보면 두 시간이 금방 지나갔다. 밤이 되면 아내가 이야기를 시작했다. 그렇게 6개월 동안 아내의 이야기를 들으면서 아내를 알게 되었다.

서로를 알기 위한 가장 좋은 방법은 대화다. 그런데 대화는 그 양이 중요하다. 대화의 질로 대화의 양을 대신할 수 없다. 신혼 초에 아내의 이야기를 들으면서 대화 시간의 양이 중요함을 확실하게 알았다. 처음에는 사실을 이야기하다가 시간이 지나면서 그 내면의 느낌과 감정까지 들으면서 아내를 더 잘 알게 되었다. 충분하게 대화하지 않고, 핵심 내용만 전해주는 것은 부부 사이의 대화가 아니다. 대화의 양을 무시하면 안 된다. 결혼 초 6개월 동안의 많은 대화가 우리 결혼생활의 기초를 튼튼하게 했다.

대화의 확장

···함께 가자

아가서 2장 10절

아가서의 남자는 여자에게 나와 함께 가자고 말한다. 어디를 가는지, 어떻게 가는지, 어디쯤에 왔는지를 서로 알 수 있어야 끝까지 함께 갈 수 있다. 그래야 서로 손을 잡아주고, 일으켜주고, 밀어주고 당겨줄 수 있다. 나는 아내에게 평생 함께 가자고 했다. 그래서 아내가 어떤 일에서도 소외되지 않고, 나와 함께 갈 수 있도록 대화에 우선권을 두었다. 아가서 서약의 두 번째 실천이다.

아내는 임신하고 출산이 가까워지면서, 캠퍼스 사역을 그만두고 집에 있었다. 출산 후에도 사역에 거의 참여하지 못했다. 그러나 사역이 진행되는 모든 일은 알고 있었다. 나는 집에 돌아오면 밖에서 있었던 일을 이야기했다. 내가 아는 일을 아내도 알게 했다. 아내는 집에서 아이들과 어떻게 지냈는지 이야기했다. 사역이 많아서 내가 피곤하고, 육아로 아내가 지쳐 있어도 우리는 최소한 30분 정도는 이야기한 후에 하루를 마무리했다. 나는 대화가 가능하도록 체력을 남기고 비축해서 집에 들어왔고, 아내도 체력을 조절했다. '부부 대화'에 우선권을 두었기 때문에 가능한 일이었다.

어느 날, 내가 대학생예수제자훈련학교(UDTS)를 위한 건물을 찾고 있을 때 우리 집 전화벨이 울렸다.

"여보세요. 남편께서 집에 계신가요?"

"지금 집에 없습니다. 무슨 일이시죠?"

"아! 남편 분이 아실 만한 일인데요."

"저에게 말씀하셔도 됩니다."

"대학생들 훈련에 적합한 건물을 찾고 있다고 들었어요. 그 일로 전화했습니다."

"어떤 건물이 나왔나요?"

내가 책임을 맡아 진행하던 일이었는데 그날 집에 없었다. 그러자 아내가 대신 얘기했는데 통화를 마치면서 전화를 한 건물주 아저씨가 이렇게 말했다고 한다.

"아주머니가 모든 일을 알고 있으니 다행이네요. 두 분은 참 좋은 부부시군요. 서로 이야기를 많이 하시나 봅니다."

부부가 함께 가기 위해서는 정보가 공유되어야 한다. 남편이 아내에게 '나의 사랑 나의 어여쁜 자'라고 부르고, 거기서 멈추면 안 된다. 왜 불렀는가? 거기에는 목적이 있다. 함께 가자고 부른 것이다. 함께 가기 위해서는 함께 알고 있어야 한다. 부부 관계의 가장 기본적인 갈등은 대화 부족이다. 우리 부부는 사역과 집안일을 서로에게 알려주면서 동역자 의식을 키웠다.

그러던 어느 날 우리의 대화 내용을 돌아보게 되었다. 대화의 소재가 제자리를 맴돌고 있었다. 예수전도단 간사로 사역하는 이야기, 아이들을 키우는 이야기, 양 가족의 집안 이야기, 친구들 이야기. 물론 그런 이야기라도 열심히 대화해서 좋았지만, 아내와 더 흥미롭고 재미

있게 살고 싶었다. '어떻게 하면 아내와 대화 시간이 더 즐겁고 늘 새로울 수 있을까.'

1995년, 내가 선교 본부 책임을 맡고 있어서 해외 선교지역을 방문하는 일이 자주 있었다. 며칠 동안 선교지를 방문하고 집에 돌아왔는데, 아이들은 잠들어 있고 아내는 책 읽기에 몰입해 있었다. 표지를 보니, 내 책이었다.

"여보! 그 책이 그렇게 재미있어?"

"아, 이 책 정말 스릴 있고 재미있네. 당신이 없는 동안 읽기 시작했는데, 조금 남았어. 다 읽고 얘기해. 미안해요."

아내의 새로운 모습이었다. '내가 좋아하는 법정 추리소설에 아내가 빠져 있다니.' 천천히 읽으라고 말하고 나는 짐 정리를 했다. 아내는 책을 다 읽었는지 상기된 표정이었다. 반전이 놀라운 소설이어서 내용을 정리하도록 기다렸다.

"그런 책을 읽다니, 뜻밖인데. 재미있었어?"

"와! 재미있네. 당신이 좋아하길래 궁금했었거든. 아이들 재워놓고 당신이 두고 간 책 세 권을 다 읽었어. 얼마나 떨면서 읽었는지 근육이 다 아프네. 그래도 정말 재미있더라. 또 다른 책은 없어? 어떻게 이런 책을 썼을까? 작가가 대단하네."

나는 그 책을 쓴 작가의 다른 책도 소개하고, 비슷한 종류의 다른 작가도 알려주었다. 아내는 새로운 장르에 눈을 뜨더니 시간이 될 때마다 내가 읽은 책을 읽기 시작했다. 그 이후에 우리 부부의 대화가 더 재미있고 좋아졌다.

우리 부부가 함께 기도하는 시간이었다.

"어, 당신!《기도로 세계를 움직이라》읽었어?"

"어떻게 알았지?"

"방금 기도한 말이 그 책에 자주 나오는 문장이거든! 당신도 내가 좋아하는 책을 읽으니 왠지 대화가 더 잘 통할 것 같아서 기쁘네."

아내가 내 책을 재미있게 읽은 후부터 나도 아내 책을 자주 읽는다. 아내의 책장에는 중보기도에 관한 책이 많다. 아내가 유난히 좋아하는 책을 펼쳤다. 아내가 여백에 메모해둔 내용을 보면서 그 책을 끝까지 읽었다. '기도 중에 사용한 한 문장을 듣고, 내가 그 책을 읽은 줄 알다니!'

우리는 같은 책을 읽고, 소감을 이야기하는 시간을 갖기로 했다. 아내가 먼저 읽은 책을 내가 이어서 읽을 때는 아내의 메모를 살펴본다. '이런 생각을 하는구나. 신기하군! 확실히 나와 다르구나.'

아내가 밑줄 친 부분을 읽으며 아내를 읽는다. 아내도 내가 읽은 책을 차례로 읽는다. 내가 쓴 메모도 읽고 내가 밑줄 친 부분을 살피며 내 책을 읽는다. 군사 전략 소설과 법정 추리소설을 읽던 내가 순수 문학책도 읽게 되었다. 순수 문학과 중보기도와 영적 전쟁에 관한 책을 읽던 아내는 추리소설과 제자도와 선교 전략에 대한 책을 읽게 되었다. 부부 대화의 소재가 육아와 사역 이야기에 머물지 않고 더 넓어졌다. 책 이야기를 하고 싶어서 다른 사람을 찾을 필요가 없다. 아내가 있으니까.

우리는 대화 소재를 개발하는 일을 더 발전시켰다. 서로 좋아하는 책을 읽고 이야기하는 것처럼 영화, 뉴스, 드라마, 꽃, 정치, 군 생활, 스포츠 등 다양한 분야로 대화를 확장시켰다. 아내가 낭만적이고 로맨스가 있는 영화를 볼 때, 나는 옆에 앉는다. 아내도 내가 좋아하는 영화를 함께 본다. 사실 아내가 좋아하는 장르의 영화를 아무리 봐도 그 영화들이 좋아지지는 않는다. 아내도 마찬가지일까? 그럴 수도 있다. 그러나 아내와 나는 풍부한 이야깃거리를 즐긴다. 그렇게 서로를 더 알아간다.

때와 장소에 맞는 대화

"여보! 오늘따라 당신이 좀 이상하네. 왜 끝까지 듣지 않고, 말을 자꾸 끊지?"

"다음에 이야기를 하면 안 되나? 내가 좀 피곤하네."

"지금 아니면 언제 이야기한다고? 우리한테 중요한 이야기인 것을 모르나?"

"…."

"당신이 내 말에 더 신경을 써야 하잖아? 차만 타면 왜 그래?"

"…."

"지난번에도 내 말을 듣지 않더니, 오늘도 또 그러네. 뭐가 문제인 거야?"

"…."

"당신 정말 이럴 거야?"

결국 내가 폭발했다. 우리 부부는 함께 차를 타고 가고 있었다. 나는 차에서 의논할 내용을 출발 전에 생각했다. 그런데 내 뜻대로 대화가 진행되지 않았다. 신중하게 결정할 일이라 아내와 함께 나눠야 했다. 어차피 한 시간은 운전해야 하기 때문에 대화할 좋은 기회라고 생각했다. 그런데 아내가 대화에 집중을 안 했다. 결국 내가 참지 못하고 또 화를 내며 차를 갓길에 세웠다. '왜 자꾸 이럴까.' 요즘은 이야기만 꺼내면 분위기가 안 좋아진다. 아내가 말하길 기다렸다. 한참 동안 숨을 고르고 있던 아내가 뜻밖의 말을 했다.

"여보! 내가 멀미가 나네. 차를 타면 멀미가 나서 당신의 말이 잘 안 들려."

"…."

"당신 말에 관심이 없는 것이 아니고, 내가 멀미가 난다고…. 나중에 집에 가서 이야기하면 안 될까?"

"멀미가 난다고? 지난번에도 멀미가 났던 거야?"

"맞아! 지난번에 차에서 싸운 것도 내 몸이 안 좋아서 그런 거야. 그리고 당신이 운전에 집중하지 못할까 봐 신경 쓰여서 당신 말이 잘 안 들려. 집에 가서 이야기하자."

가만히 돌아보니 차에서 대화할 때는 대부분 좋지 않았다. 우리 둘 다 바빠지면서 대화할 시간이 필요했고, 그 당시에 어려운 결정이 밀려오고 있었다. 집에서 이야기하다 보면 아내가 대화 중간에 다른 일을 했고, 어렵게 꺼낸 내 이야기가 마무리되지 못했다. 결국 내가 찾은 방법이 차에서 이야기하자는 것이었다. 자동차 안에서는 적어도 아내가 다른 일을 하거나 다른 곳으로 가지 않으니까. 그런데 이번에도 대화가 싸우다 끝이 났다.

하루 동안 기도하면서 우리를 돌아보았다. 내가 화를 낸 것을 사과하고, 아내도 미안하다고 말했다. "당신의 고민을 알고 있고, 나도 함께 결정하고 싶다"고 아내가 말했다. 대화 자체를 싫어하는 것이 아니라고 분명하게 말했다. '그러면 무엇이 문제일까.'

"혹시 운전 중에 이야기를 꺼내서 그런가?"

"음… 그런 것 같아. 당신이 운전할 때 자꾸 나를 쳐다보니까 교통사고가 날까 봐 걱정이 되네. 이야기 내용을 들으려고 귀를 기울이는데 가끔 멀미가 날 때도 있어. 아무래도 어려운 이야기는 차에서 안 하는 게 좋겠어."

"그럼 우리가 함께 차를 타고 오가는 시간이 많은데, 무슨 이야기를 해야 하나?"

우리 부부 대화의 획기적인 변화가 일어난 날이었다. 그동안 대화하면서 싸운 경우는 모두 운전 중일 때였다. 이야기 내용이 문제가 아니고, '운전 중의 대화'가 더 중요한 원인이었다.

그날 부부 대화의 몇 가지 원칙을 결정했다. 운전 중에는 결정이 필요한 이야기를 하지 않는다. 대신 성경 묵상을 나누거나 우리 삶을 풍요롭게 하는 이야기, 혹은 지난 삶을 행복하게 추억하는 얘기를 한다. 대화가 공간과 시간의 영향을 받는다는 것을 알았다. 그래서 운전 중에 할 대화 내용과 산책하면서 할 대화를 구분했다. 거실과 침실의 대화, 아침과 저녁의 대화도 각각 구분했다.

장소를 구분해서 대화하는 법이 처음에는 익숙하지 않았다. 그러나 이야기하다가 싸우고 싶지 않았다. 장소를 구분해서 주제를 달리하는 대화가 습관이 되도록 서로 노력하다보니, 점점 나아졌다. 언젠가부터 차를 타면 자연스럽게 말씀 묵상을 나누게 되었다. 묵상을 나누면서 싸운 적은 없다.

그렇지만 결정을 기다리는 내용은 여전히 많았다. 산책하면서 대화하려고 시도했지만 잘 되지 않았다. 산책할 때는 가벼운 이야기가 더 편했다. 결국 부부의 공식적인 회의 시간을 결정했다. '함께 가는 우리 부부'라는 이름으로 정기적인 부부 회의를 했다. 1주일에 한 번 또는 2,3주에 한 번 공식적인 시간을 가졌다. 미리 정한 시간에 주제를 준비하고 대화를 시작했다. 아이들의 진로, 우리 부부의 진로, 재정 상황, 후원자 인사, 사역 진행, 강의할 교회 등 결정을 필요로 하는 모든 내용은 '함께 가는 우리 부부' 시간에 다루었다. 서로 격식을 갖춰 존중하면서 대화 내용에 집중했다.

부부 회의의 첫 시간에 서로에게 무엇을 원하는지 의견을 나누었다. 나는 아내에게 '이야기할 내용을 준비하고 참석하라'고 부탁했고 아내는 나에게 '반드시 부드럽게 이야기해달라'고 요청했다. 의논하고 싶은 내용이 생각나도 약속한 시간이 아니거나 적당한 장소가 아니면 일단 노트에 메모했다. 최근에는 스마트폰의 메모 어플에 내용을 적어둔다. 서로 클라우드 싱크되어 있기 때문에 '함께 가는 부부 회의' 시간 이전에 미리 확인할 수 있어서 편리하다. 대부분 내용을 서로 동의하면서 함께 결정했다. 문제가 해결되지 않아도 함께 이야기한다는 그 자체로 힘이 되었다.

결정이 필요한 주제를 '함께 가는 우리 부부' 시간으로 모아놓으니까 평소 일상의 대화 시간이 훨씬 편해졌다. 책을 읽은 이야기, 재미있는 영화 이야기, 도시에서 나비를 보니 반가웠다는 이야기, 꽃을 키우면서 영적 전쟁을 배운다는 이야기들을 했다.

휴일이었다. 아내는 봄볕이 들어오는 베란다 정원을 즐기고 있었다. 도다리 쑥국을 먹자고 내가 말했다. 아내도 봄이면 도다리 쑥국을 먹고 싶어 한다. 우리는 가까운 대명항 부두로 도다리를 사러 갔다. 배에서 막 내린 싱싱한 도다리를 샀다. 쑥은 동네 마트에서 사려고 했는데, 아내가 혼잣말을 했다.

"어렸을 때는 쑥 캐러 많이 다녔는데….”

우리는 포구 옆 산자락으로 쑥을 뜯으러 갔다.

"당신도 어렸을 때 쑥을 뜯어봤어?"

"아니, 그걸 왜 하나?"

"그래? 그럼 뭐했어?"

"어린 시절 이야기를 다시 시작해볼까?"

"그러자. 당신과 이야기하는 게 제일 재미있어."

남자의 확신이 여자에게 주는 안정감

결혼하고 4년이 지난 어느 날 아침, 며칠 동안 주저하던 이야기를 마침내 아내에게 꺼냈다.

"여보! 이리 와서 앉아봐."

"왜 그래? 당신 요사이 고민이 있나? 아침마다 기도를 많이 하네?"

"혹시, 광주를 떠날 수 있어?"

"물론이지! 당신이 떠나자고 하면 나는 어디든지 갈 수 있어."

내 질문이 끝나기도 전에 아내가 너무 쉽게 대답해서 놀랐다. 아내에게 광주를 떠나 다른 사역으로 가자는 말을 하기 전에 혼자 고민했다. '과연 아내가 광주를 떠날 수 있을까?'

우리 부부는 결혼하고 3년 동안 예수전도단 광주지부에서 사역했다. 대학생들에게 성경을 가르치고, 선교운동을 일으키고, 대학생예수제자훈련학교(UDTS)를 시작했다. 사역의 열매가 많았다. 많은 대학생들이 성경 통독과 본문 중심의 강해 설교에 강렬하게 반응했고, 학생들의 변화도 놀라웠다. 서로 깊은 정이 들어서 그들을 떠난다는 것은 생각도 하지 못했다. 더구나 나는 광주지부의 전체 사역을 책임지는 지부장이 되었고, 새롭게 시작한 선교전략부는 인도네시아와 몽골 선교에 집중하고 있었다. 화요모임의 설교가 즐거웠고 참석자도 크게 증가했다. 내가 떠날 것을 누구도 예상하지 못했고, 팀 전체의 분위기도 좋았다. 그런데 주님께서 다음 사람을 리더로 세우고, 이제 이곳을 떠나라고 말씀하셨다. 어디로 가야 할지 모르면서 출발해야 하는 순종 훈련이었다.

아내에게 이 사실을 어떻게 말해야 할지 망설여졌다. 아내에게 광주는 영적 고향이다. 아니, 그 이상으로 중요한 곳이다. 아내의 마음을 알고 싶어서 아침 기도 시간을 마치고 말했는데, 예상과 달리 광주를 떠나는 것에 금방 동의했다.

"당신이 원한다면 나는 내일이라도 떠날 수 있어."

사역이 잘 안 되거나 인간관계가 어려우면 떠날 수 있지만, 모든 일이 이렇게 좋은데도 떠날 수 있느냐고 다시 한 번 물어보았다. 아내의 대답은 한결같았다.

"나는 당신의 아내야. 남편이 가자고 하면 함께 갑니다."

장난기 있는 웃음을 띠며 대답한 아내는 신혼살림을 모두 두고, 두 살배기 아들을 데리고 나를 따라나섰다. 그렇게 첫 이동을 시작해서 12년 동안, 우리는 전국을 옮겨다녔고, 여러 나라를 돌아다니며 살았다.

이사한 다음 날에 짐을 풀지도 못하고 나 혼자 곧바로 선교 현장으로 간 적도 있다. 사역을 마치고 돌아와보니 짐이 어느 정도 정리되어 있었다. 미안한 마음으로 아내에게 물어보았다.

"나를 따라다니는 생활이 힘들지? 개척자와 살면서 여자로서 안정감을 내려놓기가 쉽지 않을 거야."

이때 아내에게서 중요한 이야기를 들었다.

"내가 당신을 따라 떠나는 것은 그렇게 어려운 일이 아니야. 당신의 얼굴에 안정감이 있으면, 그게 내 안정감이야. 남편의 확신이 아내의 확신이거든. 나는 당신이 어디를 가자고 할 때마다 당신에게 확신이 있음을 알았어. 무조건 따라나선 게 아니야. 몇 번 안 되지만, 어떤 때는 내가 거절한 경우도 있었어. 거절한다는 느낌이 들지 않도록 신중하게 말했을 뿐이지. 그때는 도무지 당신에게서 확신을 찾지 못했어. 앞으로도 당신에게 확신이 있는 일이라면, 언제든지 말해줘. 이삭을 만나러 리브가도 그 먼 길을 곧바로 떠났는데, 나는 이미 당신과 함께 살고 있으니까, 훨씬 쉽지. 다만, 또 한 가지가 있어."

"그게 뭔데?"

"당신이 '나를 사랑하는가, 일을 사랑하는가' 또 '하나님을 위해 떠나는가, 우리 자신을 위해 떠나는가' 하는 거야. 이것이 내가 당신을 따를 것인지 말 것인지를 결정하는 기준이야."

아내의 확신은 남편에게서 온다. 남편이 흔들리면 온 가족이 함께 흔들린다. 아가서의 남자는 부드럽지만 분명하게 '나에게로 오라. 나와 함께 가자'라고 말한다.

그러면 남자의 확신은 어디에서 오는가. 기도하는 남자는 안정감이 있다. 성경은 남자가 기도해야 한다고 강조한다.

아내에게 중요한 제안을 하기 전에 나는 충분하게 기도한다. 평소보다 더 집중해서 기도했다. 장기간 집중 기도에 들어가면 아내에게 무엇인가를 말하기 전에 내 마음에 먼저 확신이 들었다. 그래서 목소리를 크게 하지 않고 말해도 아내가 쉽게 이해하고 따라왔다. 생각만 많이 하고 아내에게 제안하면 오히려 설득력이 떨어지는 경우도 있다.

내 생각을 내려놓고 계속 기도하면 하늘에서 내려주시는 확신이 먼저 나를 안정시킨다. 가족의 진로가 관계된 일을 결정할 때, 기도에 집중하면 분노하고 다툴 일이 없어진다.

그러므로 각처에서 남자들이 분노와 다툼이 없이
거룩한 손을 들어 기도하기를 원하노라
디모데전서 2장 8절

또 아내를 사랑하는 동기로 제안해야 한다는 것을 아내에게서 배웠고, 아가서에서도 배웠다. 아가서의 남자는 '사랑한다'고 먼저 말하고 '나에게로 오라', '나와 함께 가자'라고 말한다. 남편의 제안에서 사랑이 빠지면 아내는 금방 안다. 새로운 사역을 일으키기 위해 새로운 지역에 갈 때마다 나는 그곳에서 살게 될 아내를 생각한다. 아내의 삶에 어떤 유익이 되는지 찾아본다. 내가 해야 하는 사역 외에 아내만을 위한 '플러스 알파'를 고려한다.

나의 사랑하는 자가 내게 말하여 이르기를
나의 사랑, 내 어여쁜 자야 일어나서 함께 가자
아가서 2장 10절

아내를 사랑하는 것과 하나님나라를 위한 헌신은 결코 충돌하지 않는다. 여자들은 본능적으로 자신보다 가족을 먼저 생각한다. 때문에 가족 중심으로만 살다가는 언젠가 스스로 지친다. 아내가 지치면 가족 모두가 힘들어진다. 그러나 남편의 사랑을 확신하면 어떤 일도 감당할 힘을 얻는다. 함께 가자고 제안하기 전에 사랑을 확인시켜주어야 한다.

결혼하고 4년차가 되어 신혼의 분위기를 벗어날 무렵, 아내는 나를 따라 광주를 떠났다. 강화도, 역곡, 옥천, 대전과 태국 치앙마이로 해마다 옮겨다니면서 우리 부부는 선교사 훈련학교를 네 번 인도했다. 아내는 나를 따라 그렇게 거처를 옮기며 살았다. 새로운 사역을 개척하고 정착이 되면, 하나님은 다른 사람을 리더로 세우고 또 떠나라고 말씀하셨다. 아내는 나와 함께 대전, 제주도, 미국 시애틀과 콜로라도에서 살았다. 아내는 나를 따라 다시 제주도로 왔고 또 서울로 왔다. 그렇게 다니면서 세 명의 아이를 낳았다. 임신 말기에 이사하고, 출산 한 달 만에 짐을 옮기기도 했다. 거처가 아예 없어진 1994년 여름에는 전국을 떠돌기도 했다.

이사를 다니는 일에 불평이 없는 아내의 태도가 아이들에게도 좋은 영향을 미쳤다. 확실히 아이들은 엄마의 태도에서 영향을 받고, 아내는 남편에게서 안정감을 얻는다. 결국 남자가 안정감이 있어야 가족 전체가 안정된다.

예수전도단 선교 본부를 시작했을 때 우리 가족은 대전에서 살고 있었다. 선교 본부를 서울이 아닌 대전에서 시작한 것은 특별한 의미가 있었다. 충북 옥천에 있는 기도원에서 진행하는 선교사 훈련학교와 선교 본부를 내가 겸임하고 있었는데, 훈련과 전략을 함께 잡고 가기 위해서 가까운 대전에서 선교 본부를 시작했다. 그러나 서울이 아닌 곳이라 해외 선교 지역을 방문하기가 쉽지 않았다. 조만간 선교 본부는 서울로 옮겨가고, 예수전도단 대전지부를 정식으로 시작할 계획이었다. 그런데 차일피일 미루고 있었다. 대전에서 처음으로 크고 좋은 아파트에서 살았다. 아이들이 좋아했다. 물론 우리만 사용한 것은 아니고, 예수전도단 간사 공동생활집이어서 우리 아이들까지 모두 11명이 함께 살았다. 행복하고 즐거웠다. 주말에는 모든 간사들이 자신의 집으로 가고, 우리 가족만 남았다. 나는 아이들 노는 모습을 지켜보며 쉬었다.

"자! 이제 또 떠나자!"

"오빠! 오늘은 어디로 가는 거야?"

"오늘은 두 번째 방으로 이사 가자."

"와! 신난다. 내 짐은 내가 쌀 거야."

아이들이 이사놀이를 하고 있었다. 하루 종일 한 방씩 차례로 옮겨다니면서 놀다가 저녁에는 우리 방으로 와서 잠이 들었다. 주말에는 미리 허락받아서 우리 아이들이 다른 간사들 방에 들어갈 수 있지만, 물건은 만지지 못하게 했다. 아이들은 방 한가운데 짐을 풀고 재미있게 놀았다. 오빠가 또 가자고 하면 동생이 신이 나서 옆방으로 따라갔다. 매주 이사놀이를 반복했다. 아이들은 금요일부터 미리 짐을 싸곤 했다.

"이사놀이가 재미있니?"

"그럼요, 엄마에게 배웠어요. 아빠가 '가자'고 하면 신나게 따라가야 한다고 했어요."

"맞아요, 그래야 아빠가 힘이 난다고 했어요."

우리 가족은 어디든 함께 갔다. 하나님이 가라고 할 때 갔다. 나는 하나님께 순종하고, 아내는 남편를 따랐고, 아이들은 부모를 따랐다.

2014년, 결혼 25주년을 맞아 나는 아내에게 특별한 여행을 제안했다. '우리가 살았던 곳을 다시 가보자'는 의견을 냈더니 아내가 무척 좋아했다. 일 년 동안 일곱 번으로 나누어 목포를 시작으로 제주도까지 전국을 여행했다. 우리의 기도와 삶의 자취가 남아 있는 곳을 다시 돌아보니 행복했다. 결혼기념 여행을 하는 내내 서로 깊은 감사를 나눴다.

"당신! 나를 따라다니느라고 수고했네. 내가 가자고 할 때마다 따라와주어서 고마워."

"여보! 당신이 함께 가자고 해서 내가 오히려 고마워."

"우리를 25년 동안 인도하신 하나님께 감사해.'

"우리가 살았던 곳을 여행하면서 25가지씩 감사를 말하는 거 어때?"

"좋지!"

"그럼 나부터 시작합니다…."

1994년 여름 속으로

반 년 동안 살았던 곳을 떠나는 날이다. 피난민처럼 옷가지만 챙겨 두 아이 손을 잡고 기도원 정문을 막 나서려는 참이었다. 동쪽 하늘에서 갑자기 번개가 나타났다. 우르르 꽝꽝 벼락치는 소리 하나 없고, 소나기 몰고 오는 구름 한 점 없는 고요하고 맑은 하늘에 번개들이 번쩍였다. 길고 짧게 이쪽 저쪽으로 온갖 모양을 만들며 번개 선이 빠르게 움직였다. 발걸음을 멈추고 우리 가족은 맑은 하늘을 무대로 펼쳐지는 번개쇼를 감상했다. 숨막히게 웅장한 모습으로 등장했다가 화려하고 현란한 춤을 추다가 익살스러운 미소를 남기며 퇴장했다. 번개처럼 나타나서 번개처럼 춤을 추고 번개처럼 사라졌다가 다시 번개처럼 나타났다.

번개쇼를 보며 멈춰 서 있는 동안 나를 둘러싸고 있던 원망과 불안, 상실감이 촛불을 타고 흐르는 촛농처럼 천천히 녹아내렸다. 기도원이 성수기를 맞았다는 이유로 예고도 없이 우리에게 나가라고 하신 관리

책임자에 대한 원망이 녹고, 어린아이들을 데리고 오늘 밤 당장 잠잘 곳이 없다는 불안도 걷히고, 그동안 갖은 고생을 하며 준비한 선교사 훈련학교 장소를 하루아침에 잃어버린 상실감도 떨어져 나갔다.

번개들의 공연이 다 끝난 후 우리는 다시 손을 잡았다. 만유의 주재 이신 그 크신 하나님이 우리 가족을 위해 하늘에 번개쇼를 준비할 수 있는 분이라면 그것으로 충분했다. 둥지를 잃고 떠도는 새처럼 갈 바를 잃고서도 가야만 하는 우리를 지켜보시고 위로 공연을 펼쳐주시는 분이라면 그 사랑과 은혜를 어찌 다 헤아릴 수 있겠는가. 우리 가족은 가슴 벅찬 감동을 안고 정들었던 기도원을 나서면서 시냇가 개울의 다리를 건넜다. 다리를 건너며 남편은 몇 번이나 말했다.

"가족이 함께 있는 곳이 우리 집이다."

어디로 가는 버스를 타야 할지 몰랐지만 우리는 일단 대전 고속버스터미널로 갔다. 그리고 대합실 구석의 보관함에 옷 보따리 하나를 넣어두었다. 버스터미널을 옷 갈아입는 거점 지역으로 결정했기 때문이다. 대합실의 대형 텔레비전에서는 벌써부터 선풍기와 에어컨이 불티나게 팔리고 있다는 보도를 반복했다. 올 여름이 유난히 무덥다면서 철저히 대비하라고 사람들을 재촉했다.

우리는 밤이 오기 전에 그곳을 벗어나야 했다. 온 가족이 서둘렀다. 오십 년 만에 찾아왔다는 무더운 1994년 여름 속으로 출발했다.

머리 둘 곳이 없는 삶

서울에서 부산으로 갔다가 대전 터미널, 광주에서 보성으로 갔다가 순천에서 다시 대전 터미널, 또 서산에서 태안으로 갔다가 대전 터미널을 차례로 왕복했다. 여러 곳을 다니며 다양한 경험을 했다. 지인 가족이 휴가를 떠나고 없는 빈집에 갔을 때 냉동실에 가득 들어 있는 먹거리를 보며 부럽다는 생각도 했다.

'그동안 우리 아이들의 간식을 만들 부엌을 가져본 적이 있었던가.'

우리는 무엇을 그리 바쁘게 보냈는지 결혼하고 처음으로 시할머니를 찾아뵈었다. 조금이나마 용돈을 드렸을 때는 미루어둔 숙제를 끝낸 것 같았다. 이렇게라도 손주며느리의 도리를 할 수 있어서 감사했다. 남편이 강의하러 간 대전의 어느 교회 전도사님은 우리 온 식구가 들이닥치자 당황해하셨다. 분명 강사 혼자 오는 줄 알았을 것이다. 그런데도 일절 내색하지 않으시고 편안한 표정으로 우리를 따뜻하게 맞이해주셨다.

다만 내 마음에 무거운 돌멩이 하나가 들어온 것 같았다. 우리 가족 전체가 머물 집을 쉽게 구하지 못하자 전도사님은 자신의 집을 선뜻 내주시고 옆집으로 가서 주무셨다. 정말이지 너무 죄송스러웠다. 때로는 남의 집에서, 때로는 형제나 친척집에서 가끔 YWAM 간사 공동생활집과 교회 전도사님 댁에 머물며 우리는 전국을·떠돌아다녔다.

다행히 아이들은 좋아했다. 숲 속에서 살다가 오랜만에 도시에 나와 시원한 팥빙수를 먹어서였을까. 아니면 어디를 가든 무엇을 하든 우리가 함께 있으면 그곳이 바로 우리 집이라는 아빠의 말을 굳게 믿어서였을까.

그렇게 7월을 보내고 8월 중순이 되었다. 다행히 선교사 훈련학교를 위한 새로운 장소를 찾았다. 그러나 그곳에 들어가기 전 마지막 한 주 동안 우리 가족이 머물 곳을 찾지 못했다. 할 수 없이 대전 터미널에서 옷 몇 개를 찾아서 전남 보성에 있는 친정집으로 다시 갔다. 한 해 여름에 두 번씩이나 친정을 찾아올 수밖에 없는 딸의 형편도 모르고 부모님은 그저 반기셨다. 어머니의 손맛이 가득 담긴 애호박 생선조림을 먹을 때는 진짜 집에 온 것 같았다. 설거지를 끝내고 어린 시절 그랬던 것처럼 엄마와 둘이서 마루 끝에 앉아 도란도란 얘기를 나누며 여름밤을 식혔다.

밤이 깊어 내 방에 들어가 잠자리를 폈다. 눕자마자 눈물이 솟구쳐 눈꼬리를 타고 흐르기 시작했다. 엄마와 참 많은 얘기를 했지만, 한 가지는 차마 말하지 못했다. 그 한 가지가 지금 내 생활의 대부분을 차지하고 있건만, 말하면 나보다 더 마음 아파하실 것을 알기에 끝내 말씀드릴 수 없었다.

지치도록 무더웠던 여름 두 달 동안 집 없이 어린아이들을 이끌고 전국으로 떠돌아다녔다는 이야기, 급기야 있을 곳이 없어 친정집을 다시 찾아왔다는 말을 어떻게 할 수 있겠는가. 그동안 누구에게도 말하지 않았고, 또 말할 수도 없었다. 하지만 사실 엄마에게만은 내 형편을 나누고, 그 품에서 위로받고 싶었다. 그러나 그럴 수 없었다. 그동안 사역자로 산다고 하면서 수없이 이사 다니며 부모님께 걱정을 많이 끼치는 딸이었는데 이제는 아예 집 없이 떠돌고 있다는 말을 어떻게 할 수 있겠는가. 이런 현실이 서글픈 눈물로 한없이 쏟아졌고 나는 울음소리마저 새어나갈까 봐 밤새 이불을 뒤집어쓰고 입을 틀어막았다.

무섭게 더웠던 두 달이 드디어 지나갔다. 둥지 잃은 새처럼 떠돌았던 그 여름이 갔다. 선교사 훈련학교를 예정대로 9월에 시작했다. 50여 명의 학생과 열 명의 간사들로 수양관은 북적였다. 우리에게는 다시 집이 생긴 것이다. 다른 이들에게는 잠시 머물다 돌아갈 훈련 장소이지만, 우리에겐 그곳이 집이다. 집에 돌아온 것이다. 아니다. 지금까지 집을 두고 떠난 적이 없었으므로 사실 집에 돌아왔다고 말할 수는 없다.

예수전도단 간사로 살면서 지금까지 우리가 돌아갈 집은 한 번도 없었다. 단지 앞에서 기다리고 있는 집만 있었다. 뒤로 돌아갈 다리를 불태우며 살아온 지 꽤 오래되었다. 그래서 우리에게는 늘 새로운 집이 생겼다. 앞에서 기다리고 있을 그 집과의 거리가 너무 멀어 보이지 않을 때는 많이 불안했고, 희미하게나마 보일 때는 안도하며, 바로 눈 앞에서 발견될 때 감사하며 들어가 쉬었다.

그 집이 새집이냐 헌집이냐는 별로 중요하지 않았다. 아파트냐 기도원이냐도 상관하지 않았다. 콘크리트 벽이나 기와집이 아니어도 괜찮았다. 화장실과 부엌이 없어도, 방 한가운데를 장롱 하나로 막고 자매 간사들과 방을 나눠 써도 그리 힘들지 않았다. 여름밤 방에서 더위를 먹고 병이 났어도, 방 안에 둔 어항 속 물고기가 얼어 죽을 정도로 추운 겨울도 참을 수 있었다. 이곳저곳 떠돌지 않고 여러 달을 한곳에 머물며 나란히 누워 잠잘 수 있는 집이라면 그것으로 충분했다. 그곳이 우리 집이었으니까.

그런데 이번에는 달랐다. 내가 이상해졌다. 몸은 집을 찾아왔건만 마음은 아직도 뜨겁게 달궈진 아스팔트 길 어디쯤에서 아지랑이처럼 비틀거리고 있었다. 훈련받는 학생들은 알밤처럼 하루하루 선교사로 영글어가는데, 나는 추수 끝난 들판에 남겨진 포도 이삭처럼 쭈글쭈글 시들어가고 있었다. 내가 왜 그렇게 공허함을 느끼는지 그 정체를 정확히 알 수 없었다. 다만 이런 생각이 들었다.

'내가 왜 이렇게 살고 있나. 헌신한 삶의 대가는 무엇인가. 내가 죽을 듯이 힘들 때 그것을 나눌 사람이 한 명도 없었다는 것은 정상인가.'

그 무더운 여름을 집도 없이 떠돌 때 동역자나 리더, 친구나 부모 어느 누구에게도 위로 한 마디 받지 못했다는 것이 마음을 힘들게 했다. '앞으로 끝까지 이 길을 걸어갈 힘이 나에게 남아 있는 걸까. 결국은 나 혼자인가.' 가끔씩 이런 생각들이 바람결에 스쳐 지나갔다.

내가 영원히 거할 곳을 찾다

그러던 어느 날 선교사 훈련학교의 훈련생 중 미혼 자매 몇 명이 자발적으로 기도모임을 하고 있다는 소리를 들었다. 그들이 하루는 나를 찾아왔다. 기도할 때 내가 많이 생각났고 나를 위해 기도하면 좋겠다는 마음을 하나님이 주셨다는 것이다. 나는 무릎을 꿇었다. 그들이 기도를 시작하기 전부터 나는 엎드려 속으로 울고 있었다. 자매들이 나를 찾아와준 것만으로, 동역자들이 내 손을 잡아준 것만으로도 충분히 위로받고 있었다.

'하나님이 나를 잊으신 것이 아니었구나. 나는 혼자가 아니었구나.'

이런 사실들을 다시 기억하자 눈물이 한없이 쏟아졌다. 그때부터 '여우도 굴이 있고, 참새도 제집이 있지만 인자는 머리 둘 곳이 없다'고 하신 예수님의 말씀을 자주 생각했다.

'이 땅에 머리 둘 곳조차 없으셨던 예수님이 그처럼 안정감을 가지고 끝까지 기쁨으로 살 수 있었던 비결은 무엇이었을까. 길고도 긴 부르심의 여정에서 단 두 달 동안 집 없이 살았다는 것만으로 휘청거렸던 나는 누구란 말인가. 이 땅에 머리 둘 곳이 없을 때 어디에 머리를 두며 살아야 하는 걸까.'

여러 생각이 순서없이 왔다가 가버리곤 했다. 그러다 어느 날 내 품 안에서 잠든 세 살배기 딸을 내려다보다가 깨달았다.

'예수님도 그랬겠구나. 하나님 아버지 품에 늘 머리를 누이셨겠구나. 그래서 배가 침몰할 것 같은 폭풍 중에서도 그렇게 단잠을 잘 수 있으셨구나.'

나는 그때, 내가 영원히 거할 아버지 집을 찾았다. 예수님처럼 나도 하나님 아버지 품 안에 머리를 둘 수 있음을 깨달으면서 선교사 훈련 학교 간사의 길을 기쁨으로 끝까지 걸을 수 있었다.

그리고 10여 년이 지났다. 태국에서 열린 예수전도단 선교사대회에 참석했다. 열방에 흩어져 복음을 전하다가 오랜만에 선교사훈련학교 학생이었던 그들의 얼굴을 다시 보니 말할 수 없이 반갑고 감사하고 행복했다. 나를 위해 그때 기도해주었던 자매들 중 한 명인 선교사를 만났다. 그때 그 기도가 나를 살렸다며 정식으로 고맙다고 인사했다.

"그런데 예전에 내가 힘들다는 것을 잘 모르면서도 하나님이 마음을 주셔서 내게 왔다고 했잖아요. 그 기도가 내게 어떤 의미였는지 그때는 얘기도 못했네요. 정말 고마웠어요."

"사실 홍장빈 간사님이 얘기하기 전부터 간사님을 위해 기도해야 한다는 마음이 있었어요."

"네? 우리 남편이 나를 위해 기도해달라고 부탁했었다고요?"

"아니, 모르셨나요? 홍장빈 간사님이 아내가 힘들어하니 꼭 기도해달라고 부탁했어요. 그래서 간사님을 위해 계속 기도하다가 그날은 찾아가서 기도를 하라는 마음이 일어나서 찾아간 거였는데⋯."

'그랬었구나. 남편이 나를 알고 있었구나. 내 힘든 마음을 모른 체하지 않았구나. 내가 불안한 것을 알고, 어떻게 벗어나야 하는지 방법을 알고 있었구나.'

그 선교사는 내 손을 잡고 눈을 바라보며 말했다.

"두 분이 포기하지 않고 본을 보이는 선배로 있어줘서 늘 감사합니다."

나는 많이 쑥스러웠다. 낯선 땅에서 선교사로 살고 있는 미혼 자매에 비하면 우리 부부가 겪는 일은 실로 아무것도 아니기에.

너희는 마음에 근심하지 말라

하나님을 믿으니 또 나를 믿으라

내 아버지 집에 거할 곳이 많도다…

요한복음 14장 1,2절

감사를 더하고, 잔소리를 빼면서 우리 부부의 마음 관리가 잘 되었다.
부부가 서로에게 좋은 마음과 부드러운 마음이 있으면 무슨 일을 해도 잘된다.

chapter 4

우리 땅에
우리 꽃이
피었소

"여보! 나주에서 배가 왔는데, 정말 크네."

"그래?"

"이렇게 큰 배는 처음이야."

"와! 배가 이렇게 클 수도 있구나. 맛은 어떨까?"

과수원을 운영하는 지인이 배를 선물로 보냈다. 배 네 개가 한 박스를 가득 채웠다. 배 하나를 겨우 들고 깎기 시작하는데 단물이 주룩주룩 흘렀다. 아내는 배 향기가 방 안에 가득하다며 좋아했다. 감사인사를 하려고 연락했더니, 이런 배는 시중 판매는 안 하고 큰 호텔과 계약 재배한다고 했다.

나는 마침 그때 아가서에 나오는 '우리 땅'을 묵상하고 있었다. 꽃이 피고 새가 노래하는 아름다운 우리 땅이 보고 싶었다. 우리 부부가 앞으로 해야 일을 꽃과 열매로 비유한다면, 그것을 가능하게 하는 기반이 우리 땅이다. 나는 언젠가 아가서 서약 세 번째인 '우리 땅에 꽃이 피었소'라고 아내에게 말하고 싶었다. 맛있고 커다란 배를 보면서 우리 부부의 삶에서 이런 과실을 맺고 싶었다.

지면에는 꽃이 피고 새가 노래할 때가 이르렀는데

비둘기의 소리가 우리 땅에 들리는구나

아가서 2장 12절

좋은 밭이 되려면

우리 땅에 꽃이 피었다는 말은 우리가 한 일이 잘되었다는 뜻이다. 비전이 성취되고, 그 열매가 많은 사람을 기쁘게 하고, 하나님께 영광이 된다는 의미다. 나는 결혼하자마자 우리 부부의 미래를 꿈꾸었다. 우리 땅에 꽃이 피었다는 말을 아내에게 들려줄 날이 오길 바랐다. 그러기 위해서는 좋은 땅을 만들어야 한다. 비전 성취를 가능하게 하는 기반을 만들어야 한다. 그런 생각을 할 즈음에 나주 배를 선물받았다.

'어떻게 이처럼 크고 맛있는 배를 재배했을까?'

나는 자료 조사하는 일을 좋아한다. 그날부터 크고 맛있는 과일 재배 방법을 찾아보았다. 비결은 거름주기와 열매솎기였다. 흙에는 영양분을 더해주고, 열매 수는 줄여준다. 더하기와 빼기였다.

흙에 영양분을 더하기 위해 거름은 보통 일 년에 세 번 준다. 수확이 끝나면 가을거름을 주고, 동면기에는 밑거름을 하고, 봄이 되어 꽃눈이 피면 웃거름을 한다. 두세 번에 나눠서 적절한 양의 퇴비로 거름을 주면 좋은 흙이 된다. 좋은 흙이란 영양분이 풍부하고 입자가 부드러운 흙이다. 그래야 뿌리가 힘 있게 뻗고 물 빠짐이 좋아서 습해가 방지되고 동시에 수분을 유지하기 때문에 흙 마름을 예방한다. 또 중요한 것은 미생물이 풍부하게 활동해서 땅의 성질이 개선되고 산성화를 예방한다. 흙이 산성이 되면 건강한 나무가 되지 못해 수확량이 줄어든다. 꾸준하게 정기적으로 퇴비로 거름을 주면 땅이 힘을 얻어 건강해지고 그 밭에 심긴 나무는 좋은 열매를 맺는다. 또 크고 맛있는 열매를 얻으려면 반드시 꽃봉오리 따주기와 열매솎기를 해야 한다. 결실하지 않을 가지에 붙어 있는 꽃봉오리를 미리 없애서 영양분의 손실을 막고 작은 열매를 솎아주면 남겨둔 몇 개의 과실로 영양분이 모아져서 과실이 커진다.

나는 며칠 동안 과수원 공부를 해서 그 내용을 우리 부부에게 적용했다. '흙 관리를 잘한다는 것은 무엇일까? 열매 관리는 또 어떻게 해야 하나.'

좋은 흙이 있으면 좋은 밭이 된다. 좋은 밭은 좋은 땅과 같다. 좋은 땅은 풍성한 결실을 맺는다. 예수님은 땅이 마음이라고 말씀하셨다(눅 8:15). 좋은 땅은 좋은 마음이다. 나는 마지막 남은 배를 먹으면서 다짐했다.

'좋은 땅이 되자. 그래서 우리 땅에 꽃을 피우자.'

더하기와 빼기를 실천하다

결혼하면 끝이 아니다. 좋은 부부, 좋은 가정을 이루기 위해서는 결혼 후에 더 노력해야 한다. 서로를 향한 마음이 부드럽고 촉촉해야 한다. 그렇게 부부가 서로 좋은 마음으로 살면 비전을 성취하는 복된 가정을 이룰 수 있다. 흙에 정기적으로 거름을 주어야 좋은 땅이 되듯이 우리도 좋은 마음으로 잘 살려면 노력이 필요하다. 그것이 무엇일까? 나는 아내에게 물었다.

"여보! 내가 어떻게 할 때 당신 마음이 부드러워지나?"

"이미 알고 있을 텐데?"

"아니, 예쁘다는 말은 아는데, 또 뭐가 있을까? 무엇을 더하면 좋을까? 지금 더하기를 배우고 있거든."

"더하기? 글쎄, 당신이 일단 내 눈을 보고 말해주면 좋겠어."

"눈을 보면서? 무슨 말을 해?"

"당신이 고맙다고 할 때 마음이 좋아지면서 힘이 나는데, 당신도 마찬가지겠지? 우리 더 자주 서로에게 고마움을 표현하는 것은 어떨까?"

"그게 좋겠네. 서로에게 감사를 말하자. 그게 우리 마음에 힘을 주는 영양분이야. 그걸 더하자."

그 후, 나는 아내의 눈을 보면서 자주 고맙다고 말한다. 그때마다 아내는 마음이 좋아지고 힘이 난다며 고마워한다.

그리스도의 평화가 여러분의 마음을 지배하게 하십시오.
이 평화를 누리게 하시려고, 여러분을 한 몸으로 부르신 것입니다.
또 여러분은 감사하는 사람이 되십시오.
골로새서 3장 15절 표준새번역

그리스도인의 공동체에게 하신 말씀이지만, 나는 우리 부부에게도 적용했다. 우리가 한 몸이 되려면 감사를 더해야 한다. 그러면 우리 마음에 예수님의 평화가 찾아와 마음이 부드러워진다. 우리 가족은 서로를 향해 감사하는 시간을 자주 갖는다. 또 정기적으로 하나님께 감사를 드리고, 일상생활 속에서 기억나는 작은 일로 감사를 나눈다. '감사 말하기'는 우리 가정의 전통이 되었다.

평상시에도 자주 감사를 말하지만 일 년에 세 번은 반드시 지킨다. 땅에 거름을 주듯 한 해의 마지막 날에 한 번, 여름 가족 모임에서 한 번 그리고 결혼기념일에 한 번 격식을 차려서 감사를 말한다.

더하기가 익숙해졌을 무렵 빼기를 찾았다.

'무엇을 빼야 하나? 작은 열매를 솎아내야 크고 맛있는 열매가 되는데, 우리 부부에게서 솎아내야 하는 일이 무엇일까?'

열매를 솎을 때는 중요한 원칙이 있다. 병들거나 상처나고 잘못된 열매라서 솎아내는 것이 아니다. 열매솎기는 더 좋은 결실을 위해서 과실의 숫자를 줄이는 일이다. 그래서 특별히 나쁜 열매가 아니어도 과감하게 따버려야 한다. 우리 부부에게도 나쁘지는 않지만 큰 열매를 위해 버려야 하는 작은 행동과 습관이 있는지 살펴보았다. 오래 걸리지 않았다. 결혼하고 함께 살면서 서로에게 익숙해지니 조금씩 잔소리를 하고 있었다.

아내에게는 내가 이해하기 어려운 습관이 있었다. 특별히 나쁜 것은 아니지만 좋은 것도 아니었다. 아내는 양말 신는 것을 싫어한다.

집에서는 방바닥에 굴러다니는 아내의 양말에 크게 신경 쓰지 않지만 나중에 차를 구입한 후에는 문제가 되었다. 아내는 차를 타면 즉시로 양말을 벗는다. 어딘가 갈 때는 벗은 양말을 다시 신고 차에서 내리지만, 집에 돌아올 때는 양말을 벗어놓고 차에서 내릴 때가 있다. 차를 청소하면 아내의 양말이 한두 개씩 의자 밑에서 나온다.

'양말을 벗었으면 집으로 들고 가면 좋을 텐데, 왜 차에 두고 가나.'

가끔 앞자리에 다른 사람을 태워야 할 상황이면, 벗어놓은 아내 양말이 있을까 봐 나는 수시로 양말 찾기를 한다. 차에서 내릴 때 가끔 내가 "양말!"이라고 말하면 아내는 겸연쩍게 웃으며 벗어놓은 양말을 챙긴다. 그러나 차에서 양말은 또 나온다.

나는 아내의 양말 벗기를 고쳐야겠다고 다짐했다. 아내에게 할 말이 있다고 말하니 자기 눈을 보면서 먼저 부드럽게 감사를 말하라고 부탁했다.

'눈을 보고, 감사를!'

아내의 눈을 바라보았다. 양말이라고 말하려는 순간, 아내의 눈동자 속에 있는 내가 보였다.

'이런! 눈을 보고 말하니, 내가 보이네. 내가 나에게 말하는구나!'

그 순간 욕실에 젖은 수건을 그냥 두는 내 습관이 생각났다. 나는 오랫동안 혼자 살면서 젖은 수건을 말려서 다시 사용하곤 했다. 그게 습관이 되었는데 아내는 이해가 안 된다면서 제발 그러지 말라고 했다. 빨래는 자기가 할 테니 한번 사용한 수건은 빨래통에 넣어달라고 자주 말했다. 이상하게도 나는 그것이 쉽게 고쳐지지 않는다. 양말 이야기를 아내에게 꺼내지도 못하고, 내가 오늘 아침에 사용한 수건을 어떻게 했는지 생각하느라 머뭇거리는데 아내가 말했다.

"감사가 오래 걸리네?"

"응…. 당신이 차에서 양말을 벗어놓아서 고마워! 양말 찾다가 내가 아끼는 펜을 찾았어. 잃어버린 줄 알았는데, 차에 있더라고! 그리고 젖은 수건도 미안하고. 이제는 내가 신경 쓸게. 그런데 진짜 궁금해서 그러는데, 왜 자꾸 양말을 벗어?"

"아! 양말을 벗는 이유? 그게 궁금하구나. 알았어. 내가 다 알려줄게."

양말을 벗어야 하는 새로운 이론을 들었다. 그 이후에 양말이 있어도 그냥 두었더니 언제부터인가 차에서 양말이 보이지 않았다.

'내가 도와주어야지, 누가 이런 말을 하겠어!' 이런 심정으로 부부는 서로에게 잔소리를 한다. 그 동기는 물론 도와주려는 마음, 곧 사랑이다. 그러나 효과가 거의 없다. 잔소리는 쓸데없이 자질구레한 말이다. 그렇게 나쁜 말은 아니지만, 떼어내버려야 하는 작은 열매와 같다. 더 좋은 열매를 위해서 버려야 한다. 더 풍요롭고 효과적인 말로 서로를 더 기분 좋고 힘이 나게 하려면 자잘한 소리는 그쳐야 한다. 잔소리는 하면 할수록 말하는 사람이 짜증이 나고 듣는 사람도 힘이 빠진다. 부부는 한 몸이기 때문에, 상대에게 불평 섞인 잔소리를 하면 사실은 자기 자신을 향해 비난하는 것과 같다. 잔소리가 나올 때는 대신 질문하면 된다. 왜 그렇게 하는지 물어보라. 자잘한 열매를 따버리듯이 잔소리를 그치라. 부부가 함께 더 큰 열매를 맺게 하는 영양분은 용납과 사랑과 감사다.

> 누가 누구에게 불평할 일이 있더라도,
> 서로 용납하여주고, 서로 용서하여주십시오.
> 주께서 여러분을 용서하신 것과 같이, 여러분도 서로 용서하십시오.
> 이 모든 것 위에 사랑을 더하십시오. 사랑은 온전하게 묶는 띠입니다.
> 그리스도의 평화가 여러분의 마음을 지배하게 하십시오.
> 이 평화를 누리게 하시려고, 여러분을 한 몸으로 부르신 것입니다.
> 또 여러분은 감사하는 사람이 되십시오.
>
> 골로새서 3장 13-15절 표준새번역

더하기와 빼기. 감사를 더하고, 잔소리를 빼면서 우리 부부의 마음 관리가 잘 되었다. 부부가 서로에게 좋은 마음과 부드러운 마음이 있으면 무슨 일을 해도 잘된다. 이것이 우리 땅에 꽃을 피우게 하는 좋은 기반이 된다. 땅이 좋으면 뿌리가 잘 내리고 곧이어 자연스럽게 꽃이 핀다. 뿌리의 중요성을 아내가 돌보는 베란다 정원에서 배웠다.

아내를 위한 기도

"여보! 나를 위해서 기도해줘요. 하나님이 보여주는 것을 있는 그대로 이야기해줘요."

"알았어. 그런데 무엇을 위해 기도할까?"

"그냥 기도해봐요. 확인이 필요하네."

"음…. 둥지가 보이는데, 새들이 안전하게 둥지 안에서 함께 있는 모습이야. 비가 오고 바람이 불어도 안전하게 둥지에서 즐겁게 보내는 모습이야."

아내가 울기 시작했다. 슬픔과 아픔의 눈물이 아니고, 감격과 감사의 눈물이었다. 안심하고 기뻐하면서 웃음을 머금은 채 울고 있었다. 무엇을 위한 확인인지 알 수 없었지만 나는 가만히 아내를 안아주었다. '때가 되면 이야기하겠지.'

아내가 강의나 설교를 하러 가기 전에 나는 항상 기도해준다. 그때마다 하나님이 보여주는 그림이 있는데, 그것을 듣고 나면 아내는 안심하고 강의한다. 다이아몬드 꽃병 그림을 기도 응답으로 받은 이후부터 내가 아내를 위해 기도하면 하나님은 항상 그림을 보여주신다. 아이들을 위해 기도할 때도 그림으로 보여주신다. 내가 나를 위해 기도하면 그림이 보이지 않는다. 다른 사람을 위해 기도할 때도 그림이 잘 보이지 않는다. 그림을 보면서 예언 사역하는 사람들이 있지만, 나는 그런 전문적인 은사를 받은 사역자가 아니다. 다만 가족을 위해 기도할 때는 선명한 그림이 즉시로 보인다.

사실, 그림으로 기도 응답을 받는 것은 내가 좋아하는 방식이 아니었다. 나는 논리적이고 이성적인 방법을 좋아하는데, 가족을 위해 기도할 때는 내가 선호하는 방식을 뛰어넘어 하나님이 응답하신다. 그림의 내용이 이해가 되지 않을 때는 계속 기다리면 자세하게 보여주신다. 놀라울 정도로 정확하게 하나님이 말씀하신다. 특히 청소년기 우리 아이들을 위해 기도할 때는 창의적이고 정확한 그림으로 응답받았다. 나는 도저히 생각할 수 없는 내용이었다.

'그런데 왜 그림으로 보여주실까?'

이 방법이 우리 가족에게 가장 맞는 방법이었다. 말로 설명하면 내 주장처럼 들렸을 것이다. 그림으로 응답받을 때는 내 주장이 개입될 틈이 없다. 아내와 우리 아이들은 내가 기도하면서 그림을 볼 때는 전적으로 신뢰한다. 남편과 아빠를 통해서 하나님이 응답하신다는 믿음이 가족에게 있다. 가장 역할을 잘하도록 하나님이 나를 도와주신다. 하나님은 모든 가장을 축복하신다. 그들이 자신의 역할을 잘하도록 각 사람과 가족의 형편에 맞게 역사하신다.

아내는 종종 이유를 설명하지 않고 하나님이 무엇을 보여주시는지 알고 싶어 한다. 우리 부부가 사역을 정리하고 안식년을 보내고 있는데 아내가 기도를 부탁했다. 하나님이 보여주시는 것을 그대로 이야기했더니 아내는 둥지라는 단어부터 감동을 받았다. 눈물이 멈추었을 때 무엇을 구하고 있었는지 물어보았다. 아내는 우리가 살 집을 위해 기도하고 있었다.

안식년이 끝나면 10년 동안 살았던 집에서 나와야 했다. 우리 가족은 12년 동안 여러 곳을 옮겨다니면서 생활했고, 그 이후 10년은 한 집에서 살았는데 다섯 식구에게는 작은 집이었다. 그런데도 온 가족이 감사하며 살았다. 먼저 순종 훈련을 받았고, 그다음은 감사 훈련이었다. 이제 두 훈련이 끝나고 있음을 예감했다. 그러나 그다음 여정은

몰랐다. 아내는 며칠 동안 집을 위해 기도했는데, 하나님이 그림으로 응답해주셨다. '둥지를 주신다.'

우리 가족은 둥지 프로젝트라는 이름으로 집중기도하고 방법을 구하였다. 둥지가 어떤 형태로 올지 전혀 짐작하지 못했다. 다만 기도 응답을 믿었다. 그 당시에 안식년을 미국에 있는 YWAM 친구의 집에서 보내고 있었고, 큰아들은 한국에서 일하고 있었다. 큰아들과 동역자들의 수고로 우리 가족에게 딱 맞는 둥지를 찾았다. 얼마나 감사했는지! 우리 가족은 며칠이고 잠을 이루지 못했다. 새로운 집을 어떻게 꾸밀지 상상하며 행복한 꿈에 부풀어 올랐다.

아내에게 한 선물

이사 가기 전 미리 둘러본 그 집에는 햇볕이 잘 들어오는 베란다가 있었다. 베란다가 있는 집에서 살고 싶어 했던 아내의 소원이 마침내 이루어졌다. 나는 집을 확인만 하고 선교 현장으로 가야 했다. 집으로 돌아오는 길에 싱가폴 창이 국제공항에서 경유하는데, 비행기가 연착되었다. 남는 시간에 공항에 있는 서점에 갔다. 눈에 띄는 책이 있었다. 집을 정리하는 방법!

나는 그 책에 몰입했다. 결론은 내 물건이 아닌 것을 버리면 집이 넓어진다는 것이었다. 일 년 정도 손이 닿지 않는 물건은 내 물건이 아닐 가능성이 크다는 작가의 주장이 신뢰가 갔다. 다른 사람에게 필요한 물건은 나눠주거나 기부하고, 그렇지 않으면 과감하게 버리라는 그 말을 실천하기로 했다. 정리할 물건을 하나씩 적어보니 생각보다 많았다. '가방 두 개를 들고 시작한 우리 짐이 어느새 이렇게 많아졌나.' 생활도구와 여러 물건들을 줄이면서 이사 갈 준비를 했다.

새로운 둥지에 이사오면서 하나님께서 한 가지 분명한 마음을 주셨다. '아내에게 베란다를 선물해라.'

나는 일단 베란다를 비워놓았다. 대부분 정리하고 왔기 때문에 넣어둘 물건도 없었다. 얼마 동안 기다리니 아내는 햇볕이 잘 들어오는 베란다를 우리만의 정원으로 만들었다. 마침 제주도로 이사 가는 분에게서 많은 화분을 선물받았다. 꽃과 나무를 가꾸는 아내 덕분에 우리 집 베란다는 사철 내내 꽃이 피는 정원이 되었다.

아내는 꽃을 찾아 날아든 벌을 위해 창문을 열어놓기도 하고, 벌레를 잡기도 했다. 화초 하나하나에 온 정성을 쏟았다. 꽃으로 꽃밥을 하고, 화전도 만들고, 꽃 샐러드를 내놓기도 했다. 아내가 행복해하는 모습을 보니 베란다 정원을 선물한 보람이 있었다.

우리 집 베란다에 핀 꽃은 모두 우리 꽃이다. 나는 꽃들을 볼 때마다 행복감이 밀려온다. 꽃 이름은 쉽게 잊어버리지만, 그 꽃 모두 내 마음에 피어 있다. 우리 땅에 피면 우리 꽃이다.

우리 집에 왔다가 베란다 정원을 구경한 지인이 몇 주 뒤에 아내에게 전화를 했다. 화분을 몇 개 샀는데, 꽃이 시들어간다는 내용이었다. 비슷한 전화를 자주 받은 아내가 대답해주는 말도 비슷했다. 물을 너무 많이 주지 말고, 꽃의 특성에 따라 적당하게 주고, 중요한 것은 분갈이를 하라는 것이었다. 화분의 흙이 중요하기 때문에 좋은 흙으로 갈아주면 꽃이 다시 힘을 얻을 것이라는 조언을 항상 반복했다. 아내는 꽃을 키우면서 흙을 소중히 여겼다. 흙이 부드럽고 좋으면 뿌리가 건강해져서 결국 꽃이 핀다는 이야기를 강조했다. 꽃은 결과라는 이야기였다. 뿌리가 살아 있고 적당한 물과 햇빛이 있으면 꽃은 분명히 피기 때문에 기다리라고 말했다.

아내의 전화 통화 내용을 듣고 있는데, 비전 성취의 원칙이 꽃 키우기와 연결되었다. 나는 꽃 이름을 외우는 게 정말 어렵다. 그렇게 많은 종류의 꽃이 있는지도 몰랐다. 로마제국의 황제들 이름은 외워지는데 꽃 이름은 어렵다. 꽃의 종류가 많은 것처럼 우리가 하는 일이 다양하고 직업의 종류도 갈수록 세분화되고 해마다 새로운 직업이 나온다. 사라지는 직업도 많다. 하나님의 나라를 위해서 하는 일의 종류가 아주 많다. 그러나 그 일을 이루는 원칙은 몇 가지 안 된다.

뿌리가 건강하면 좋은 꽃이 피는 것처럼 비전이 살아 있으면 때가 되면 열매가 맺힌다. 그런데 꽃의 종류는 많지만 뿌리의 모양은 크게 다르지 않다. 거의 엇비슷하다. 그리스도인의 비전도 사람마다 크게 다르지 않다. 하나님나라를 위해 일하려는 동기는 모두 같다. 그것을 이루는 방법과 과정이 다양할 뿐이다. 결혼한 이후에도 아내와 남편의 비전이 살아 있어야 한다. 결혼 전에 서로 하고 싶었던 일이 달라 보여도, 동기와 소명감은 다르지 않기 때문에 서로의 비전을 존중해야 한다. 서로 연합하여 비전이 하나가 되면 진정으로 한 몸이 된다.

아내와 남편의 비전이 다를 때

결혼하면 두 사람의 비전이 하나가 되어야 하는데 누구의 비전이 중심이 되어야 할까. '남편의 비전이 먼저인가, 아니면 아내의 비전을 따라가야 하는가?' 결혼 초에 나도 비슷한 고민을 했는데, 여전히 같은 문제로 고민하는 부부를 요즘도 많이 만난다.

1995년, 우리 부부는 예수전도단 선교 본부를 시작하고, 선교사를 돕는 사역에 주력했다. 그중에는 선교사 파송위원회 사역도 있었다. 파송을 신청한 후보 선교사들을 심사하고 파송 여부를 결정하는 사역이었다. 나는 이 일에 아내가 참여하도록 했다. 부부로 파송 신청하는 후보 선교사가 많기 때문에 기혼 여성의 관점에서 이야기를 들어주고, 파송 준비 상황을 확인하는 일이 중요했다. 아내는 그들을 따뜻하게 격려하며 잘 준비해서 선교사로 나가도록 도왔다. 그런데 파송 준비를 하는 부부 중에서 남편과 아내의 비전이 다른 경우, 누구의 비전을 따라가야 하는지 질문하는 사람이 많았다.

"간사님! 결혼하고 바로 선교사로 나가려고 이번에 파송 신청을 했어요. 그런데 한 가지 중요한 결정이 남았어요. 그게 생각보다 복잡하네요."

그 형제가 자세하게 설명하기 전에 내용이 짐작되었다. 그 형제의 아내는 인도에서 구제 사역을 하고 싶어 하고, 남편은 중국에서 대학생 사역을 하고 싶어 했다. 두 사람은 중국과 인도 중에서 어디로 가야 할지 고민했다. 지역이 결정되더라도 구제 사역과 대학사역 중에서 어떤 것을 선택해야 될지 잘 모르겠다고 했다. 그 부부를 알고 있는 사람 중에는 중국과 인도의 중간쯤에서 청소년 사역을 하면 적당하지 않냐고 웃으면서 말하는 사람도 있었다.

나는 단순하고 쉽게 결정하라고 조언했다. '누구의 비전이 실현 가능한가? 두 사역 중에서 더 많이 준비한 사역이 무엇인가?' 많이 준비되어 실현 가능한 사역을 먼저 하는 것이 상식 아니겠는가. 물론 하나님께 기도하면서 본인들이 결정할 부분이지만, 우리 부부의 선택을 예로 들어 설명했다. '내가 왜 광주에서 대학생 DTS를 시작했는가?' 그 일이 훨씬 더 효과적이었고, 실현 가능한 일이었기 때문이다.

내가 하고 싶던 선교 훈련과 선교 전략 사역은 아직 내 사역 연차로는 할 수 없는 일이었다. 먼저 아내의 비전을 도와서 사역한 결과가 나중에 내가 하고 싶던 일을 실제로 진행하는 데 큰 도움이 되었다. 비전은 모두 하나님의 일이다. 어느 것을 먼저 하는가는 그렇게 중요하지 않다. 인생은 길고 어떤 미래가 우리를 기다리고 있을지 모른다. 지금 현재의 수고와 삶이 미래와 연결되어 있다. 우리 꽃이 피고 있는지 우리 땅인지를 계속 확인하면 된다.

무슨 일을 하든지 하나님나라를 위한다면 그것으로 충분하다. 더구나 다른 사람의 비전을 돕는 일이라면 하나님께서 더 기뻐하신다. 그 다른 사람이 자신의 배우자라면 얼마나 보람이 크겠는가. 나는 결혼하고 첫 사역을 시작할 때, 이것을 배웠다.

'비전과 사명'이라는 주제로 강의를 마치고 질문하는 시간이 되었다. 남자 한 사람이 손을 들고 질문했다.

"혹시 광주가 고향이세요?"

"아닌데요."

"그럼 왜 광주에서 간사로 사역했나요?"

"아내가 광주에서 대학생 DTS 간사를 하고 싶어 해서 광주에서 사역했어요."

"그럼 아내 분의 비전을 따라간 건가요?"

"글쎄요. 그렇게 생각할 수도 있겠네요."

"그렇군요…."

그는 질문을 중간에 멈추었다. 남편이 아내의 비전을 따라갔다고 판단했는지 실망한 눈치였다. 아내는 나에게 광주에서 DTS 사역을 하고 싶다고 말하지 않았다. 결혼을 앞두고 그녀가 다른 사람과 대화하면서 DTS 간사를 하고 싶다고 말했는데, 내가 그 말을 기억하고 있었다.

결혼 이야기가 나올 즈음에 잘 아는 선교사님이 편지를 보냈다. 평소에 나를 좋게 생각하는 분이었는데, 내가 결혼한다는 이야기를 듣고 보낸 편지였다. 결혼하고 선교사역을 계획하고 있으면 기꺼이 도와주겠다는 내용이었다. 내가 선교와 관련된 사역을 하고 싶어 하는 것을 아는 분이었다.

답장을 보내기 전에 그 편지를 들고 하나님께 기도했다. 며칠 동안 기도하는데, 결혼하고 나서 아내의 비전을 도와주라는 응답을 받았다. 조금 뜻밖이었다. 그때까지 나는 남편의 비전을 아내가 따라온다고 생각해서 비전이 분명한 사람이 되려고 노력했었다. 그런데 아내의 비전을 도와주라는 응답을 받았다.

'사람들이 나를 어떻게 생각할까? 또 아내를 어떻게 생각할까? 그리고 아내의 비전은 무엇인가? 언제까지 아내의 비전을 도와주어야 하지? 선교 전략을 세우고, 체계적인 선교운동을 일으키고 싶은 내 비전은 어떻게 되는 것일까?'

많은 질문들이 정리되지 않아서 그 편지에 대한 답장을 미루고 있었다. 결혼식 날짜가 다가오면서 그녀에게 물어보니, 내가 하고 싶은 일은 무슨 일이든지 하라고 했다. 그런데도 하나님은 아내의 비전을 도와주라고 하셨다. 나는 그때까지 아내의 비전이 무엇인지 정확하게 알지 못했다. 기도를 계속하는데, DTS 간사를 하고 싶다는 아내의 말이 생각났다.

결혼하고 어디에서 살아야 하는지 결정할 때 나는 광주에서 대학생 사역을 하자고 했고 그녀도 동의했다. 광주에는 DTS 사역이 없었다. 그래서 우리 부부가 시작했다. 아내는 임신과 출산의 과정에서도 두 번의 DTS를 간사로서 최선을 다해 섬겼다. 결혼 3년이 지나서 광주 대학생 DTS 사역을 다른 리더에게 인계하고 아내는 선교사 훈련학교 사역으로 왔다. 그 이후 10년 동안 선교와 관련된 사역을 함께했다. 나중에 우리가 했던 일들을 돌아보니 DTS 사역을 먼저 한 것이 지혜로운 판단이었다. 우리 부부의 형편에서 보면, 그 일이 먼저 준비된 일이었다.

남편과 아내의 비전 중에서 준비된 일을 먼저 하면 된다. 지금 하지 못하는 일은 포기하지 말고, 기도하면서 차근차근 준비하면 된다. 언젠가 때가 되면 연결된다. 의지나 열정보다 얼마나 준비했는가를 확인해야 한다. 열정만 앞세우고 준비를 소홀히 하면 끝까지 가지 못하는 경우가 많다. 예수님은 망대를 쌓는 비유에서 이 일을 쉽게 가르쳐 주셨다. '준비한 다음에 망대를 쌓기 시작하라.'

> 너희 중의 누가 망대를 세우고자 할진대
> 자기의 가진 것이 준공하기까지에 족할는지
> 먼저 앉아 그 비용을 계산하지 아니하겠느냐
> 그렇게 아니하여 그 기초만 쌓고 능히 이루지 못하면
> 보는 자가 다 비웃어 이르되 이 사람이 공사를 시작하고
> 능히 이루지 못하였다 하리라
> 누가복음 14장 28-30절

자기의 가진 것이 충분한지 먼저 앉아 계산하라고 예수님이 말씀하셨다. 어느 정도로 준비해야 충분할까. 나는 어떤 일을 시작할 때 준비 상황을 종합적으로 판단해서 120/100/80으로 구분한다.

120이 준비되면 일을 시작했다. 그래야 끝까지 지치지 않고 마무리할 수 있다. 시작과 진행 과정 모두 여유가 있고, 일이 끝난 다음에도 쉽게 다른 일로 넘어갈 수 있다. 사역하면서 일상을 즐기는 여유 있는 삶도 살 수 있다. 최소한 20의 여유가 있으면 일만 보는 것이 아니라 그 일을 함께하는 사람까지 볼 수 있다. 그들이 흘리는 땀방울도 보

인다. 너무 많은 대가를 지불하면서 열정으로만 일하면 하나님의 일을 사유화하기가 쉽다. 100을 준비했다고 무조건 시작하면 문제가 일어날 때 쉽게 탈진한다. 80으로 시작하는 것은 어리석다. 예수님의 말씀을 순종했더니, 시작은 조금 늦어도 하는 일마다 확실한 열매가 맺어졌다.

아내와 함께 광주에서 사역한 것은 아내의 비전을 도와준 의미도 있지만, 120이 준비된 일이었다. 우리 두 사람 모두 대학사역에 대한 경험이 있었고, 광주에서도 우리를 환영했다. 그러나 선교사역은 아직 80에도 미치지 못했다. 의욕만 있었다.

누구의 비전을 먼저 시작할지 고민된다면 충분하게 준비한 일을 먼저 하라. 부부라면, 두 사람이 하는 모든 일이 우리 땅의 꽃이다.

우리 땅에 핀 꽃의 향기

내가 선교 본부 사역을 하고 있을 때 아내는 간사들의 밥을 해주었다. 사무실 사역을 마치고 집에 가면 항상 맛있는 밥이 있었다. 사역 간사들이 얼마나 행복해했는지 모른다. 아내가 하는 일은 나를 도와서 우리 꽃을 피우는 일이었다. 어느 날 아내의 후배에게서 전화가 왔다.

"언니! 요즘 어떻게 지내요?"

"밥하면서 살아. 간사들 밥해주는 게 아주 즐겁네."

"그래요? 언니 괜찮아요? 우수한 인재가 놀고 있는 거 아닌가요?"

"그게 무슨 말이냐? 얼마나 좋은데. 내가 광주에서 DTS 간사로 섬기도록 남편이 많이 도와주었는데, 지금은 내가 남편을 도와주는 행복한 시간이야. 이게 지금의 내 부르심이야. 정말로 좋아."

우리가 살던 대전 근처를 지나간다는 후배에게 아내는 집에 오라고 초청했다. 후배 부부가 며칠 뒤에 한국을 떠나 외국으로 간다는 말을 듣고 밥을 해주고 싶어 했다. 마침 같이 차를 타고 가던 후배의 시부모님도 함께 오셨다. 그 가족은 내가 사역하던 선교 본부 간사들과 예수전도단 간사 공동생활집에서 저녁을 먹었다. 시부모님은 아직 예수님을 믿지 않고 있었다.

저녁 식사를 마치고 즐겁게 대화하고 그 가족은 서울로 돌아갔다. 한 시간 뒤에 후배에게서 전화가 왔다.

"언니! 놀라운 소식이 있어요. 우리 어머님이 성경책을 구해달라시네요. 이번 주부터 교회에 나가시겠답니다. 언니 집에서 식사할 때 마음으로 결정하신 것 같아요. 내가 그렇게 오랫동안 기도했는데, 이제 응답되었어요. 언니는 밥하면서도 복음을 전하네요. 정말 감사해요."

그날 신앙적인 대화는 전혀 없었다. 그런데 무엇이 그분의 마음을 움직였을까. 아내가 즐겁게 식사를 준비하고 밝은 표정으로 섬기는 모습을 보셨나보다. 아무래도 우리 꽃의 향기를 맡으셨나보다.

90번 시내버스를 기다리는데 진눈깨비가 내렸다. 눈발이 바람을 타고 수없이 사선을 그으며 얼굴을 때렸다. 드라이어로 컬을 살린 머리가 젖을 것 같아 목도리를 히잡(얼굴만 남기고 머리카락을 감싸는 스카프)처럼 둘렀다. 자녀양육 강의를 하러 교회에 혼자 가는 길이다. 남편은 지금쯤이면 인천국제공항에 도착했을 것이다.

남편의 부재 시, 우리 땅을 돌봐주시는 분

국제공항! 생각만 해도 가슴이 싸하다. 오랜 세월 공항 가는 남편을 얼마나 많이 배웅했던가. 남편이 집에 있었다면 오늘 같은 날, 분명히 직접 운전해서 나를 교회에 데려다주었을 것이다. 그러나 남편은 지금 없다. 나는 버스를 탔다. 눈이 내린다. 진눈깨비가 함박눈으로 바뀌었다. 나무들은 금새 눈꽃을 피웠다. 남편이 공항에서 전화를 했다.

"여보! 눈이 오네. 당신 수고해."

"공항에도 눈이 오나? 여기는 하늘이 안 보일 정도인데. 비행기는 정상적으로 갈 수 있으려나?"

나는 속으로 비행기가 뜰 수 없기를 살짝 바랐다. 아주 살짝. 그러나 남편은 비행기를 타고 떠날 것이다. 선교지에서 남편이 오기를 기다리는 사람들이 있으니까. 이번에는 인도 콜카타 DTS에서 오전에 강의하고 저녁에는 선교사 부부를 한 가정씩 만난다고 했다. 신혼 때부터 지금까지 이런 상황에서 나는, 내 이성과 당위성을 이겨본 적이 없기에 평상시처럼 말했다. "여보, 좋은 시간 보내요."

그렇게 전화를 끊고 차창 밖에서 쏟아지는 눈을 바라보았다. 함박눈이 펄펄 내리는 이런 날에는 남편과 함께 있고 싶다. 그는 커피를 마시고 나는 카모마일 차를 마시며 창밖으로 내리는 눈을 함께 보고 싶다. 전에도 그랬다. 코스모스 피는 하천에 아이들을 데리고 산책할 때면 함께 걷는 부부들이 보였다. 나는 남편이 없는 사람처럼 쓸쓸했다. '제발 가을에는 남편이 집에 있었으면' 하고 속으로만 바랐다. 벚꽃이 흐드러진 봄에는 또 어땠는가. 올해는 꼭 벚꽃을 남편과 같이 봐야지 하다가도 정해지는 일정에 밀리면 '다음에 가면 되지' 하며 혼자 달랬다. 벚꽃은 해마다 그렇게 졌다.

물론 늘 나 혼자였던 것은 아니다. 남편과 함께 간 여행, 함께 본 영화, 함께 먹은 음식, 같이 본 경치도 아주 많다. 그럼에도 불구하고 남편이 없는 날은 왜 이리 쓸쓸할까. 이렇게 지내온 세월이 수십 년인데도 전혀 익숙해지지 않는다. 그래서일까. 나는 지금도 남편이 그립고 남편이 내 곁에 있으면 마냥 좋다. 나이 들어도 그립기만 한 부부로 사니 감사하다. 그렇게 생각하니 모든 것이 감사하다. 집 떠나는 남편을 벌써부터 그리워할 수 있어 감사하다. 또 시내버스를 타고 천천히 가서 감사하다. 가로수에 쌓이는 눈꽃을 더 많이, 더 오래, 더 자세히 볼 수 있으니까. 자녀를 하나님 아이로 키우고자 눈 속을 뚫고 모이는 성도들이 있어 감사하다. 내가 그들을 섬길 수 있어 감사하다.

이번에는 남편이 시장에서 먹거리를 사놓고 간 것도 감사하다. 집에서 수능 준비하는 막내아들에게 밥을 해주기에 충분한 양식이 있으니 안심이다. 예전에는 그냥 간 적도 많았다. 시간도 없고 돈도 없어서였다. 그럴 때마다 하나님을 의지하는 방법을 배웠다. 남편의 부재는 하나님과 더 친밀해지는 시간이었다. 버스를 타고 가는데, 날이 추워서인지 콩나물국이 먹고 싶었다.

'아! 콩나물국.'

타국에서 몸살감기를 앓던 밤

1999년, 우리 부부는 미국 콜로라도 스프링스의 선교 전략 센터에서 간사로 사역했다. 우리 가족은 백 년 된 통나무 집 방 한 칸에서 다섯 식구가 함께 살았다. 세 아이는 어디서든 걷는 것보다 뛰는 것이 더 편한 나이였다. 나란히 붙여놓은 다섯 개의 싱글 침대는 아이들에게 즐거운 놀이터였다. 아이들이 침대에서 뛰어놀면 먼지가 온 방에 가득했다. 30년 된 카페트 먼지와 섞여 종일 방 안을 떠다니다가 밤이 되면 아이들 잠드는 소리와 함께 가라앉았다. 먼지가 가라앉을 즈음엔 록키산맥의 깊은 산에서 불어오는 차디찬 바람이 낡은 창틈 사이를 밀며 밤새 방 안으로 들어왔다. 알레르기성 비염을 앓고 있는 나에게 먼지와 찬바람은 늘 피해야 할 맹수와 같다. 그러나 그것을 피할 수 없는 환경에서 내 몸은 천천히 병들어가고 있었다.

어느 날 아침에 눈을 떴을 때는 침을 삼킬 수조차 없었다. 비염이 편도선염을 불러오고 있었다. 후끈후끈 열이 나는가 싶다가 몸이 덜덜 떨리며 한기가 들었다. 몸을 둥글게 말아 침대 속 깊이 파고 들어갔지만 도무지 따뜻한 기운이라곤 찾을 수 없었다. '온돌방 아랫목에 솜이불을 뒤집어쓰고 누우면 금새 나을 텐데….' 엄마가 보고 싶었다. 온기가 몹시 그리웠다. 열이 나면 몸을 차갑게 하는 것이 좋다는 것을 알지만, 병이 나면 제일 먼저 따듯한 것을 찾게 되는 것은 무슨 까닭일까. '따듯한 관심, 따스한 손길, 뜨끈뜨끈한 온돌방 그리고 뜨거운 국물.' 여기까지 생각이 이어지자 갑자기 참을 수 없는 허기가 밀려왔다. 배가 고팠다. 한국에서는 몸이 아프면 입맛도 사라지더니, 타국에 오니 왜 그리 먹고 싶은 것이 많은지. 무엇이라도 먹고 싶었다.

선교 센터의 주말 식사는 세 끼 밥을 챙겨 먹는 한국 사람에게는 간식거리와 같다. 샐러드 한 접시에 감자칩, 아니면 땅콩버터를 바른 식빵 몇 조각이 한 끼 식사의 전부다. 아이들을 이끌고 식당에 내려가 그것을 먹고 숙소로 올라오면 방에 들어가기도 전에 길에서 소화가 다 되었다. 더군다나 나는 두 돌이 다 된 막내에게 수유를 하고 있었다. 아이에게 젖을 물리면 잇몸까지 저려왔다. 몸속 영양분이 다 빠져

나가는 것이 느껴질 정도였다. 그곳은 고기가 주식이라던 미국의 식생활과는 상관없는 곳인 것 같았다. '근사한 바베큐는 아니더라도 후라이팬에 구운 고기 몇 점만 먹어봤으면….'

열이 나고 목이 아프고 온몸이 쑤시는 몸살감기를 앓는 중에 먹고 싶은 것이 고기라니 어쩌란 말인가. 돈도 없고 돈이 있다 해도 시장에 갈 차가 없었다. 돈이 있고 차가 있어 고기를 사온들 구워 먹을 부엌이 없다. '누가 나를 좀 돌봐주었으면….'

몸이 아프다고 누워 있을 수만은 없는 것이 주부다. 어지럼증으로 비틀거리면서도 일어나야 했다. 해야 할 일이 쌓이고 있다. 청소, 빨래, 옷 정리, 아이들 돌보는 일. 정작 내 자신이 돌봄이 필요한데도 내가 돌보지 않으면 안 되는 일들이 많다. 아플 권리도 없는 것이 주부라 생각하며 죽을 듯 아파도 일어나 일을 하고 가족을 돌봐야 한다. '주부도 돌봄이 필요한 사람인데. 나도 아프고 힘든데….'

근육통과 오한과 발열의 고통보다 더 심하게 마음이 아팠다. 아픔이 슬픔이 되고 그 슬픔이 연민과 서러움이 되었다. 집안을 서성이며 이를 악물고 참는 것은 통증이 아니라 서러움과 외로움 그리고 그리움이었다. 엄마가 몹시 보고 싶었다. 여자들이 몸 아플 때 엄마가 보고 싶은 이유는 어머니 자체라기보다는 엄마와 같은 보살핌을 기다리는 것이리라. 그러나 결혼해서 집 떠난 지 오래된 내 곁에 엄마는 안 계신다. 엄마 대신 아픈 나를 돌봐줄 남편은 사역이 있어서 며칠 전에 집을 떠났다.

'주님, 나를 돌봐주세요.'

전에는 이런 기도를 못했다. 나도 돌봄이 필요하다는 사실을 인정하지 못했다. 내가 누군가를 돌봐야 하는 주부로서 나를 돌봐달라는 것은 어울리지 않는 태도 같았다. 그러나 하나님을 알아가면서 범사에 그분을 의지하는 것이 최선임을 배웠다. 그리고 주님은 나를 돌봐주시는 분이라는 확신이 들었다. 내가 주님을 돌보는 것이 아니라 주님이 나를 돌보시는 아버지이심을 깨달았다. 그래서 말씀드렸다. '주님, 저 좀 돌봐주세요.'

그리운 콩나물국

어둠이 이미 숲속 가득 내려앉았는데, 누군가 문을 두드렸다. 그리고 이어서 '쨍그랑' 냄비 떨어지는 소리가 났다. 문을 열었을 때 땅바닥에 쏟아진 콩나물국에서 뜨거운 김이 모락모락 피어나고 있었다. 그것을 쳐다보며 종미 씨가 안타까워 어쩔 줄 몰라했다.

감기 걸린 것 같은 내 전화 목소리를 듣고 콩나물을 사다 얼큰하게 끓였단다. 외로운 타국에서 몸 아프면 서러운데 한국 음식을 먹으면 그나마 위안이 될까 해서 준비한 음식이었다. 조심스레 차에 싣고 40여 분을 달려왔는데, 방문 앞에서 그만 쏟아버렸으니. 내가 안타깝고 죄송스러웠는데 종미 씨가 더 미안해서 어쩔 줄 몰라하며 돌아갔다.

콩나물국은 먹지 못했지만 내 마음과 몸은 그 이상으로 따뜻했고 병이 나은 듯 가뿐했다. 그분의 사랑과 마음을 생각하니 한없이 위로가 되었다.

그런데 조금 있다가 종미 씨가 다시 돌아왔다. 콩나물국 대신 다른 것이라도 사주고 싶었다고 했다. 종미 씨가 사온 것은 구워먹기 딱 좋은 소고기였다. 전기 후라이팬을 빌려 방 안에서 고기를 구우면서 나는 울었다. 이제 춥지도, 배고프지도, 아프지도 않은데 하염없이 뜨거운 눈물이 흘러내렸다.

남편은 다음 날 늦게 돌아왔다. 내가 춥고 아프고 배고플 때 남편은 내 곁에 없었다. 내 곁에 있었다 해도 우리는 그때 돈이 없었다. 사는 동안 이런 상황은 아주 많았다. 남편의 부재는 나를 외롭고 힘들게 했고 또 공교롭게도 남편이 없을 때면 나는 자주 아팠다. 그때마다 나는 눈을 들어 주님을 바라보았다. 단 한 번도 내 곁을 떠나지 않는 분에게 내 마음을 호소했다. 그때마다 들려오는 말씀이 있었다.

'내가 너를 결코 떠나거나 버리지 않으리라.'

나는 성경에 이런 말씀이 있어 정말 좋다. '내가 너와 항상 함께 있으리라'와 '내가 너를 돌보리라' 이 말씀은 일을 하고 사역을 하며 가족을 돌볼 수 있는 모든 힘의 근원이 되었다.

남편이 집에 없을 때, 혼자서도 살아나는 법은 바로 주님을 의지하는 일이다. 남편이 선교지를 방문하면서 집을 비울 때마다 주님이 우리 가족을 먹이실 것을 기대했다. 새로 피는 봄꽃을 기다리듯 그때마다 어떤 방법으로 아이들과 나를 지키시고 돌보실지 기다렸다. 주님의 돌보심을 실제로 맛보며 하나님이 얼마나 좋은 분인지를 그때 가장 많이 경험했다.

그래서 남편이 없는 쓸쓸함은 깊지만, 남편에게 가지 말라고 잡지 않는다. 사실, 나보다 집을 자주 떠나 있는 남편이 더 힘들다는 것을 나는 잘 알고 있다. 선교 현장을 다니면서 선교사를 돌아보고 강의와 상담으로 섬기는 일이 쉽겠는가. 뿐만 아니라 시차와 날씨와 계절의 차이에 적응하고 장시간 비행기 여행에서 오는 피로는 얼마나 심할까. 낯선 음식, 불편한 잠자리, 가족과 떨어진 외로움, 아이들과 함께하지 못하는 미안함은 또 얼마나 크겠는가. 그래서 나는 남편이 집을 떠나도 조금도 원망하지 않는다. 이렇게 사는 우리의 삶도 후회하지 않는다. 오히려 주님을 더 의지한다. 남편의 부재 시 하나님과 더 가까워지니 감사하다.

너희 염려를 다 주께 맡기라
이는 그가 너희를 돌보심이라
베드로전서 5장 7절

이 세상에 남자가 필요하다.

아내를 바위틈이 아닌 동산에서 웃게 할 남편이 필요하다.

바위틈에 숨은 나의 임이여

"여보! 내가 왜 이러지?"

"무슨 일이 있어?"

"도저히 말을 못하겠는데, 불편한 감정이 쉽게 없어지지 않아서 어떻게 해야 할지 모르겠네."

"무슨 일인데 그래? 나한테는 무슨 말이든 다 해도 괜찮아."

신혼 시절에 아내가 어려운 말을 꺼냈다.

"아, 당신이… 다른 여자들과… 함께 있는 게 싫어. 말하는 것도 싫고, 서로 보면서 웃는 게 싫어."

"어? 그래? 드디어 질투하는 건가?"

"질투 아니야! 나는 질투하는 여자가 아니라고! 그런데 왜 이런지 나도 잘 모르겠어. 내가 이런 사람이 아니라고 생각했는데…."

아내는 내가 다른 여자와 함께 있는 것이 싫다고 했다. 그런 감정을 말하는 것도 용기가 필요했지만, 그런 마음이 자기에게 있다는 것이 괴롭다고 했다. 내 주위에 있는 여자는 대부분 예수전도단 자매들이다. 아내도 알고 있는 사람들이고, 결혼 전부터 친하게 지내온 동료들이다. 무엇보다 아내는 누군가를 질투하는 사람이 아니었다. 힘들어하는 아내를 보니, 시간이 지난다고 해결될 일은 아닌 것 같았다. 나는 아내의 불안감을 이해할 수 있었다. 아내 손을 잡고 산책을 나섰다.

"당신의 감정이 질투가 아닐 수 있어. 그런데 질투가 꼭 나쁜 것만은 아니야. 하나님도 질투하신다고 했잖아."

"…."

"내가 다른 여자들과 함께 있는 것을 당신이 힘들어하는 이유가 있어."

"그게 뭔데?"

"당신이 나를 사랑하기 때문이야. 결코 그 자매들을 싫어하거나 미워해서가 아니야. 다만 당신이 나를 아주 많이 사랑하기 때문에 그런 거야. 이건 좋은 일이지!"

"아, 그래? 내가 잘못된 게 아니지? 나는… 당신을 사랑하지!"

나는 아내를 안심시켰다. '이제 리더의 아내인데 자매 간사들에게 더 잘해라. 당신이 마음을 다스려라. 당신이 조심해라. 남편을 믿지 못하냐?' 이런 종류의 말은 꺼내지도 않았다. 오직 '당신이 나를 사랑하기 때문이다'라고 분명하게 말해주었다.

아내는 잘못된 일이 아니라는 말에 안심하고, 남편을 사랑하기 때문이라는 말에 얼굴 표정이 밝아졌다. 아내가 제자리로 돌아오는 데 오래 걸리지 않았다. 흔들리던 신혼이 안정되었다.

여자는 쉽게 불안해한다. 그 자체는 큰 문제가 아니지만, 불안 요소를 방치하면 골짜기로 숨어버린다. 바위틈 낭떠러지로 들어가기가 쉽다. 아가서의 남자는 숨어 있는 여자에게 이제 나오라고 말한다.

> 바위틈 낭떠러지 은밀한 곳에 있는 나의 비둘기야
> 내가 네 얼굴을 보게 하라 네 소리를 듣게 하라
> 네 소리는 부드럽고 네 얼굴은 아름답구나
>
> 아가서 2장 14절

숨어 있는 여자가 당당하게 나오려면 불안 요소가 없어져야 한다. 나는 아가서의 이 본문을 문자 그대로 이해했다. 나도 아내를 안심시키는 남편이 되고 싶어서 아가서의 네 번째 서약을 잊지 않았다. '바위 틈에 숨은 나의 임이여! 이제 나와도 됩니다.'

남편의 기본 역할은 아내를 보호하는 일이다. 그만큼 아내들은 남편의 보호가 필요하다. 불안해하는 것은 잘못이 아니다. 그러나 해결하지 않고 방치하는 것은 문제다. 불안을 해결하는 방법은 그 문제를 캐고 들어가는 것이 아니다. 사실, 파고 들어가면 끝이 없다. 긍정적인 접근이 오히려 좋은 해결 방안이다. 빛으로 어둠을 몰아내는 것처럼 남편의 사랑을 확인받는 것이 가장 안전하고 확실한 해결 방법이다. 아내는 자주 내 사랑을 확인했다. 나는 그때마다 아내를 안심시켜 주었다.

신혼 초에 아내의 이러한 모습을 지켜보면서 나는 한 가지를 분명하게 알았다. 이런 일은 아내와 다른 여자들과의 관계에서 해결할 사항이 아니라 근본적으로 아내와 나와의 관계에서 풀 문제라는 것을.

여자가 바위틈에 숨을 때

여자는 왜 반복해서 바위틈에 숨는가? 누군가 자기를 찾아서 꺼내주기를 바라기 때문이다. 바위틈에 숨어 있는 사람은 자세히 보면 보인다. 완전히 굴 속으로 숨어버린 것이 아니기에 관심을 갖고 있으면 볼 수 있다. 들을 귀 있는 사람이 듣게 되는 것처럼, 보는 눈이 있으면 볼 수 있다.

그 비좁고 위태한 틈에서 남편의 관심과 격려를 기다린다. 아내를 그곳에서 꺼내는 방법은 남편이 사랑을 실천하는 것이다. 남편이 아내의 변화에 관심을 갖고 있는 모습 그대로 인정하면서 도움을 주려는 태도를 취할 때, 비로소 낭떠러지에서 안전한 곳으로 나오게 된다.

결혼생활 동안 아내는 몇 번 불안해했다. 내 주위에 있는 자매 간사들에 대한 초기 갈등은 쉽게 없어졌다. 사실 아내에게 큰 문제는 아니었고, 일종의 사랑 테스트 같은 것이었다. 내가 분명한 태도로 사랑을 확인해주자 즉시 없어졌다. 그러나 나는 늘 깨어 있기로 결심했다. 여자로서 아내의 불안감이 완전히 사라졌다기보다는 일종의 잠복기로 들어갔다고 생각했다. 언제든 다시 나올 수 있다.

나는 예수전도단 간사로 사역하면서 여성 사역자들과 동역해야 하는 일이 많았다. 우선 그들이 아내와 친해질 기회를 주었다. 개인적인 상담은 주로 아내와 하게 했다. 물론 공적인 의논은 리더인 나와 했다. 내가 여성 사역자를 만날 때 마음이 긴장되거나 일부러 조심하면서 대하지는 않았다. 다만 몇 가지 원칙을 세웠다. 내가 운전하는 차의 조수석에 다른 자매를 앉지 않게 하는 것은 기본이고, 여성 사역자들이나 여학생들을 대할 때 항상 높임말을 사용했다.

나는 그들을 충분하게 신뢰하고 친하게 지냈지만, 말을 올리는 것 하나로 보호 장치가 되었다. 말을 내려서 편하게 하면 대화 내용에 감정이 들어가기가 쉽다. 나는 리더로서 형제와 자매를 구분하지 않고 똑같이 사역의 기회를 주었다. 캠퍼스워십 설교자를 결정할 때도 남자와 여자를 구분 짓지 않았다.

그러나 말하는 태도와 방법은 명확하게 달리했다. 또한 자매들이 나에게 '오빠'라고 부르지 못하게 했다. 사적인 자리에서 따로 만나는 일도 없었다. 필요한 업무는 사무실에서 다루었고, 사무실 외에서 불가피하게 만나야 할 경우는 아내가 알도록 했다. 물론 친밀감을 표시하는 가벼운 신체적 접촉도 하지 않았다.

왜 이렇게 노력했는가. 아내의 불안은 없어지지 않고 잠복되어 있기 때문이다. 어느 여자든지 아내로 있는 동안은 똑같다. 아내의 안정과 불안은 남편이 얼마나 정확하게 사랑을 확인시켜주느냐, 그렇지 않느냐에 달려 있다. 내 주위에 있는 사람들이 다소 엄격하고 분명한 내 원칙을 어색해했지만 시간이 지날수록 이해하고 오히려 존경을 표했다.

아내는 가끔 자신을 사랑하느냐고 내게 묻곤 했다. 자기를 사랑하는지, 자기에게 관심이 있는지 물어볼 때마다 나는 즉시로 사랑한다고 말한다. '내 관심의 최우선은 당신'이라고 말한다. 농담으로라도 다른 말을 하지 않았다. 아내는 다른 사람을 의심하거나 사물이

나 사안을 부정적으로 보는 사람이 아니다. 그렇지만 불안할 때에 바위틈으로 들어가는 것은 여자의 본능이다. 남편이 적극적으로 사랑을 확인해주는 방법 외에는 막을 길이 없다.

사실 아내가 불안한 모습을 보이는 것과 남편이 자기를 사랑하는지 확인하려는 것은 동전의 양면처럼 닮은꼴이다. 남편의 사랑을 독차지하려는 마음은 아내로서 당연한 일이다. 자꾸 남편을 못 믿느냐며 아내를 다그칠 필요가 없다. 믿음의 문제가 아니고, 확인 과정에서 사랑을 누리고 싶은 자연스런 여성의 삶이다. 남편이 그러한 아내를 인정하고 신뢰하면 자신감 있는 밝은 여자로 일생을 산다.

나와 오래 동역했던 자매 간사들은 진심으로 나를 존경한다고 말했다. 아내에 대한 배려가 분명하기 때문이다.

"설교 전에 한 가지 부탁이 있습니다. 특히 여학생들에게 부탁합니다. 게시판에 어느 학생이 '사모하는 간사님'이라고 글을 올렸던데…."

예배당에 모인 학생들이 웃기 시작했다. 예수전도단 대학사역에서 온라인 카페를 운영하고 있었는데, 학생들이 나에게 글을 쓰는 코너가 있었다. 설교에 대한 간증도 있고, 건의 사항도 있으며, 언제 또 축구할 거냐는 등의 소소한 이야기도 많았다. 그런데 어느 여학생이 '사모하는 간사님께'라는 제목으로 글을 썼다. 그 세대의 학생들이 편하게 사용하는 표현이었고 누구도 문제삼지 않는 글이었다. 사실 그 학생도 심각한 의미로 그 단어를 사용한 것은 아니었다. 그렇지만 나는 교육의 기회로 삼았다.

사모한다는 표현의 사전적 의미를 설명하고, 내가 성장한 시대에서 그 단어를 어떻게 사용했는지도 설명했다. 글을 올린 학생이 불쾌하지 않도록 이해를 구하면서, 나에게 글을 쓸 때는 표현을 가려서 사용할 것을 정중하게 부탁했다. 부탁의 말 끝에 한 마디를 덧붙였다.

"나는 사모한다는 말은 오직 한 여자, 내 아내에게만 듣고 싶습니다. 우리 둘만의 사랑의 언어로 남아 있도록 도와주세요."

학생들의 환호와 박수소리가 한참 동안 이어졌다. 그날 오해가 될 만한 표현을 삼가해달라고 부탁한 것은, 아내를 위한 배려임과 동시에 나 자신을 위한 방패였다. 아내의 불안감은 언제든지 다시 나올 수 있고 동시에 나도 항상 깨어 있어야 하기 때문이다.

어느 교회에서 목사님은, 강사인 나를 이렇게 소개했다.

"여러분! 오늘 말씀을 전하는 강사님은 나에게 특별한 메시지를 주셨던 분입니다. 삶으로 용기를 보여준 분입니다. 내가 오래전에 예수전도단 모임에 참석했는데, 이분이 여학생들에게 자신을 향한 단어 사용을 자제해달라는 부탁을 했습니다. 그 순간을 잊을 수 없어요. 학생들을 존중하면서 동시에 얼마나 아내를 사랑하고 보호하는지 놀랐습니다. 그 순간이 잊히지 않습니다. 나를 비롯한 많은 형제들이 오직 자기 아내만을 사랑하며 지키겠다고 그날 결심했지요. 부부 관계에 있어서 나에게 큰 영향을 주신 분을 소개해서 참 기쁩니다."

그 교회에서 강의할 때마다 같은 내용으로 나를 소개했다. 나의 분명한 태도와 용기가 남자들에게 도움이 되었다니 기뻤다.

정확한 평가보다 중요한 것

아내는 나와 함께 예수전도단 간사로 지금까지 사역하고 있다. 아내로서 남편의 사랑을 확인하는 것도 중요하지만, 자신이 맡은 사역을 잘 감당하기 위해 더 많이 고민했다. 간사로서 전문성과 정체성을 확인하기 위해서 노력했다. 지금은 대부분 모임에서 강의와 설교를 잘하지만, 결혼 초에는 설교를 안 하려고 했다. 그러나 나는 대학생들의 캠퍼스 모임에서 아내가 설교하도록 도왔고, 그 일이 익숙해졌을 때 분명한 주제가 있는 강의를 하도록 아내에게 권했다.

처음에는 예수전도단 내부 강의가 많았다. 새로운 강사가 성장하려면 최소한 세 번 이상 기회를 주고 기다려야 한다. 처음에 강의할 때는 대부분 힘들어하고 긴장하기 때문에 한두 번의 강의로 충분한 결과를 이끌어내기는 어렵다. 특히 여성 강사들은 더 기다려주어야 한다. 아내도 마찬가지였다.

강의하기 전에 먼저 아이들 앞에서 연습하라고 권했다. 홈스쿨을 했기 때문에 그 일이 가능했고, 아이들 모두 엄마의 강의를 환영했다. 종종 내가 평가해줬는데, 극히 조심스러웠다. 조금이라도 부정적인 평가를 하면, 바위틈으로 즉시 들어갔다. 다시는 강의하지 않겠다고 했다. 나는 좋은 동기로 말했는데도 아내에게 맞는 방법이 아니었다. 사실적인 평가보다는 충분하게 예습하도록 도와주기를 원했다. 정확한 평가를 해주면 더 빠르게 성장하겠지만, 나는 아내에게 맞는 방법인 격려를 선택했다.

아내는 설교와 강의보다는 일대일 양육을 좋아했다. 예수전도단에서 사용하는 《그리스도인의 풍성한 삶》이라는 성경공부 교재가 있다. 아내는 이 교재를 활용해서 많은 자매들을 양육했다. 7단계 공부 방법이 독특해서 성경구절을 찾아서 전부 손으로 써야 한다. 일일이 손으로 쓰는 일은 시간이 많이 필요해서 다소 힘들기도 하다. 그렇지만 말씀을 자세히 관찰하고 묵상하면서 성경을 공부할 수 있어서 좋다.

처음에 양육할 때 성경구절을 노트에 적어놓았으니, 사실 두 번째 양육부터는 그 노트를 다시 사용해도 무방하다. 그러나 아내는 매번 새 노트를 마련해서 성경구절을 일일이 찾은 다음, 손으로 썼다. 아이들이 잠이 들면 성경을 펴놓고 양육 준비를 했다. 내가 보기에 답답한 방법이었는데, 아내는 그 방법을 고수했다.

어느 날 아내를 위해 기도하는데, 특별한 감동이 있었다. 나보다 훨씬 성경말씀을 사랑한다는 마음이 들었다. 그 이후에 아내가 성경공부를 준비할 시간이 되면 내가 일정을 조정해서 아이들을 돌보고, 집안일을 했다. 아내는 강의와 설교, 일대일 양육을 하면서 점점 간사로서 정체성이 확고해졌다.

결혼했다고 곧바로 좋은 부부가 되지 않듯이 사역자가 되었다고 전문성이 금방 생기는 것이 아니다. 본인의 노력도 중요하지만, 주위에서 도와주고 격려해야 한다. 특히 기혼 여성 사역자는 남편의 도움이 절대적으로 필요하다.

아내가 예수전도단 안에서 강의하는 것이 익숙해졌을 때, 여러 교회에서도 강의하도록 연결시켜주었다. 나는 중보기도 강의를 요청받으면 아내를 소개하는 계기로 삼았다. 나에게 연락한 분에게 나보다 더 좋은 강사를 알고 있다고 말했다. 내가 소개하는 강사를 궁금해하다가 내 아내라고 말하면 사람들은 대부분 당황해했다. 자기 아내를 적극적으로 강사로 소개하는 남자를 처음 본다는 듯이 그저 웃는 분들도 있었다. 그러나 몇몇 교회에서는 내가 소개한 강사인 아내를 적극적으로 환영했다.

아내는 그렇게 교회에서 중보기도 강의를 시작했다. 아내가 강의하는 기회가 늘어나면서 이제는 교회에서 교회로 아내가 소개되어 지금은 내가 굳이 말하지 않아도 아내는 충분히 알려진 좋은 강사로 교회를 섬기고 있다. 아내가 책을 출간한 이후에는 결혼과 가정, 자녀양육, 가정을 위한 중보기도, 가족 복음화 등 강의 주제가 확장되었다.

지금까지도 아내는 강사로서 강의 전에는 늘 부담스러워하고, 강의하는 시간보다 더 많은 시간을 기도하면서 주님을 의지하고, 강의후에는 사람들의 평가에 여전히 흔들린다. 내가 할 수 있는 일은 강의 전에 아내를 위해 기도해주고, 강의 후에는 수고했다고 말해주는 것뿐이다. 많은 회중에게 강의할 때는 깃발을 세운 군대같이 당당하지만 강의가 끝나면 남편의 말 한 마디에 흔들리는 아내로 돌아온다. 나는 강의 후에 아내가 흔들리지 않고 더 자신감을 갖고 보람을 느끼도록 돕는다. 그 어느 때보다 내 격려의 말이 필요한 순간임을 잊지 않는다.

나는 아내가 강사로 성장함과 동시에 사역 리더 역할을 맡을 것을 권했다. 여성 리더십이 더 많이 필요한 시대가 되었고, 사역의 대상도 여성의 비율이 훨씬 많기 때문이다. 나는 YWAM의 공식적인 회의에 아내와 함께 참석했다. 많은 회의에 가보면 부부로 참석한 경우가 드물다. 나는 아내가 굳이 참석하지 않아도 되는 모임에도 최대한 함께 갔다. 그에 따른 유익은 많다. 의사 결정의 결과뿐 아니라 과정까지 아내와 공유할 수 있다. 또 사역에 관련된 정보를 아는 만큼 아내도 사역자로서 책임감을 키우게 된다. 또 무엇을 위해 기도해야 하는지 아내가 알게 되어서 좋았다. 그래서 나는 모임에서 아내도 순서를 맡게 하고 공식적인 권위를 갖게 했다.

우리는 서로 격려하면서 동역하는 부부의 모델이 되고자 애를 썼다. 아내는 신혼 새댁의 불안을 극복했고, 여성 사역자로서 전문성을 갖추게 되었다. 흔들리지 않는 사역자의 정체성을 확고히 했다.

아내의 시야각 넓혀주기

많은 여자들이 가장 불안하고 걱정하는 일은 아마도 자녀양육과 아이들의 진로에 관한 일이다. 그래서 아내들은 바위틈 낭떠러지에 사는 것 같은 경험을 자주 한다. 그 속에서 자기를 꺼내주었으면 하고 남편의 손길을 간절히 기다린다.

내 아내도 마찬가지로 살면서 가장 불안해한 것은 우리 아이들의 진로와 교육이었다. 잦은 이사를 반복하면서 우리 가족은 홈스쿨을 하기로 결정했다. 결정은 가족 모두 함께했지만 실제적인 교육은 아내가 맡을 수밖에 없었다. 그래서였는지 아내는 일 년간 잠을 이루지 못했다. 자고 있는 나를 자주 깨웠다. 우리가 잘하고 있는지 아이들이 잘될 건지 끊임없이 확인하려 했다.

'내가 어떻게 도와주어야 할까?'

나는 도저히 아이들 공부를 도와줄 시간을 낼 수 없었다. 아이들을 홈스쿨로 양육하는 기간과 내가 가장 바쁘게 사역한 기간이 정확하게 겹쳤다. 나는 예수전도단 국제대학사역과 한국대학사역의 책임을 동시에 맡고 있었다. 전국의 도시들과 선교지의 대학사역을 방문하는 일을 쉬지 않고 계속했다. 사역의 열매는 풍성했지만, 지쳐가는 아내가 걱정이었다. 나는 아이들과 아내를 도울 방법을 찾아야 했다.

우선 한 가지를 했다. 선교지에 갈 때 아이를 한 명씩 데리고 갔다. 아빠와 단 둘이 떠나는 여행은 아이들에게도 나에게도 유익했다. 그러나 그것만으로 충분하지는 않았다. 나의 바쁜 일정 때문에 아내와 시간을 보내는 것도 부족했고 홈스쿨을 어떻게 도와줘야 하는지도 잘 몰랐다. 그렇지만 손을 놓고 있을 수 없었다. 교육에 관한 아내의 시야각을 넓혀주고 안심시켜주는 것이 내가 할 일이었다.

중국의 어느 지역으로 강의하러 갔다. 중국은 갈 때마다 변화가 놀라웠다. 교회의 성장도 놀라운 간증이지만, 한국의 문화가 빠르게 중국 안으로 스며들고 있었다. 어느 곳을 가든지 한국 문화에 대한 호감도가 높았다. 드라마 〈대장금〉의 시청률과 인기도 상상을 초월할 정도였다. 유럽의 한 도시에 있는 중동 난민들이 그 드라마를 얼마나 좋아하는지 시청률이 믿을 수 없을 정도였다. 북유럽과 캐나다, 남미를 방문했을 때도 마찬가지였다. 중국에서 집으로 돌아오는 비행기 안에서 나는 홈스쿨에 대한 한 가지 아이디어가 생각났다.

'아이들에게 〈대장금〉을 보여주자.'

세계적으로 이렇게 반응이 뜨거운 한국 드라마를 한국 사람이 모르면 되겠는가. 우리 집은 TV가 없었고 옮겨다니는 시간이 많아서 드라마를 시청하지 못했다. 드라마 〈대장금〉을 홈스쿨 교재로 채택해도 되는지 아내와 의논했다. 생각해보니 조선시대를 공부하는 좋은 방법이었다. 물론 드라마가 역사적 사실로만 진행되지는 않겠지만, 사실을 암기하고 기억하는 것이 역사 공부의 전부가 아니지 않는가. 그 시대의 분위기와 문화를 이해한다면, 이것도 좋은 역사 공부라고 판단했다.

홈스쿨의 정식 수업 시간에 우리 가족은 〈대장금〉을 시청했다. 아이들은 즐겁게 드라마를 보면서 역사도 공부했다. 아내도 쉴 수 있었다. 이 일을 계기로 홈스쿨에 대한 우리 부부의 생각이 넓어졌다. 일반 학교의 진도를 똑같이 하는 것은 홈스쿨의 장점이 아니었다. 오전에는 성경을 공부하고 나머지 시간은 자유롭게 교과목을 편성했다.

아내는 전형적인 한국 교육 과정에서 열심히 공부한 사람이기에 성실한 생활태도와 깊은 사고력을 가졌다. 반면에 나는 검정고시와 독학, 학교의 입학과 자퇴를 반복하면서 세상 안에서 내 마음대로 공부하고 자유롭게 살았기에 교육에 관한 편견이 없었다. 우리 둘은 아이들의 교육에 절묘한 조화를 이루었다.

어느 날 운전하면서 라디오 방송을 듣고 있었다. 다양한 교육 방식에 관한 토론이었다. 자녀들이 수학을 공부할 때 교과 진도에 아이들을 맞추면 안 된다는 내용이 인상적이었다. 자꾸 진도에 아이들을 맞추면 아이들이 흥미를 잃고 한번 진도를 놓치면 다시 따라가기가 어려워지기 때문에 공부를 못한다는 고정관념이 생긴다고 했다. 두 자리 숫자의 더하기가 잘 안 되면 한 자리 숫자로 내려가고, 곱하기가 안 되면 억지로 계속 진도를 나가지 말고 더하기로 내려가라는 내용이었다.

다른 시간에 들은 라디오 방송은 전인교육에 관한 부분이었다. 어린 시절에 책상에 앉아서 하는 공부만 공부가 아니고 건강하게 뛰어노는 것도 공부라는 말에 공감했다. 책을 가까이하는 습관을 들이는 것이 중요하다는 내용도 좋았다. 차에서 듣는 라디오에서 우리 가정에 적용하면 좋을 것 같은 내용이 자주 들렸다. 나는 집에 들어가기 전에 주차장에서 아내에게 제안할 내용을 정리했다.

'교과목을 자유롭게 편성하자. 아이를 학습 진도에 맞추지 말고, 오히려 진도를 우리 아이들에게 맞추자. 우리에게 맞는 홈스쿨을 개발해서 편한 마음으로 하자. 어렸을 때는 충분히 놀게 하고, 스스로 공부하고 싶어 하는 시점을 기다리자.'

아내는 내 제안을 기다렸다는듯이 받아들였다. 남편이 아이들의 교육에 관심이 있는 그 자체를 좋아했다. 자기의 짐이 나눠져서 가벼워졌다고 말했다.

엄마 말에 즉시 순종하는 아이들

홈스쿨을 시작한 지 일 년이 지나면서 아내는 안정을 찾았다. 그쯤 내가 아이들에게 한 가지 중요한 부분을 강조했다. 엄마가 어떤 말을 하든지 한 번에 순종하라고 했다. 혹 아빠의 말은 세 번에 들을지라도, 엄마의 말에는 '한 번에, 즉시로, 온전히, 기쁘게 순종해야 한다'고 강조했다. 특별한 변화가 없으면 장기간 홈스쿨을 계속하게 될 텐데, 그러기 위해선 교사로서 엄마의 권위가 세워져야 했다. 물론 아이들이 엄마를 존중하고 엄마도 아이들을 사랑하지만, 가정에서 엄마의 권위가 없어지면 교육이 되지 않는다. 엄마의 권위는 아빠가 세워줘야 한다. 아빠가 이것을 강조하자 아이들도 잘 따랐다.

시간이 지나면서 우리 아이들이 엄마 말을 한 번에 순종한다는 이야기를 여러 가정이 알게 되었다. 많은 엄마들이 이것을 따라하고 싶어 했다. 나는 함께 사역하는 간사의 아이들과 하루 정도 놀아주면서 왜 엄마 말을 한 번에 들어야 하는지를 설명했다. 아이들과 나는 검지 손가락 하나를 들고 서로 인사하는 수신호도 만들었다. 만나면 우리는 하이파이브 하듯 수신호를 교환하면서 엄마 말을 잘 듣고 있는지 대화했다. 헤어질 때는 엄지손가락을 들어서 '네가 최고'라면서 격려해 주었다.

6,7세에 불과한 아이들이지만 내 말을 이해했고, 엄마 말을 한 번에 듣겠다고 결심했다. 아이들은 즉각 변화되었다. 집에서 아이들이 말을 잘 듣는다는 이야기를 마치 간증처럼 전해 들었다. 여러 아이들을

교육시키면서 나만의 경험이 축적되고 방법이 개발되었다. 7,8명의 아이들을 그룹으로 교육하기도 했다. 아이들은 엄마 말 듣기 시합에 참여한 것처럼 열심히 엄마 말에 순종했다. 엄마 말을 한 번에 듣기로 결심했다고 전체 가족 앞에서 발표하는 아이도 있었다.

그런데 시간이 지나면서 내가 가르친 아이들이 예전 모습으로 돌아갔다는 이야기를 전해 들었다. '우리 집을 비롯해 계속 잘하고 있는 아이들이 있는데, 왜 어떤 가정에서는 교육 효과가 떨어지는 걸까?' 원인은 아빠였다. 엄마의 권위를 세우는 일에 우선권이 없는 아빠가 문제였다. 그런 자기 아빠를 보면서 아이들은 다시 엄마 말을 안 듣고 있었다.

남편이 아내의 권위를 지켜주어야 한다. 아빠가 세워주지 않으면 엄마의 권위는 약해진다. 아이들 앞에서 권위가 약한 엄마는 금방 지친다. 엄마요, 아내가 지치면 가족 모두에게 재앙이 된다. 부모는 자녀를 노엽게 하면 안 되지만, 자녀는 부모에게 순종해야 한다(엡 6:1-4). 이 절충점이 어디 있을까. 엄마의 권위를 지켜주는 아빠, 아내를 보호하는 남편을 보면서 아이들은 부모 말에 기쁘게 순종한다. 그러면 아이들도 화가 날 일이 없다.

여자를 바위틈에서 나오게 하려고 아가서의 남자가 노력하는 이유가 무엇인가. 바위틈 낭떠러지는 여자가 있을 곳이 아니기 때문이다. 포도나무에 꽃이 피어 향기를 토하는 곳, 무화과나무의 열매가 익고, 새들이 아름답게 노래하는 멋진 동산이 여자가 있을 곳이다. 그 좋은 곳을 두고 비좁고 위태로운 바위틈에 숨어 있으면 얼마나 마음이 아픈가. 그래서 나오라고 한다. 그런데도 아내들은 쉽게 바위틈으로 들어간다. 멋진 동산을 뒤로하고 낭떠러지 끝으로 숨어들게 하는 일이 여자 일생에 계속된다. 이 세상에 남자가 필요하다. 아내를 바위틈이 아닌 동산에서 웃게 할 남편이 필요하다.

우리 부부가 정기적으로 강의하는 교회에 갔다. 훈련학교를 진행하는 간사들은 우리를 알고 있었지만, 훈련 학생들은 나를 모르는 사람도 있었다. 초반부에 아내가 강의했기 때문에 강사인 아내는 이미 알고 있었다. 강사 소개를 맡은 분이 나를 소개했다.

"오늘 강의하실 분은 예수전도단에서 사역하는 홍장빈 목사님입니다."

나는 강단 앞에서 사람들의 반응을 보았다. 대부분은 반갑게 눈인사를 하고, 어떤 사람들은 기대하는 얼굴로 나를 쳐다보았지만, 몇 사람은 고개를 숙이고 노트를 보고 있었다. 강사 소개가 이어졌다.

"그리고 여러분이 좋아하는 박현숙 간사님의 남편이십니다."

그때였다. 고개를 숙이고 있던 사람들이 일제히 고개를 들었다.

"아! 그렇군요"라며 눈을 반짝이며 반가움을 표했다. 모두들 나를 환영했다. 나는 그 순간을 좋아한다. 나는 박현숙의 남편으로 소개받는 순간이 즐겁다. 아내는 남편의 작품이다.

남편이 허리를 심하게 다쳤다. 구급차에 실려 병원에 입원했다. 내 도움 없이는 고개도 들 수 없는 남편을 하루 종일 간호하다가 병실을 나섰다. 저녁 늦게 간신히 잠이 든 남편을 뒤로하고 나는 어린 세 아이가 온종일 기다리는 집을 향해 서둘렀다. 7번 버스 차창으로 어둠이 밀려왔다. 그 어둠이 유리창을 거울로 만들어 내 얼굴을 비췄다. 초췌하다. 며칠 동안 남편의 병간호로 지쳐버린 몸이 버스에서 흔들거리고 있었다. 내 마음도 흔들리는 것 같았다. 사거리 교차로에서 버스가 신호 대기를 하고 있는데, 유리창 너머로 어느 여인이 남편을 부축하며 횡단보도를 건너고 있었다. 두 사람은 겨우겨우 걸어가고 있었다. 나는 고개를 돌렸다.

탱자나무 울타리

결혼하기 전에 아버지는 내가 의지하는 든든한 보호자이셨다. 어린 시절 아버지는 타지에서 돈을 벌어 오셨다. 아버지가 집에 오신 날에는 옆방에서 혼자 자도 괜찮았는데 아버지가 떠나고 나면 나는 무서워서 잠을 못 잤다. 어느 날 아버지가 병원에 입원하셨을 때, 나는 갑자기 불안해졌다. 병실에 누워 계신 아버지는 나의 완벽한 보호자가 될 만큼 힘이 세지 않다는 사실을 알게 되었다.

결혼 후 남편을 나의 보호자로 알고 살아왔다. 그동안 남편은 내게 튼튼한 울타리였다. 내가 믿고 의지하고 안전하게 살 수 있도록 나를 둘러 진을 쳐주고 있었다. 그런 그가 밥 한 숟가락 스스로 떠먹을 수 없는 몸으로 누워 있다. 이제 내가 그의 울타리가 되어야 할지도 모른다는 생각에 서글펐다.

'이 시간이 끝나지 않으면 어떡하나.'

내 생각 속에 스멀대는 이런 불안을 외면하고 싶었다. 아버지가 아프셨을 때는 불안하기만 했었는데, 남편이 아프니 불안할 뿐만 아니라 서글퍼지기까지 했다.

버스에서 내려 집으로 가는데 어두운 골목이 오늘따라 낯설었다. 으슥한 곳에 숨어 있던 길고양이가 내 발소리를 듣고 재빠르게 도망치는 소리에 내가 더 소스라치게 놀랐다. 골목길이 끝날 때까지 두려움이 따라붙었다.

'남편이 일어서지 못하면 어떡하지? 더는 사역을 할 수 없게 되면 어떡하지? 그렇게 되면 우리 아이들은 또 어떻게 되는 걸까? 나는 무엇을 해야 할까?'

자고 있을 아이들이 깰까 봐 집에 도착해서 현관문을 조심스레 열었다. 엄마가 집에 오기를 기다렸는지 큰아이가 벌건 얼굴로 나를 맞이했다. 아빠의 안부를 물어보는 아들의 목소리가 이상해서 이마를 만져보았다. 열이 불덩이 같았다. 딸과 막내가 자고 있는 방에서도 잠결에 아이들이 아파서 신음하는 소리가 새어나왔다. 아이들 세 명이 한꺼번에 열감기를 앓고 있었다. 남편의 병간호에 신경을 쓰다보니 아이들이 이렇게 아픈 줄도 몰랐다. 나는 그 자리에 털썩 주저앉고 싶었다. 억지로 힘을 내서 안간힘을 쓰며 아이들을 안아주었다. 산더미 같은 집안일이 눈에 들어왔지만, 대충 치우고 지친 몸을 침대에 뉘었다. 그러나 지친 마음은 조금도 나아지지 않고, 피곤한 몸도 쉬어지지 않았다.

다음 날, 남편은 MRI를 다시 찍어야 한다고 했다. 아무리 어려운 일이 닥쳐도 늘 의연했던 남편이 이번에는 불안해하며 걱정했다.

'남편의 척추가 예상보다 더 크게 손상되었으면 어떡하나….'

염려가 떠나지 않았다. 남편이 검사기 속으로 들어갔다. 나는 검사가 진행되는 내내 쉬지 않고 기도했다.

첫 번째 검사를 받을 때 남편은 힘든 시간을 보냈다. 몸을 움직이지 못하고 작은 통 안에 꼼짝없이 있어야 하는 것이 허리 통증보다 더 어려웠다고 했다. 호흡 곤란까지 겹쳐서 몹시 힘들어했다. 그런데 또 한 번 MRI 검사를 받아야만 했다. 나는 이번에는 남편이 편안하게 숨을 쉬기를 기도하고, 주님의 손이 남편의 척추를 만지시길 간절히 기도했다. 예상보다 검사 시간이 길어졌다. 여러 생각이 왔다 갔다 하는 것을 내려놓고, 하나님만 의지하기로 했다. 내가 지금 할 수 있는 일은 하나님을 의지하는 것이라고 생각하는데, 오래전에 우리 부부의 첫 사역지를 지켜주던 탱자나무 울타리가 떠올랐다.

추운 겨울, 우리 집의 버팀목

1990년, 전라남도 화순에서 농가를 개조해 대학생제자훈련학교를 했다. 훈련을 진행할 건물이 필요해서 적당한 농가 주택을 찾았는데 집 앞에는 넓은 밭이 있었다. 건물 주인은 집과 밭을 함께 팔려고 해서 1,000평이 넘는 마당 같은 밭을 갖게 되었다. 밭을 둘러싼 나무들이 겹겹이 울타리를 치고 있었다. 가장 밖에는 탱자나무가 빈틈없이 서 있었다. 탱자나무 울타리 안쪽으로 또 한 겹의 울타리가 있었는데 감나무와 매화나무였다. 이른 봄부터 환한 매화가 울타리를 빙 둘러 피어났다가 푸른 열매를 맺었다. 그 매실을 따서 매실청을 담글 무렵 감꽃이 피고, 여름을 지나 가을이 되면 주황색 감이 빙 둘러 울타리를 쳤다.

나는 그 밭을 좋아했다. 큰아이가 걷기 시작하면서 우리 가족은 밭에서 자주 놀았다. 계절을 잊지 않고 꽃이 피고 열매가 열려서 나는 참 좋았다. 마치 매화나무와 감나무가 어울려 서로를 의지하며 함께 지내는 것 같았다. 우리 부부도 그렇게 서로 의지하며 살았다. 밭과 집을 둘러서서 시기적절하게 든든한 울타리가 되어준 나무들처럼 가정과 사역을 지키며 때에 맞게 역할을 나누며 아름답게 울타리를 쳤다.

그런데 매화도 감도 없는 추운 겨울이 있었다. 나무들이 모두 빈 가지를 움츠리고 바람 소리만 요란한 겨울이 되면 그 가지들 사이로 탱자나무가 보였다. 겨울에도 여전히 강해 보이는 탱자나무 줄기들이 빼곡하게 울타리를 이루고 있었다. 날이 추워지면 탱자나무 가시가 더 힘을 냈다. 나는 우리 방 창문으로 보이는 탱자나무 울타리를 보면서 마음이 편안해지곤 했다.

'아! 겨울에도 우리 집에는 울타리가 있구나.'

겨울이 되니 감나무도 매화나무도 우리 집도 모두 탱자나무를 의지하는 것 같았다. 봄, 여름, 가을에 잘 보이지 않던 탱자나무는 겨울이 되면 그 존재가 선명하게 드러났다. 그러나 사실 처음부터 탱자나무는 거기 있었다. 날씨가 추워지면 밭 주위에 무성했던 풀이 없어지고 울타리 앞으로 산책하기에 적당한 길이 만들어졌다. 나는 탱자나무 울타리를 따라 걸어다니면서 하나님의 보호를 묵상하고 의지했다.

나는 지금이야말로 탱자나무 울타리를 의지할 때라는 사실을 문득 깨달았다. 나는 남편의 검사가 끝나기를 기다리며 병원 복도에서 주님을 바라보았다. 우리가 그동안 서로를 의지하며 살았다고 한들 우리를 둘러싼 하나님의 보호가 없었다면 인생의 추운 겨울 같은 날들을 견디지 못했을 것이다. 우리 중 누구 하나가 넘어지면 다른 한 사람은 잘 견디어서 버팀목이 되었다.

그런데 지금은 둘 다 넘어지려 하고 있다. 나는 하나님의 울타리가 필요했다. 그분의 울타리는 추운 계절에 더 튼튼하고 강하다는 것을 기억했다. 지금이 바로 그 하나님의 울타리를 의지할 때임을 깨달으니 안심이 되었다.

남편의 생애 첫 마라톤 대회

남편은 무사히 검사를 마치고 나왔다. 정말로 부드러운 손이 자신을 덮는 것 같아서 마음이 평안했다면서 첫 번째 검사와 달리 숨이 막히지 않았다고 했다. 나는 하나님이 우리의 울타리가 되심이 분명하다고 확신했다. 나는 다시 힘을 내서 남편의 재활을 기쁘게 도왔다.

우리 교회의 집사님이신 담당의사 선생님은 남편에게 치료 방법을 생각할 시간을 주었다. 집에서 하루 동안 정상 생활을 해보고 병원에 다시 입원해서 수술 여부를 결정하기로 했다.

결국 남편은 수술 대신에 적극적인 재활 치료에만 몰두하기로 결심했다. 나는 걱정되었지만 남편을 지지하기로 했다. 퇴원 수속을 준비하는데 병실에서 다 읽었다면서 책 한 권을 내게 건네주었다. 입원하자마자 나에게 사달라고 부탁한 책이었다. 몸이 많이 아팠을 텐데 그 불안한 자세로 책을 읽었다니 참 대단하다고 생각하면서 남편이 책갈피로 표시한 페이지를 열어보았다. 중간에 굵은 줄이 쳐져 있었다.

'통증과 싸워라.'

나는 집에 돌아온 남편에게 밥을 떠먹여주고 남편의 머리를 감겨주었다. 양말을 신겨주고 손을 잡아 일으켜주었다. 남편이 한 발짝 걸을 때마다 박수를 쳐주었다. 공원에서 50미터를 걷다 넘어지면 손을 내밀어주었고, 하천 길을 걷다가 쓰러졌다면서 전화를 해서 등산용 지팡이를 가져다주었다. 새벽에 같이 일어나 수영장을 다녔고 동네 야산을 함께 올랐다. 재활하는 동안 남편은 주로 걸어다녔다. 서너 달을 그렇게 걷더니 마침내 천천히 달리기 시작했다. 나도 남편에게 힘을 주기 위해 함께 달렸다.

1킬로미터, 3킬로미터, 5킬로미터를 달리더니 몇 달 뒤에 남편은 10킬로미터를 거뜬하게 달렸다. 나는 중간에서 숨을 헐떡이며 기다렸다. 그는 어느새 마라토너가 되어 있었다. 내가 달릴 수 있는 한계는 5킬로미터였다. 나의 보호도 딱 거기까지였다. 남편은 이제 혼자서 한강을 따라 달리고 몽산포 해변을 따라 달렸다.

그렇게 세월이 흘렀다. 어느 날, 한강 변을 달리는 마라톤 대회 풀코스를 뛰고 오겠다고 남편이 집을 나섰다. 나는 잘 다녀오라고 배웅하고 뒤돌아서서 외출을 서둘렀다. 혼자 버스를 타고 전철로 갈아탄 뒤 한참을 걸어서 마라톤 대회장에 도착했다. 참가한 선수들이 벌써 들어오고 있었다. 가족들과 얼싸안고 감격을 나누는 모습이 보기 좋았다. 나도 남편을 기다렸다. 내가 와 있을 줄 꿈에도 몰랐다가 나를 보고 기뻐할 모습을 상상했다. 결승선에서 얼싸안고 기뻐할 생각에 남편을 기다리는 시간이 설레었다. 한 자리에 서서 오랫동안 남편이 달려오기를 기다렸다.

사람들은 하나둘 대회장을 떠나고 떠들썩하던 그곳에 점점 적막이 흘렀다. 간간이 몇 명의 선수가 숨을 헐떡이며 들어왔다. 한참 동안 또 조용했다. 나는 조금씩 불안해졌다. 그 불안을 떨쳐버리고 남편을 위해 기도했다.

'끝까지 달릴 수 있는 힘을 남편에게 주세요. 포기하지 않는 승리의 기쁨을 남편이 맛보게 해주세요.'

무엇보다 골인 지점에서 남편을 만날 수 있기를 간절히 바랐다. 대회가 끝났음을 알리는 전광판 안내를 보면서도 나는 결승선을 떠날 수 없었다.

한참 후에 저 멀리서 달려오는 한 사람이 보였다. 512번 번호표를 가슴에 달고 드디어 남편이 모습을 나타냈다. 그는 쉬지 않고 내가 서 있는 결승선을 향해 달려오고 있었다. 생애 첫 마라톤 대회에서 풀코스를 완주한 남편을 진심으로 환영했다. 많이 힘들었는지 남편은 숨을 헐떡이며 길가에 그대로 드러누웠다. 그는 처음부터 끝까지 걷지 않고 달렸다며 상기된 얼굴로 자랑스레 말했다. 나는 재활에 성공한 남편을 축하하면서 그 옆에 오랫동안 앉아 있었다. 한강 길가에 핀 예쁜 꽃들이 바람결에 춤을 추었다.

나는 남편이 아프고 재활하는 과정에서 남편을 위해 무엇을 해야 하는지 배웠다. 곧 우리 부부의 울타리가 되시는 하나님을 의지하는 일이었다. 그래야만 내가 지치지 않고 끝까지 함께 갈 수 있다. 남편은 그 이후에도 몇 번 건강의 위기가 왔다. 신장결석으로 고생한 경우도 있었고, 운동하면서 크고 작은 부상으로 힘든 시간을 겪기도 했다. 그때마다 나는 탱자나무 울타리를 기억했다.

이른 봄을 제일 먼저 알려주던 매화가 지고 주렁주렁 열렸던 매실마저 모두 떨어졌을 때에도, 가을 하늘을 수놓은 탐스럽던 감들이 감나무에서 전부 사라지고 우리가 살던 화순농가 주택에 마침내 겨울이 왔을 때도 탱자나무는 우리의 울타리가 되어주었다.

주는 나의 은신처이오니 환난에서 나를 보호하시고
구원의 노래로 나를 두르시리이다
시편 32편 7절 개역개정

주는 내 피난처이십니다.
주께서 나를 모든 고난에서 보호하시며
구원의 노래로 나를 감싸실 것입니다.
시편 32편 7절 우리말성경

두 사람이 만나서 결혼했기 때문에 갈등이 일어나는 것이다.

만약 결혼하지 않았다면 갈등을 느낄 필요가 전혀 없다.

chapter *6*

저
작
은
여
우
들
을 잡
아
요

"여보! 내가 많이 아프네."

"며칠 동안 무리하더니 몸살이 났구나."

"이렇게 아픈 적이 없었는데…. 여보! 어떡하지?"

"음…. 아! 맞다. 내가 아주 좋은 방법을 알고 있어."

"그래? 그게 뭔데?"

"예수님의 십자가를 묵상해봐."

결혼하고 처음으로 아내가 아팠다. 아프다고 말하는 아내에게 나는 예수님의 십자가를 묵상하면 고통을 이길 수 있다고 가르쳐주었다. 내 말을 듣고 있던 아내는 한동안 말이 없더니 눈물을 보였다.

"당신의 말을 듣고 예수님의 십자가가 싫어질까 봐 걱정이야."

아내는 울먹이며 엄마가 보고 싶다고 말했다.

결혼하기 전에 나는 혼자 살면서 아프면 꾹 참았다. 그때마다 예수님의 십자가를 묵상하면 큰 힘이 되었다. 병원에 가야 한다는 생각을 못했다. 반면, 처갓집의 분위기는 누가 아프면 서로 전화하고 약은 먹었는지 병원에는 갔다 왔는지 일일이 물어보고 지나치리만큼 걱

정해주고 또 힘껏 보살펴준다. 아내는 그런 다정다감한 환경에서 성
장했다.

"여보! 한 가지 물어봐도 되나?"

"뭐든지 물어봐."

"왜 그렇게 항상 서둘러서 나가요? 당신이 집을 나가고 나면, 태풍
이 지나간 것 같아. 내가 좀 힘드네…."

"뭐라고? 힘들다고? 멋있어 보이지 않아? 5분 안에 모든 준비를 신
속하게 갖춰서 나가는 내가 멋지지 않아?"

"멋있다고? 정말 그렇게 생각해? 정말로?"

"나는 멋있게 보이려고 그러는 건데…. 영화의 한 장면 같지 않았어?"

"…."

"5분 대기조가 출동하는 것 같지 않았어?"

"5분 대기조? 그게 뭔데?"

아내는 5분 대기조를 몰랐다. 나는 제대하고 곧바로 교제를 시작
하고 그해에 결혼까지 했다. 아직 군대 분위기가 남아 있었다. 나는
군대에서 5분 대기조 근무를 자주 했다. 비상이 걸리면 하는 일을 즉
시 멈추고 모든 복장을 갖추고 신속하게 출동했다. 나는 5분 대기조
근무를 좋아했다. 시간을 재며 우리 중대원은 서로 치열하게 경쟁했
다. 그때마다 나는 첩보영화 주인공을 상상하며 재빠르게 출동했다.
살아 있는 느낌이 들었다.

제대하고 섬에서 사역할 때도 막판에 집중해서 신속하게 끝내는 것

을 좋아했다. 그 습관이 결혼 후에도 이어졌다. 아내는 외출하기 전에 미리 시간을 가늠해서 여유 있게 준비한다. 그런 아내에게 열심히 5분 대기조 근무를 설명하는데, 조용히 듣고 있던 아내가 한마디 했다.

"그동안 '출동'을 했던 거구나."

우리는 성장 배경이 다르고 살면서 겪은 경험이 달랐다. 한 선교단체에서 신앙 훈련을 같이 받았기 때문에 비슷한 부분도 많았지만, 서로 다른 점도 분명히 있었다. 우리의 다름은 누구의 잘못이 아니다. 그저 살아온 삶의 환경과 개인과 남녀의 차이일 뿐이다. 그러나 이 차이를 무시하고 자신만 고집하면 가정에 어려움이 찾아온다. 서로의 다름을 인정하지 않는다면 그것이 곧 포도원을 허는 작은 여우가 된다.

작은 여우의 정체

아가서에는 작은 여우가 등장한다. 사자와 곰이 등장하는 성경구절도 있지만, 아가서 2장에는 작은 여우들이 나온다. 귀엽다고 예뻐하며 그냥 두면 안 되는 작은 여우다. 그 여우가 포도원을 허물기 위해 찾아왔기 때문이다.

우리 부부는 미국 콜로라도의 산을 산책하면서 여우 한 마리를 만났다. 온몸이 황금색 털로 덮인 예쁘고 귀여운 여우였다. 아내는 그 여우가 귀엽다면서 자꾸만 쳐다보더니 여우 옆으로 가까이 가려고 했다. 사실 그 여우는 무서워 보이지 않았고, 공격적으로 느껴지지도 않았다. 우리가 걸어가는 숲길을 얼마 동안 따라오다가 어느 순간 사라지고 없었다. 나는 바로 그 순간에 아가서의 작은 여우가 생각났다. 저런 작은 여우가 우리 가정을 해치려고 한다면 나는 어떻게 해야하나.

곰이나 사자가 나타나면 누구라도 무서워서 벌벌 떤다. 우리 가족은 콜로라도 산에 있는 YWAM 선교센터에서 살았기 때문에 곰을 자주 만났다. 곰을 만나면 머리끝에서 발끝까지 무서워진다. 곰이 다니는 길, 곰이 나타나는 시간을 피해서 생활했다. 어떤 가정은 방어용 무기를 준비하기도 했다. 선교센터에 도착한 첫날 우리 가족은 곰을 만나면 어떻게 해야 하는지 교육 받았다. 그러나 실제로 곰을 만나면, 그동안 교육받은 내용을 모두 잊어버리고 만다. 오금이 저려 똑바로 서기도 힘들다.

곰과 사자가 우리를 두렵게 만드는 것처럼 부부 관계와 가정 안에 큰 위기가 오면 충격을 받고 비틀거린다. 그러나 곰과 사자가 오기 전에 작은 여우가 먼저 온다. 우리가 방심하는 사이에 작은 여우가 슬쩍 가정의 주위를 돌아다닌다. 어떤 때는 너무 작아서 무시했고, 위협적이지 않아서 그냥 넘어간 경우도 있다. 작은 여우는 부부 사이의 사소한 차이를 비집고 들어온다. 모든 갈등은 그런 사소한 차이가 커지면서 시작된다. 나는 아가서를 읽을 때마다 새롭게 다짐한다.

'절대로 작은 여우를 그냥 두지 않는다. 그것을 방치하지 않는다.'

아가서 서약 다섯 번째 문장을 마음속으로 외치면서 다짐한다.

우리를 위해 여우들을 잡아요.

꽃이 만발한 우리 포도원을 망치려는 저 작은 여우들을 잡아요.

아가서 2장 15절 우리말성경

　

작은 여우란 구체적으로 무엇일까? 성경에서는 작은 여우가 포도원을 무너뜨리기 위해 왔다고 비유적으로 설명한다. 포도원은 우리 가정이다. 부부 사이의 갈등과 위기의 원인들이 작은 여우다. 무엇이 우리 가정을 무너뜨리고 부부 사이를 힘들게 하는가. 우리가 방치했던 사소한 일들, 시간이 지나면 저절로 해결되리라 기대했던 일들, 아직 서로에게 적응이 안 되었기 때문이라고 미루어두었던 일들, 그러나 점점 마음을 힘들게 하고, 서서히 갈등을 일으키는 여러 작은 일이 있다. 이것이 그냥 두면 안 되는 작은 여우다.

마음을 상하게 만드는 습관

우리 부부 사이에서도 작은 여우가 있었다. 서로 중요하게 여기는 부분이 달랐다. 서로를 기분 나쁘게 하는 요소가 달랐다. 그것을 모르고 소홀히 여기면 짜증이 나고 갈등이 생겼다. 하루는 아내의 말을 듣고 있는데 왠지 모를 짜증이 올라왔다.

"여보! 미안해. 당신 말을 듣고 있는데, 좀 짜증이 나네. 무언가 나를 기분 나쁘게 하는 게 있어."

"그게 뭔데?"

"잘 모르겠어."

"당신은 내가 조금만 심각하게 말하면 항상 그러더라."

"항상? 아! 맞다. 당신이 사용하는 그 단어, '항상'이라는 말이 나를 기분 나쁘게 해."

"무슨 말이 그래? '항상'이라고 했다고 기분이 나쁘다니. 당신이 잘못한 것은 사실이잖아?"

"물론 내가 잘못했어. 그런데 항상 그런 것은 아니지…. 안 그럴 때도 있잖아."

아내와 좀 심하게 다투었다. 내가 뒤늦게 서두르다가 일을 망친 날이었다. 나도 이 습관을 고치려고 노력하는데, 잘 안되었다. 아내는 그날따라 마음이 상했는지 평소와 다르게 나를 다그쳤다.

"당신은 항상 이렇게 늦게서야 서두르더라고요. 내가 그렇게 하지 말아달라고 부탁했는데, 그 말을 듣지 않고 항상 그러더라고요."

처음에는 내가 미안했는데, 아내 말을 계속 듣고 있자니 점점 짜증이 났다. 내 마음을 다스리려고 노력하는데도 별 효과가 없었다. 잘못된 습관을 고치려는 내 의지도 어느새 사라졌다.

무엇이 문제였는지 드디어 알았다. 내가 싫어하는 단어를 아내가 사용하고 있었다. '당신이 항상 그런다'는 말이었다. 나는 '항상'이라는 단어를 들으면, 수학적으로 계산이 된다. 나에게 항상은 '100퍼센트'라는 말이다. 그런데 나는 100퍼센트 잘못하는 것은 아니다. 서두르지 않을 때도 있고 미리 준비하는 일도 많다. 물론 서두르는 경우에 비하면 그 비율이 적은 것은 맞다. 그러나 항상은 아니다. 아내가 '항상 그런다'라고 하면 내가 노력했던 경우가 모두 물거품이 되는 느낌이었다. 아내에게 항상은 수학적 단어가 아닌, 그냥 쉽게 사용하는 관용어 같은 말이었다.

그날, 우리 부부는 언쟁이 심해졌다. 아내가 지친 표정을 하더니 마침내 또다시 내가 가장 싫어하는 말을 했다.

"당신이 처음에는 미안해하는 것 같더니 또 자기는 잘못한 게 없고, 내가 말을 잘못했다고 그러네. 당신은 항상 그러더라."

우리 스스로 해결할 수 없었다. 둘 다 기권했다. 각자 하나님 앞에 나갔다. 기도를 마치고 다시 만났는데, 아내의 표정이 묘했다.

"그래! 하나님이 뭐라고 말씀하셨어?"

내 물음에 대답을 주저했다.

"…."

"들은 그대로 말해봐."

"당신에게는 무엇을 말씀하셨는데? 당신이 먼저 이야기해봐요."

"아, 나에게 말씀하신 것은 '네 아내를 사랑하라' 이 말씀이야."

"그렇군! 나에게는 '항상'이라는 단어 때문에 당신과 갈등이 생긴다는 것을 깨닫게 해주셨어."

"내 말이 맞지? '항상'이라는 단어를 사용하지 말라니까."

"앞으로 '항상'이라는 단어는 신중하게 사용할게. 미안해요."

"아니, 내가 미안하지. 나도 급하게 서두르는 습관을 고쳐볼게."

아내는 그다음부터는 '항상'이라는 단어를 사용할 때는 신경을 썼다. 그리고 또 어떤 단어가 나를 기분 나쁘게 했는지 물어보았다. 며칠 동안 찾아보았다. 나도 모르는 사이에 내 마음을 상하게 만드는 단어들이 있었다. 목록을 만들어서 우리 대화에서 지웠다. 작은 여우 한 마리를 잡았다.

그 사건을 계기로 나는 단어에 민감하게 반응하는 사람인 것을 알게 되었다. 나에게는 단어의 사전적 의미가 중요했다. 오랜 시간 설교자로 살면서 정확한 어휘 선택을 위해 나는 많은 노력을 했다. 그런 태도가 일상적인 대화에서도 영향을 미쳤다. 아내가 아닌 다른 사람과의 대화에서도 마찬가지다. 누군가 내가 싫어하는 단어를 사용하면 전체 내용과 관계없이 내 마음이 먼저 반응하고 있었다. 그렇다고 그 단어를 가려서 사용해달라고 부탁할 수는 없었다. 내가 그런 사람인 것을 알게 된 것 자체가 도움이 되었다. 그렇지만 아내와 나와의 관계는 달랐다. 우리는 부부이고 평생을 함께 살아야 한다.

나에게 '항상'이라는 단어가 있다면, 아내에게는 무엇이 작은 여우일까? 혹시 내가 사용하는 어떤 단어가 아내를 기분 나쁘게 하는지 물어보았는데 아내는 전혀 없다고 했다. 나는 내용보다는 사용하는 단어에 반응하는 사람이었는데, 아내는 달랐다.

대신 내가 조금만 큰 소리로 말하면 아내는 힘들어했다. 어떤 내용이라도 목소리가 커지면 아내는 일단 머리가 아프다고 말했다. 나는 오랫동안 대학생과 청년들에게 회중 설교를 했다. 그러다보니 큰소리로 말하고, 정확하게 표현하며, 말을 끊어서 강조하게 되었다. 또 표정과 행동으로 설교 내용을 전달하려고 노력했다.

그렇다고 일상적인 대화조차 설교하듯 하지는 않았다. 오히려 더 의식하고 신경을 썼는데도 아내와 말할 때는 나도 모르게 목소리가 커지고 얼굴 근육에 힘이 들어갔던 모양이다. 내 주장을 강조하거나 아내를 설득해야 하는 경우에는 더 심해지나보다. 내가 하는 소리가 아내의 귀에 어느 정도 큰 소리로 들리는지 또 내 표정이 어떤지 나는 몰랐다. 아내가 '항상'이라는 단어를 버렸을 때, 나는 무엇을 버릴지 찾았다. 목소리는 낮추고 표정은 부드럽게 하기로 했다. 아내에게 어슬렁거리던 작은 여우를 드디어 잡았다.

잠버릇이 달라서

부부는 서로에게 관심을 갖고 살펴보아야 한다. 무엇이 서로의 마음을 불편하게 하고 짜증나게 하며 화를 내게 만드는지 알아야 한다. 그래야만 갈등이 증폭되는 것을 막을 수 있다. 하나님이 모든 사람을 다르게 창조하셨기 때문에 우리가 다른 것은 정상이다. 서로 다른 것을 존중하고 이해하며 맞춰가려고 노력하는 것은 하나님의 창조를 존중하고 찬양하는 일이다. 물론 서로 다른 점이 갈등만 일으키는 것은 아니다. 우리 부부는 잠버릇이 달랐다.

나는 자면서 꿈을 꿀 때, 그 꿈을 실제 몸으로 표출한다. 몽유병 수준은 아니지만 얌전히 잠만 자는 것은 아니다. 축구하는 꿈이면 발로

찬다. 권투하는 꿈이면 손으로 친다. 혼자 살 때는 손으로 벽을 치고 발로 이불을 찼는데, 결혼하니 옆에 아내가 있었다.

결혼 1년차였던 어느 날, 축구하는 꿈을 꾸다가 분명히 공을 찼는데 아내가 침대에서 떨어졌다. 아내는 많이 놀랐을 텐데 오히려 내 걱정을 했다. "여보! 무슨 일이에요. 당신 괜찮아?"

이 습관이 쉽게 고쳐지지 않았다. 그날도 분명 공을 찼는데, 또 아내가 침대에서 떨어졌다. 그 순간 아내는 벌떡 일어나더니 내 뺨을 힘껏 때리면서 말했다. "여보! 왜 이래? 깜짝 놀랐잖아. 마음 편하게 잘 수가 없네." 이때는 결혼 17년차였다.

아내는 얌전히 잠을 잔다. 이불을 꼭 덮고 잔다. 문제는 가끔 이불을 독차지한다. 어느 날 나는 지독한 악몽에 시달렸다. 군대에 다시 가는 꿈이었다. 꿈속에서 누군가 나에게 말했다. "너는 제대한 것이 아니고 휴가중이야." 빨리 자대로 복귀하라는 말에 나는 소리를 지르며 잠에서 깼다. "나는 제대했어."

일어나보니 식은땀이 났다. 주위를 살펴보니 이불이 없었다. 아내가 이불을 끌어다가 혼자 덮고 있고, 나는 이불도 덮지 못하고 침대 끝에 걸쳐져 있었다. 내 소리에 잠을 깬 아내가 미안해했다. 아내는 노력하는데도 이불은 계속 가져갔다. 가끔 좋지 않은 꿈을 꾸고 깜짝 놀라서 깨어보면, 영락없이 아내 혼자 이불을 덮고 있었다. 우리의 잠버릇이 쉽게 고쳐지지 않았지만, 크게 문제가 되지는 않았다. 그건 잠잘 때였으니까.

다만 깨어 있을 때만큼은 서로 노력하기로 했다. 의식이 깨어 있으면 노력해서 고칠 수 있으니까. 서로 사랑한다면 서로에게 맞추어서 고쳐나가야 한다. 부부가 서로 맞추어가려고 노력하면 작은 여우가 설 자리가 점점 없어진다. 우리 부부에게 개인 성향과 기질의 차이도 있고, 경험과 환경의 차이도 있으며, 집안과 지역간 문화 차이도 있었다. 그러나 함께 사는 날이 점점 많아지면서 경험을 공유하는 일도 많아졌다. 이제 나는 아내가 아플 때 "십자가를 묵상하라"는 말 대신 "당신 어디가 아프냐"고 먼저 관심을 표할 줄도 안다. 집안 차이, 지역 차이도 이해하며 서로를 넓히는 계기로 삼았다. 그러나 가장 큰 차이가 있었다. 우리는 남자와 여자였다.

남녀의 차이를 알라

내가 아내를 아내로만 보는 순간, 문제가 나타난다. 아내가 나를 남편으로만 보는 순간 역시 문제가 생긴다. 아내는 아내 이전에 여자다. 나도 물론 남편 이전에 남자다. 우리 부부는 아주 장시간에 걸쳐서 이 차이를 찾아냈다. 남녀의 차이에 관하여 잘 정리한 책이 많지만, 우리 부부만의 차이점을 알고 싶었다. 갈등의 대부분은 남녀의 차이를 모르거나 무시하거나 배려하지 않았기 때문이었다. 우리 부부가 가장 많이 한 대화는 남자와 여자의 차이가 우리에게 어떻게 작용하느냐는 것이었다.

대학생들에게 설교를 하고 집으로 돌아가는 길이었다. 아내는 조수석에 앉아서 무엇인가 골똘하게 생각하고 있었다. 점점 집에 가까워지는데, 차츰 짜증이 났다. 참지 못하고 내가 한 마디 했다.

"성경을 읽어보면, 피리를 불어도 춤을 추지 않는 사람들이 있어."

"예수님이 말씀하신 내용이잖아. 그런데 왜 그말을 하나?"

"당신이 그런 사람 같아."

"뭐라고? 아니, 그건 또 무슨 소리야? 갑자기 기분 나빠지네."

"아니, 그런 것 같다고."

"무슨 말이 그래? 내가 언제 그랬어?"

"…."

"아니, 말 좀 해봐. 내가 언제 그랬다는 거야."

"…."

"혹시, 당신! 내가 오늘 설교를 잘했다고 말해주지 않아서 삐친 거야? 그런 거야? 정말?"

"…."

"아! 당신 너무하네. 내가 지금 그걸 생각하고 있었다고. '오늘은 또 뭐라고 칭찬을 해주나?' 그 생각을 하고 있었다고! 그런데 정말….""

"…."

나는 할 말이 없었다. 내가 설교를 열심히 했고 학생들도 좋아했는데, 도대체 아내가 설교를 잘했다는 이야기를 하지 않았다. 나도 몰랐는데, 점점 짜증이 나는 원인이 아내의 칭찬이 없어서였다. 그건 분명했다. 그런데 노골적으로 아내에게 칭찬해달라는 요구를 하고 싶지는 않았다. 알아서 칭찬해주길 기다리고 있는데, 아내는 무엇인가 생각만 하고 있었다. 교차로 몇 개만 지나면 집에 도착하는데, 아내는 아무 말 없이 그냥 집으로 들어갈 것 같았다. 집에 들어가면 아내가 바빠질 게 뻔했다. 아이들을 챙겨주고 잠자리를 정리하고 씻고 잠을 자겠지. "당신이 잘했다"는 그 간단한 말을 해주면 좋을 텐데, 오늘도 그냥 지나가는구나 생각하니 화가 났다. 그래서 피리를 불어도 춤을 추지 않는다는 성경구절에 빗대어 아내를 비꼬았다.

"당신! 정말 너무하네. 아무리 생각해도 화가 나네. 내가 당신이 설교를 잘했다는 말을 해주려고 생각 중이었는데…. 그래도 그렇지, 이제는 성경구절로 나를 공격하다니, 어떻게 그럴 수 있어?"

아내는 너무 억울한지 말을 쏟아내고 한참 동안 침묵했다. 그렇게 우리는 집에 도착했다.

쉽게 잠들지 못하고 뒤척이던 아내가 벌떡 일어나 나를 흔들었다.

"당신! 좋아! 설교 잘했어. 학생들도 좋아하더고만…. 발음도 좋았고, 내용도 좋았고, 깊이가 있었어. 나도 은혜를 받았다고. 그런데 항상 그 말이 듣고 싶은 거야? 아니, 지난번에 잘했다고 말했잖아. 또 듣고 싶은 거야? 그럼 설교할 때마다 설교 잘했다고 말해줘야 하나? 당신이 어린아이야? 왜 그러는지 진짜 궁금하네. 당신만 그런 건가 아니면 모든 남자들이 다 그러는 건가?"

"…."

나는 할 말이 없었다. 생각만 계속했다. 일반적 현상인지 나만의 문제인지 나도 알고 싶었다. '흔히 말하는 유년기의 결핍에서 비롯된 걸까?' 그런데 나는 유년기에는 별로 결핍이 없었다. '부모님께 인정받지 못했었나?' 그것도 아니다. 아무리 생각해도 우리 부모님은 좋은 분이셨다. 아버지가 일찍 돌아가셔서 우리 가족이 힘든 시간을 보내고 내가 집을 나와서 혼자 생활하는 시간도 많았지만, 부모님은 나를 많이 인정해주시고 자랑스러워하셨다.

　내가 잘했다는 말을 아내에게 듣고 싶은 것은 마치 본능 같았다. 우리 부부는 이 문제를 가지고 각자 하나님께 물어보기로 하고, 다음 날 아침에 이야기하자고 했다.

"여보! 기도하고 하나님의 말씀을 들었어?"

"응, 기도했는데….

"그런데?"

"하나님이 이상한 말씀을 하시네."

"무슨 말씀?"

"하나님도 그런 말을 듣고 싶다고…. 하나님도 그분이 하신 일에 대한 칭찬을 듣고 싶다고 말씀하시네. 사람이 하나님을 칭찬해야 하나? 칭찬할 수 있나?"

"글쎄…. 감사하다는 표현을 말하는 것 아닌가? 찬양한다는 것도 비슷한 의미 같아. 그런데 우리 문제는 어떻게 들었는데?"

"그러니까, 하나님이 나에게 말씀하신 것은 '나도 그런 칭찬을 듣고 싶으니까, 네 남편을 칭찬해라' 그 말씀이라니. 당신이 문제가 아니라 남자는 그런 말을 들어야 한다는 뜻인 것 같아."

"…."

"왜 그래? 우는 거야?"

"…."

내가 설교하고 나서 칭찬을 듣고 싶어 하는 것은 정상이었다. 결핍이 있어서 그것을 채우려는 것이 아니라 당연한 일이라고 하나님이 인정해주셨다. 나는 내 문제가 아니라는 것을 확인하고 안도의 한숨을 내쉬었다. 그날 이후에 우리는 본격적으로 연구를 시작했다.

'왜 나는 무슨 일을 하고 나서 그렇게도 칭찬받기를 원하는가? 오른손이 한 일을 왼손이 모르게 해야 하는데, 나는 아내에게만큼은 인정을 받고 싶어 한다. 나만 그러는가, 모든 남자가 그러는가? 남자가 인정을 받고 싶어 한다면 여자는 무엇이 필요할까?'

칭찬하는 법

목회자 모임에서 강의하는 날이었다. 30여 명의 목사님과 사모님이 모였다. 각자 자기 아내에게 무슨 말이 가장 듣고 싶은지 남편들에게 물었다. 모든 목사님의 대답이 똑같았다.

"설교 잘했다는 이야기를 아내에게 듣고 싶어요."

나는 아내들에게 질문했다.

"설교를 잘했다는 말을 왜 안 해주나요?"

"남편이 교만해질 것 같아서요."

가장 많은 대답이었다. 어떤 분은 '남편이 다음 설교 준비를 소홀히 하고 나태해질까 봐 걱정이 되어서 칭찬하지 않는다'고 했다. 나는 여러 남자 목사님들의 반응을 참고하면서 사모님들에게 말했다.

"남편에 대한 칭찬은 교만하게 하지 않고, 나태하게 만들지 않습니다. 오히려 더 열심히 설교하는 계기가 되니 이제부터 남편들이 설교한 후에는 꼭 잘했다고 말하십시오."

그때 뒷쪽에 앉은 한 사모님이 큰 목소리로 말했다.

"설교를 잘해야 잘했다고 말하지요."

그분의 말로 인해 술렁이는 강의실 분위기가 가라앉기를 기다렸다. 그리고 나는 이 문제를 다루었다. 설교를 잘해야 잘했다고 말하는 것은 얼핏 생각하면 맞는 말 같다. 설교를 잘 못할 수도 있으니까 공정한 평가라고 할 수 있다. 나는 상황별로 분석하며 설명해주었다.

예를 들어 설교의 내용은 좋지만 전달력이 떨어지는 남편 목사가 있다고 가정해보자. 회중과 눈을 못 맞추고, 목소리의 높낮이를 조절하지 못해서 전달력이 떨어지는데 설교 내용은 아주 좋다. 그런데도 그 목사님은 아내로부터 격려를 받고 싶어 하고, 잘했다는 인정을 필요로 한다. 이런 경우에 어떻게 할까?

대부분 사람들은 이런 경우에 두 가지로 표현을 달리한다. "당신의 설교는 내용이 좋아요. 전달력만 보충하면 정말 좋은 설교자가 될 겁니다. 힘을 내세요"라고 말하거나 "당신은 전달력이 좀 떨어지지만 내용은 좋아요. 걱정하지 마세요. 잘하고 있어요"라고 말한다. 좋은 점을 먼저 말하고 나쁜 점은 뒤에 언급하는 경우가 있다. 전달력만 보충하면 잘될 거라는 조언이다. 다음은 나쁜 점을 먼저 말하고 좋은 점을 뒤에 언급하면서 일종의 격려를 하는 경우다.

그런데 두 가지 모두 심각한 문제가 있다. 이런 말을 들은 목사에게는 '설교 내용이 좋아요'라는 말이 아니라 '당신은 전달력이 떨어져요'라는 말만 뇌리에 남는다. 사모인 아내들은 목사인 남편을 돕고 싶어서 그렇게 말한다. 그러나 아내들의 바람과 달리 전달력이 떨어진다는 말만 남편이 기억하게 된다면 이는 절대로 남편을 돕는 말이 아니다. 개인의 차이가 있겠지만, 내가 아는 대부분의 남자들이 같은 반응을 보였다.

우리는 한 가지 결정을 해야 한다. 이제부터는 좋은 말만 하기로! 설교의 내용은 좋은데 전달력이 부족한 사람에게는 '당신의 설교는 내용이 좋아요'라는 말로 끝내야 한다. 다른 말은 하지 말자. 다른 부분은 하나님께서 도우시도록 기도만 하자. 그날 강의를 들은 남편 목사님들이 안도감과 자유함을 누리는 모습에 사모님들도 결심을 했다. 격려는 장점만 말하는 것으로 끝내기로!

"설교를 잘해야 잘했다고 하지요?"라고 말한 분에게 이제부터는 그중에서 잘한 부분을 찾아보자고 건의했다. 내용이 좋거나, 전달력이 좋거나, 기도하면서 준비를 열심히 했거나, 성도를 사랑하는 마음으로 설교한다거나 분명히 잘한 것은 있다. 그 잘한 것만 남편에게 말하기로 했다. 강의가 끝나자 한 분이 나를 찾아왔다. "이제까지 들은 강의 중에서 가장 좋았다"면서 나를 격려해주셨다. 좋았다는 말만 하셨다.

남편이 살면 가정이 산다
남자들은 자기가 한 일을 인정받고 싶어 한다. 설령 못한 일이 있어도 그중에서 잘한 일을 잘했다고 말해주기를 바란다. 그런데 아내들은 왜 그렇게 말해주지 않는가?

아내들에게 균형론이라는 함정이 있다. 남편의 균형을 잡아주려고 한다. 부족한 부분을 지적해줌으로써 더 잘하는 사람이 되기를 진심으로 원한다. 부족한 부분을 말해주는 동기가 사랑이기 때문에 열심히 지적하는 아내도 있다. 균형론은 세상에서는 좋은 이론일지라도 진리는 아니다. 균형이 잘 잡힌 사람이 훌륭한 일을 하는 것은 아니다. 특히 하나님나라에서는 더욱 그렇다. 예수님의 제자들은 과격한 삶을 살았다. 그들에게 단점과 약점이 있었지만, 균형을 잡으려는 시도보다는 자신의 장점과 강점을 극대화해서 하나님이 주신 소명을 이뤘다.

단점과 약점은 어차피 잘 안되는 부분이다. 노력해도 잘 해결이 안되기 때문에 약점으로 남아 있는 것이다. 장점과 강점은 그동안 잘하고 있었기 때문에 조금만 집중하면 돌파가 일어난다. 그래서 남자들은 자기들이 잘한 일을 인정받아야 한다. 그것이 남자인 남편을 살리는 길이다. 이것은 모든 남자가 동일하다.

장점과 강점을 발전시켜서 약점과 단점을 극복해야 한다. 약점이 없는 사람은 없다. 모든 것을 잘하는 사람이 어디 있겠는가? 자신의 약점은 누구보다도 본인이 가장 잘 안다. 자기의 단점에 대해서는 세상에서도 많이 지적을 받고 또 스스로도 자책을 수없이 했을 것이다. 사랑하는 아내에게서까지 약점을 지적받고 보충을 요구받는다면, 남자인 남편은 더 이상 피할 곳이 없다.

남자들은 자신이 한 일을 인정받아야 한다. 이것을 내 아내도 머리로는 알고 있었지만, 하나님께 기도하고 그분의 음성을 들은 이후에 태도가 바뀌었다. 내가 설교하고 나면, 주저하지 않고 잘했다고 말한다. 설교와 관련된 부분에서 내가 잘한 것을 열심히 찾는다. 어느 교회에서 설교를 했다. 예배가 끝나서 전화기를 켰는데, 그 순간 문자가 들어왔다. 예배당 뒤에서 내 설교를 들은 아내가 예배가 끝나자마자 문자를 보냈다.

"당신의 오늘 설교! 최고야! 짱짱짱!!!"

설교뿐만이 아니라 아주 많은 부분에서 아내는 내가 잘한 것을 말해준다. 아내의 한 마디가 나를 살려준다. 내가 한 일을 아내에게 인정받으면 나는 자신감이 솟고 기분이 무척 좋다. 내가 한 일 중에서 잘했다는 말을 하기 위해 아내는 내가 한 일에 관심을 갖고 칭찬거리를 찾는다. 그럴 때마다 아내가 나를 사랑한다고 느낀다. 작은 여우가 들어올 틈이 봉쇄된다.

남자들은 모이면 군대 이야기를 많이 한다. 이유가 있다. 자기가 고생하며 힘들게 마친 일이기 때문이다. 힘들게 한 일을 인정받으려는 욕구는 지극히 정상적이고 당연한 일이다. 누구든지 자기를 인정해주는 사람에게 마음이 갈 수밖에 없다. 아내가 나를 격려하며 인정해주는 말을 할 때면 나도 내 아내에게 더 끌린다.

어느 교회에서 '좋은 가정 세미나'를 진행했다. 프로그램 중간에 자기 남편을 칭찬하고 인정해주는 시간이 있었다. 일주일 동안 남편의 지난 삶에서 잘한 점을 찾고 그것을 말로 표현하자는 숙제를 냈었다. 가장 나이가 많은 권사님과 장로님 부부가 먼저 숙제한 내용을 발표했다. 권사님이 일주일 동안 기도하면서 찾은 내용이라면서 남편을 향해 칭찬의 말을 했다.

"당신이 그때 회사를 그만두지 않고, 잘 견디신 것! 정말 잘했어요. 우리 가정을 위한 선택이었다고 알고 있어요. 이제야 당신한테 고맙다고, 감사하다고 말하네요. 정말 그때 참 잘하셨어요."

그 말을 듣는 장로님의 표정을 나는 지금도 생생하게 기억한다. 아내에게 인정받았다는 사실 하나로 벅찬 감격과 기쁨에 젖어 얼굴에서 모든 시름이 완전히 사라지는 것을 봤다. 권사님이 말한 내용을 어림짐작해보니, 대략 15년은 다 된 이야기 같았다. 치열한 삶의 현장에서 속이 타들어가면서 남편은 어떤 일을 어렵게 결정했을 것이다. 자존심을 내려놓고 가족을 위해 힘든 결정을 한 것이다. 만약 마음이 요동치던 그날 아침에 아내에게 이 같은 말을 들었다면 얼마나 더 힘이 되었겠는가. 그래도 늦게나마 이 말을 듣게 되었으니 얼마나 격려가 되겠는가.

아내에게 잘했다는 인정을 받은 장로님은 급기야 울먹이셨다. 전 교인들도 숙연해졌다. 나는 부부들이 서로서로 숙제 내용을 실천하도록 시간을 주었다. 더 강의를 진행할 필요가 없을 만큼 놀라운 회복이 임하는 시간이었다. 아내의 인정하는 말 한 마디에 남편은 살아난다. 남편이 살아나면 가정이 살아난다.

여자에게 필요한 것, 두 가지

남자들에게 자기가 한 일을 인정받는 일이 중요하다면 여자에게는 무엇이 중요할까? 아내가 가장 원하는 것은 '공감과 안정감'이었다. 그런데 나는 공감하는 게 어려웠다. 머리로는 알겠는데, 시의적절하게 공감해주는 것이 쉽지 않았다. 결혼 초, 아내가 힘들다고 말할 때에 공감해주는 것을 배우기가 가장 힘들었다.

"여보! 당신은 공감이라는 말을 많이 사용하는데, 그게 참 안 되네."

"아니, 공감이 뭐가 어려워? 그냥 내 말에 공감해주면 되잖아."

"그러니까 그 뭐랄까, 내가 할 일을 하지 않는 듯한 느낌이랄까."

"무슨 할 일?"

"뭔가 당신이 힘들 때 해결해줘야 하지 않나?"

"아! 물론 당신이 해결해주면 좋지. 그런데 해결은 다음 일이고, 우선 내 마음을 편하게 해주면 좋겠어."

"그걸 잊어버린다니까."

"당신이 잘했다고 말해주는 것을 내가 잊어버리는 것처럼?"

남편이 잘한 일을 잘했다고 인정하는 것과 아내가 힘들다고 할 때 '당신이 힘들구나' 하고 그냥 공감해주는 것 중 무엇이 더 어려울까? 연습하지 않으면 둘 다 쉽지 않다. 서로의 감정을 지켜주기 위해 노력하면 어렵지 않다. 말 한 마디가 우리를 지켜준다.

아내가 아프다고 말할 때에 더 이상 십자가 이야기를 하지 않고, 얼마나 아픈지 걱정해주면서 서서히 공감하는 법을 배워갔다.

공감하는 일이 조금씩 익숙해질 무렵 아내는 공감과 함께 안정감도 원했다. 그런데 구체적으로 내가 어떻게 할 때 자신이 안정감을 누리게 되는지 아내도 잘 몰랐다. 불안한 바위틈에서 나오는 것이 중요하지만, 불안감이 없어졌다고 해서 무조건 안정감을 갖는 것은 아니다. 우리 부부는 늘 대화하면서 그동안 언제 아내가 안정감을 갖는지 찾아보았다. 대부분 미래와 관련이 있었다.

'앞으로 우리는 어디에서 살게 될까? 우리 아이들은 어떻게 될 것인가? 우리 부부의 노년은 건강할 것인가?'

내가 선교지역을 방문하는 동안에 찬거리를 사는 방법까지도 아내에게는 걱정거리였다. 아내의 염려는 미래와 관련된 내용이 많았다. 남자가 과거에 자기가 한 일을 인정받고 싶어 하는 것처럼 여자들은 미래에 자기가 할 일에 관하여 안정감을 누리고 싶어 한다.

부부 관계에 관한 책을 읽었는데, 인상적인 내용이 있었다. 남편이 용기를 내서 아내에게 사랑한다고 말했는데, 아내가 대답하기를 "그럼 전구를 갈아주세요"라고 말하는 장면이었다. 그 장면을 읽는데 많은 문장이 떠올랐다.

'그랬구나. 그래서 아내가 그런 말을 했구나.'

여자들이 사랑받는다고 느끼는 부분이 다르다는 것을 알았다.

"여보! 사랑해"라는 말에 "그럼 베란다를 청소해주세요. 세탁물을 꺼내주세요"라고 말하는 부부가 많다는 것이다. 남편은 아내가 잘했다고 말을 해줄 때 사랑을 확인받는다. 반면에 아내들은 남편이 실제로 어떤 일을 해줄 때 사랑받는다고 생각한다. 아내와 남편이 사랑을 확인하는 길이 다르다면 부부는 서로 상대에게 맞춰서 사랑을 표현해야 한다. '인정해주는 말 한 마디'와 '집안일을 도와주는 것' 중에서 무엇이 더 힘들까? 둘 다 어려울 수도 있지만, 사랑의 힘으로 실천해야 한다. 작은 여우를 생각해서 힘을 내야 한다.

하루 15분의 매직타임

우리 부부는 예수전도단 간사로 둘 다 열심히 사역했다. 두 사람 모두 사역의 리더로 맡은 일을 하면서 여러 모임에서 강의했다. 사역 일정이 비슷하다보니, 바쁜 기간이 겹쳤다. 자녀양육과 홈스쿨과 집안일을 아내에게만 맡겨놓을 수는 없었다. 아내 혼자서는 벅찬 일이었다. 그렇다고 내가 아내를 도와줄 만한 시간을 내기도 쉽지 않았다. 또 내가 아내를 도와준다는 것도 맞는 말이 아니었다. 집 밖의 일은 내가 하고, 집안일은 아내가 하는 구조가 아니었다. 둘 다 집 밖에서 일을 했기 때문에 집안일도 함께해야 했다. 그러나 나에게 늘 시간이 부족했다. 체력은 남겨서 집에 돌아와도 시간이 부족하면 집안일을 하기 힘들었다. 괜히 손을 댔다가 감당을 못하고 일만 벌여놓으면 안 되었다. 아내에게 안정감을 주기 위해서 집안일을 나눠서 해야 하는데, 방법을 찾기 위해 고민했다.

나는 '매직타임 15분'을 갖기 시작했다. 이는 아내를 사랑하고 가정을 보호하기 위해 내가 만들어 실천하는 시간이다. 집에 들어오면 15분 정도를 구석구석 돌아보며 내가 할 일을 찾는다. 재활용품, 음식물 쓰레기, 종량제 쓰레기를 정리해서 현관 밖에 내어놓는데 15분

정도가 걸린다. 그것을 다음 날 집을 나가면서 버린다. 욕실과 베란다를 돌아보고, 아이들 일도 물어보고 거실에 나와 있는 눈에 띄는 물건을 정리한다. 15분이면 충분하다. 간단한 일은 그 순간에 하고, 시간이 많이 필요한 일은 언제 할지를 아내에게 이야기한다. 집안을 돌아보는 15분은 내가 가장인 것을 확인하는 소중한 시간이다. 포도원의 울타리를 지키는 시간이다.

아내를 위한 선물들

"여보! 내가 무엇을 사왔는지 알아?"

"이번 일정이 바빴을 텐데 언제 쇼핑을 했어?"

"이걸 사용하면 병을 쉽게 열 수 있어. 내가 없을 때도 매실 병이나 스파게티 소스를 열 수 있고, 잼 병도 쉽게 열 수 있어."

"정말? 어떻게 알았어? 당신이 없을 때 병뚜껑 여는 게 힘들다는 걸 말이야."

"내가 자주 집을 비우고, 요즘은 큰아들도 없으니 당신이 병뚜껑을 열 때 힘들 게 뻔하지."

미국에 있는 어느 도시에서 강의하고 잠깐 마트에 갔다. 대형 마트에 항목별로 판매대가 분류되어 있었다. 물건의 종류대로 분류한 판매대도 있었지만, 사람별로 구분해서 필요한 물건을 모아놓은 판매대도 있었다. 노인을 위한 코너, 청소년을 위한 물건들, 젊은 남자를 위한 제품도 있었다. 한쪽 벽면에 싱글맘을 위한 판매 코너가 있었다. 유난히 눈에 띄는 물건이 있었다. 손목이 약한 여자가 각종 병의 뚜껑을 쉽게 열 수 있는 제품이었다. 금속 렌치의 원리를 이용한 고무 밴드 제품으로 누구든지 힘을 들이지 않고 병뚜껑을 열 수 있는 제품이었다.

아내에게 꼭 필요하다는 생각이 들었다. 내가 자주 집에 없고, 요즘은 큰아들도 집에 없어서 아내가 직접 병을 열어야 하는 일이 많을 텐데 손목이 약해서 힘들어할 게 뻔했다. 아내 앞에서 사용법을 시범 보였다. 아내도 몇 번 연습하더니 쉽게 익숙해졌다.

"당신이 집에 없을 때 제일 힘든 일 중 하나가 해결되었으니 참 다행이네. 정말 고마워요."

아내가 무척 좋아했다. 15년이 넘은 지금도 아내는 그 도구를 싱크대 서랍에 잘 보관하고 있다. 그것을 볼 때마다 남편의 사랑이 보인다고 말하며 오늘 아침에도 서랍을 열다가 내게 또 고맙다고 말했다. 작은 물건 하나가 작은 여우가 오는 것을 막고 있었다.

아내는 담배 냄새를 무척 힘들어한다. 그런데 우리 집 욕실에서 담배 냄새가 났다. 유난히 냄새에 민감한 아내는 화장실 환풍구를 통해 들어오는 담배 냄새를 아침마다 맡아야 하니 참 고역이었다. 아파트 관리실에 얘기해봤지만 별 소용이 없었다. 다른 집을 배려해서 화장실에서 금연을 자제해달라는 안내 방송만 몇 번 해주었다. 담배 냄새가 힘들다고 이사를 갈 수도 없었다. 아침에만 나던 담배 냄새가 어느 날부터는 시도 때도 없이 스며나왔다. 아내의 고충이 더 심해지는데 나는 손만 놓고 있을 수 없었다.

담배를 피우는 집이 아래층인지 위층인지 알아보았다. 아무래도 아래층에 사는 아저씨 같았다. 가끔 마주칠 때 인사하다 보면 요즘 하는 일이 잘 안되는지 표정과 분위기가 부쩍 좋지 않았다. '얼마나 힘들면 담배를 저렇게 많이 필까' 생각하니 괜히 아저씨가 걱정이 되었다. 금연을 부탁한다는 말이 쉽게 나오지 않아서 대신 그분을 위해서 기도를 시작했다. 그분이 하는 일이 잘되어서 담배를 그만 피워도 되기를! 동시에 이 문제를 내가 해결할 수 있는 방법을 찾게 해달라고 기도했다.

기도하다가 갑자기 떠오른 생각이 있어서 인터넷에서 본격적으로 알아보았다. 화장실에 있는 환풍기를 바꾸고 전동 댐퍼라는 부품을 설치하면 공기의 흐름을 조절할 수 있었다. 몇 종류의 부품을 주문하고 화장실 천장을 열어서 미리 구조를 알아보고 설치 연습도 했다. 사역 일정을 조정해서 이틀을 비워놓았다. 드디어 부품이 도착했고, 욕실 천장을 열었다. 여러 번의 시행착오 끝에 모든 부품을 설치했다. 더이상 담배 냄새가 새어 나오지 않았다.

이 일을 진행하는 동안 아내는 내게 정말로 고맙다고 여러 번 말했다. 자신의 어려움을 해결해주기 위해 내가 직접 나서서 일하는 모습이 감동적이라고 했다. 사실 나는 코의 구조적인 문제로 냄새를 잘 맡지 못한다. 간접흡연의 피해는 알고 있었지만, 나는 견딜 만했다. 그러나 아내에게는 심각한 문제였다. 아내가 불편해하는데 남편이 관심을 가져야지 누가 관심을 갖겠는가. 내가 담배 냄새를 잡은 날, 작은 여우를 또 한 마리 잡았다.

우리의 정원 지키기

작은 여우는 부부 사이의 갈등을 상징한다. 그 작은 여우가 포도원을 우연히 찾은 것이 아니다. 포도원에서 꽃이 필 때 그 향기를 맡고, 그 포도원이 어디에 있는지 알았다. 여우가 찾아온 이유를 아가서는 정확하게 설명한다.

> 우리를 위하여 여우 곧 포도원을 허는 작은 여우를 잡으라
> 우리의 포도원에 꽃이 피었음이라
> 아가서 2장 15절

포도원에 핀 꽃 때문에 여우가 왔다. 그 향기를 맡고 왔다. 만약 꽃이 피지 않았다면 여우도 오지 않았고 여우를 잡을 필요도 없다. 꽃이 피듯 좋은 일이 있을 때 갈등이 시작된다. 따라서 부부 사이에 갈등이 있다면 여유를 갖고 긍정적으로 생각해야 한다. 두 사람이 만나서 결혼했기 때문에 갈등이 일어나는 것이다. 만약 결혼하지 않았다면 갈등을 느낄 필요가 전혀 없다. 우리는 지나가는 아무 여자나 남자를 보면서 갈등을 느끼지 않는다. 갈등하고 있다면 사랑하고 있다는 증거다.

작은 여우가 나타나는 것이 걱정스럽다는 이유로 농부가 포도나무 꽃을 못 피게 만들지는 않는다. 포도나무를 심은 이유는 포도 열매를 따기 위함이고, 포도를 수확하려면 당연히 꽃이 피어야 한다. 다만 꽃이 피면 그 향기를 맡고 여우도 온다는 사실을 인지해야 한다. 좋은 일이 있을 때, 안 좋은 일도 함께 시작될 수 있다는 것을 미리 알면 된다. 그래야 여우를 잡을 수 있고, 포도원을 지킬 수 있다.

좋은 일과 나쁜 일이 함께 시작된다는 것을 예수님이 우리에게 가르쳐주셨다. 천국에 관한 여러 비유 중에서 내가 늘 묵상하는 말씀이다.

> 예수께서 그들 앞에 또 비유를 들어 이르시되
> 천국은 좋은 씨를 제 밭에 뿌린 사람과 같으니
> 사람들이 잘 때에 그 원수가 와서
> 곡식 가운데 가라지를 덧뿌리고 갔더니
> 싹이 나고 결실할 때에 가라지도 보이거늘
> 집주인의 종들이 와서 말하되
> 주여 밭에 좋은 씨를 뿌리지 아니하였나이까
> 그런데 가라지가 어디서 생겼나이까
> 주인이 이르되 원수가 이렇게 하였구나
> 마태복음 13장 24-28절

분명히 좋은 씨를 뿌렸는데, 가라지가 함께 나왔다. 농부가 잠을 자고 있을 때, 원수가 몰래 가라지를 뿌렸다고 예수님이 말씀하신다.

이 비유의 내용은 좋은 일을 시작할 때 깨어 있지 않으면, 우리도 모르는 사이에 좋은 일을 망치는 나쁜 일이 함께 시작된다는 뜻이다. 만약 미리 예상하고 깨어 있으면 나쁜 일을 막을 수 있다.

사랑하는 사람들이 가장 깨어 있어야 할 시기가 있다. 현실적인 문제를 조율할 일이 많은 '결혼식을 준비할 때'와 자녀를 출산해서 '육아를 시작할 때'이다. 결혼은 하나님의 축복을 받는 행복한 일이다. 출산도 하나님의 선물을 받는 귀한 일이다.

그러나 체면과 허례허식이 가득한 세상적인 결혼풍습을 그대로 따라가다보면, 가라지 씨가 뿌려지듯 갈등의 씨앗이 떨어진다. 당장은 보이지 않아도 곧 가라지가 싹을 틔우는 일을 겪게 된다. 행복해야 할 결혼생활이 불행이 자라는 밭이 된다.

자녀를 출산한 이후에도 똑같은 일이 생길 수 있다. 자녀에 밀려 부부의 우선권이 무너지면 부부 사이에 섭섭함이 자란다. 아무리 자녀가 사랑스러워도 배우자보다 우선권에서 앞설 수는 없다. 부부가 되었다는 것은 그 어떤 사람도 부부 사이를 비집고 들어올 수 없다는 뜻이다. 부부는 하나의 몸, 즉 나눌 수 없는 한 사람이다. 우선권이 무너진 부부의 틈은 작은 여유가 들어오는 문이다. 그다음부터는 아무리 사랑했던 부부라도 갈등이 시작된다.

그래서 결혼을 준비하는 기간과 육아를 시작하는 기간에는 특히 서로에게 집중해야 한다. 양쪽 집안에서 결혼 준비에 관한 온갖 복잡한 일이 진행되더라도 두 사람은 한 팀인 것을 명확하게 선포해야 한다. 어떤 일이 있어도 서로의 감정을 상하게 하는 일은 절대로 하지 말자. 두 사람이 더 사랑하며 행복하게 살기 위해서 결혼한다는 사실을 절대 잊어서는 안 된다.

육아 기간에도 남편과 아내의 관계가 우선이다. 특히 둘째 아이를 출산했을 때가 중요하다. 남편의 도움을 절실히 필요로 하는 기간이다. 부부의 갈등이 이때 집중적으로 생긴다. 첫아이를 출산하고 키울 때는 남편이 그나마 적극적으로 참여한다. 처음 아빠가 되었다는 감격을 맛보다니 모든 일이 신비롭고 신선하다. 그러나 둘째 아이를 출산하면 그 감동이 덜할 수 있다. 더구나 남편의 사회생활에서 스트레스가 몰리는 기간과 대부분 둘째 아이의 출산 기간이 겹친다. 회사 업무처리 시 긴장도 많고, 진급을 둘러싸고 여러 복잡한 상황이 일어나는 기간이 평균적으로 둘째 아이를 출산했을 때다. 그런데 둘째 아이를 키우는 일이 아내에게는 두 배의 노동력이 아닌 열 배 정도로 가중된다. 단지 두 명을 키우기 때문에 두 배 정도 힘들다고 생각하면 안 된다. 첫아이를 키울 때보다 훨씬 더 어렵다는 사실을 알고 아내를 도와야 한다. 이것이 깨어 있다는 뜻이다.

왜 여우를 잡아야 하는가? 우리 포도원에 꽃이 피었기 때문이다. 조금만 더 노력하면 포도 열매를 수확하기 때문이다. 여기까지 힘들게 왔는데, 여기서 멈추면 얼마나 아쉬운 일인가. 만나고 사귀고 결혼하여 아이를 키우면서 여기까지 왔다면, 힘든 일이 지나간 것이다. 이제는 가정의 행복을 누려야 한다. 하나님 부부로 살면서 열매를 거두기 직전에 멈추는 것은 안타깝고도 아쉬운 일이다. 우리의 수고로 열매가 맺어지기 직전인데, 여우가 휘젓고 다니는 것을 방치하는 것은 어리석은 일이다. 우리 가정이 소중하기 때문에 원수가 씨를 뿌리고 공격한다. 그만큼 할 일이 있고, 부르심이 있는 가정이기 때문이다. 깨어서 작은 여우를 잡고, 갈등의 원인을 찾아서 부부가 더욱 사랑하는 계기로 만들어야 한다.

우리는 결혼을 앞두고 '그리스도인의 결혼과 가정'이라는 주제로 함께 공부했다. 내가 사역하는 도시에 결혼 예비학교 같은 프로그램도 없었고, 누군가 도와줄 만한 사람이 없었다. 우리 둘이 책을 구입해서 열심히 공부했다. 유익한 책이 많았는데 그중에서도 《나는 너와 결혼하였다》(월터 트로비쉬, 생명의 말씀사)라는 책의 도움이 컸다. 삼각형의 도형을 사용해서 하나님, 남편, 아내의 관계를 설명했다. 삼각형의 밑변 양쪽에 남편과 아내가 있고, 꼭짓점에 하나님이 계신다. 남편과 아내가 서로 가까이 가는 방법은 각자가 하나님께 가까이 가는 것이다. 그것이 행복한 가정의 기본이라고 했다.

갈등을 해결하는 가장 좋은 방법은 하나님께 나아가는 것이다. 하나님이 우리 가정의 중심에 오시도록 초청하면 된다. 자신의 고정관념과 주장을 내려놓고 하나님께 물으면 된다. 하나님은 우리 부부에게 항상 대답하시며 도와주셨다. 하나님 부부로 살아가려는 세상 모든 부부의 기도에도 같은 하나님이시다.

"아이고, 또 생겼네. 이 나쁜 놈들을 오늘 내가 다 잡고 말겠어."
"여보! 무슨 일이야. 뭐라고? 누구를 잡는다고?"

"아, 아무것도 아니야. 당신은 신경 쓰지 마세요."

"무슨 일인데? 누구에게 큰소리친 거야?"

"글쎄, 화초에 해충이 생겼네. 천리향 꽃이 피기를 얼마나 기다렸는데, 깍지벌레가 생겼지 뭐야. 조금 있으면 향기가 온 집에 가득할 텐데, 그 전에 나쁜 벌레들을 내가 잡고 있어."

베란다 정원에서 아내가 열심히 일하고 있었다. 방에 있는 나에게 들린 아내의 목소리가 뜻밖이었다. 아내가 큰소리를 내다니, 그것도 나쁜 놈이라고 하다니. 어느 누구에게도 나쁜 말이라곤 일체 하지 않는 아내가 화초를 해치는 해충에게는 단호했다. 아내는 우리의 정원을 지키고 있었다.

돕는 배필의 7가지 자세

나는 결혼생활 틈틈이 인류의 첫 가정을 기록한 창세기 2장을 묵상했다. 아담과 하와가 이루는 가정을 엿보며 아내로서 내 역할을 찾고 싶었다. 내 눈은 매번 '돕는 배필'에서 멈췄다. 나도 남편을 돕는 배필이 되고 싶었다. 그런데 돕는 배필이란 어떤 아내를 두고 하는 말인지 알 수 없었다. 남편에게 물어봐도 명쾌한 답을 듣지 못했다. 내가 스스로 공부하고 찾아야 했다.

성경 사전을 찾아보니, 돕는 배필로 번역한 단어와 하나님이 우리를 도우신다고 말할 때 사용한 단어가 같은 단어였다. 그래서 먼저 하나님이 나를 어떻게 도우셨는지 기억하고 내가 할 수 있는 부분에서 나도 그렇게 남편을 도와야겠다고 생각했다. 이에 대한 원칙을 몇 가지 정하여 실천했다.

첫째, 말로 돕는다

하나님은 나를 말씀으로 도우신다. 어려울 때나 두려울 때, 걱정과 염려가 있을 때, 칭찬과 격려가 필요할 때, 또 일을 못 했을 때나 잘했을 때, 심지어 노후 걱정을 할 때도 하나님은 성경말씀을 생각나게 하시며 나를 말씀으로 도와주신다.

나도 남편을 말로 도울 수 있다고 생각하니 돕는 배필이 그처럼 어렵지 않다는 것을 알았다. 그래서 남편을 위로와 격려의 말로 도왔다. 때로 잘 안 될 때도 있었지만 항상 기억하려 애쓰며 노력했다. 하나님뿐만 아니라 최초의 여자인 하와도 아담을 말로 도왔을 것 같았다. 이름을 짓고 있는 아담 곁에서 이렇게 말하지 않았을까?

"참 잘했네요. 당신은 어떻게 그런 좋은 생각을 했나요? 당신은 정말 최고예요!"

또 동산을 일구는 아담 옆에서 이렇게 말했을 것 같다.

"와! 어쩌면 이렇게 일을 잘했나요. 당신이 만든 밭을 보세요. 당신은 정말 훌륭해요."

나도 남편이 이미 한 일에 대해 잘했다고 지지하며 말했다. 내게 이러한 칭찬과 인정을 받으면 언제나 행복한 미소가 남편 얼굴에 가득했다. 나는 우리 며느리를 통해서도 말로 남편을 기분 좋게 돕는 법을 배웠다. 며느리는 자기 남편과 내 남편에게 "짱!"이라고 말해주어 두 남자를 행복하게 했다. 나는 그것도 배워서 가끔 남편한테 말했다. "당신이 짱!"이라고.

남편을 적절한 말로 돕는 또 다른 방법은 남편이 무엇을 말하고자 하는지 알아듣는 지혜가 필요함을 알았다. 그래서 대화 중에 내가 잘 모르는 내용은 하나님께서 깨우쳐주시도록 기도하고, 남편이 무엇을 말하는지 잘 알아듣도록 이사야서 말씀을 의지해서 하나님의 도움을 구했다.

주 여호와께서 학자들의 혀를 내게 주사
나로 곤고한 자를 말로 어떻게 도와줄 줄을 알게 하시고
아침마다 깨우치시되 나의 귀를 깨우치사
학자들같이 알아듣게 하시도다
이사야서 50장 4절

어느 날, 우리 부부의 아침 예배 시간에 남편이 기도하다 말고 순서에 맞지 않는 이야기를 꺼냈다.

"대한민국과 동아시아의 경제 위기에 대한 기사가 해외 언론에도 실렸어."

"그만큼 심각하다는 이야기인가?"

"그렇지, 몇 년 전부터 예견된 일이지…."

"여보, 이 이야기는 일단 예배 마치고 계속하면 어때?"

"내가 미리 준비하고 있어서 다행이지. 아이들 교육과…."

"여보, 이 주제는…."

나는 그때 이사야서 50장 4절 말씀이 기억났다. 남편이 원하는 말이 무엇인지 깨닫고 즉시 실천했다.

"맞아, 이렇게 어려울 때 당신은 사역과 가정을 잘 꾸려가고 있으니 참 잘하고 있네. 당신이 잘했어."

"맞아, 그렇지. 내가 잘하고 있지…. 오늘은 어느 나라를 위해 기도하더라?"

남편을 말로 돕는 방법이 또 있다. 남편의 질문에 대답을 잘하는 일이다.

"당신은 나를 사랑해?"

이와 같은 질문에는 정답보다 더 중요한 것이 있다. 그것은 조금의 망설임도 없이 즉시 대답하는 것이다.

"예스!"

"당신은 내가 언제 좋아?"

"항상!"

"다시 태어나도 나랑 살 건가?"

"그럼."

절대 다시 태어나는 일은 없겠지만 그래도 이런 대답을 들으면 남편은 기분 좋아한다.

"당신은 내가 언제 제일 멋있어 보여?"

이 질문에는 '제일'이라는 구체성이 들어 있으므로 조금 생각한 다음에 구체적으로 대답을 한다.

"당신이 운동할 때."

"당신이 설교할 때."

"당신이 아이들과 놀 때."

이런 질문을 할 때는 듣고 싶은 답이 이미 본인 안에 들어 있다. 그래서 상황에 따라 답이 다르다. 그렇지만 언제나 남편이 듣고 싶어 하는 말을 찾은 다음, 말해준다.

둘째, 남편을 믿고 따른다

하나님은 가장 작고 부족한 나를 언제나 믿어주신다. 그분의 신뢰는 내가 이 땅에서 살아가는 힘이 된다. 아침 묵상 시간에 그분이 나를 신뢰하신다는 음성을 들으면 나는 하루 종일 기분이 좋다. 그 말씀을 믿는다. 하나님의 신뢰뿐만 아니라 다른 사람이 나를 믿는다면 얼마나 힘이 되겠는가. 그래서 나는 남편을 믿어준다. 남편을 돕기 원하므로 남편을 믿는다.

우리가 하나님을 믿는다고 고백하는 것은 그분의 말씀을 믿는다는 뜻이다. 말씀을 믿고 따를 때 그분을 믿는 믿음이 증명된다. 내가 남편을 믿는다는 표시는 남편의 말을 듣고 따르는가에 달려 있다.

남편의 설명을 들으면 이해가 되고, 왜 그런 결정을 했는지 동의가 된다. 그러나 시간이 없어서 충분한 설명을 듣지 못해도 남편이 올바른 결정을 했다고 일단 믿는다. 그 믿음이 남편을 도와주는 아내의 역할임을 살아오면서 많이 경험했다.

2000년, 콜로라도 스프링스 YWAM 베이스가 휴가철을 맞이했다. 우리 가족도 텐트를 가지고 캠핑을 나섰다. 자동차로 4시간을 달려 철새 도래지에 갔는데, 새들이 다 떠나고 없었다. 주변에 악어 서식지가 없었다면 많이 섭섭할 뻔했다. 캠핑장에서 아홉 살 아들이 아빠와 함께 텐트를 쳤다. 며칠 동안 우리 가족은 즐거운 시간을 보내고 집으로 돌아가는 길이었다. 남편이 잠시 운전을 쉬고 싶은지 계곡 옆에 차를 세웠다. 그런데 지도를 가지고 나갔다. 집으로 돌아가는 길을 알 텐데 이상하다 싶었다. 나는 또 남편이 새로운 길에 들어설까 봐 걱정이 되었다. 남편은 바위에 지도를 펴놓고 한참을 들여다보더니 얼굴 표정이 점점 환해졌다. 나는 점점 불안했다. '또 어디를 가려는 걸까.'

"집으로 곧장 가면 안 될까?"

"여보! 내가 새로운 길을 찾았어. 이렇게 가도 집에 도착할 수 있어."

"그냥 왔던 길로 가면 안 되나?"

"두고 봐. 정말 멋진 길이 열릴 테니!"

남편은 어느새 새로운 길로 접어들었다. 편하게 다닐 수 있는 포장도로를 벗어나서 구불구불한 길로 들어서더니, 콜로라도 깊은 산으로 들어갔다. 남편의 얼굴은 이미 신대륙을 발견한 탐험가였기에 나는 할 말을 접었다. 내 가슴만 계속 쿵쾅거렸다.

나는 신대륙보다 이미 발견해서 익숙한 구대륙에 살고 싶다. 오던 길로 가고 싶고 아는 길만 다니고 싶다. 그래야 안심이 된다. 이 넓고 낯선 이국땅에서 꼭 새로운 길로 가야 하는지 정말 모르겠다. '남편은 왜 이럴까'를 생각하다가 무심결에 고개를 들었다. 소나무들 사이로 좁은 길이 끝나더니 갑자기 하늘이 열렸다. 넓은 평원에서 많은 말들이 풀을 뜯고 있었다. 나는 그때 이런 생각이 들었다.

'아! 신대륙을 발견한 자들의 감격이 이런 것이겠구나.'

영화에서나 보던 미국 서부 목장들이 이어졌다. 푸른 잔디에서 뛰노는 아이들 웃음소리가 하얀 구름처럼 떠다녔다. 들판에 핀 야생화가 형형색색 꽃물결을 이루었다. 사람들은 얼굴에 한가득 미소를 지으며 오래 알아왔던 친구처럼 우리를 환영했다. 우리 가족은 가던 길을 멈추고 그곳에서 말을 탔다. 진짜 말을 타고 좁은 산길을 오르락내리락하며 스릴을 즐겼다. 얼마나 즐거웠던지 큰아이는 말에서 떨어졌는데도 벌떡 일어나 다시 말 등에 올라탔다.

이번 여행에서 가장 즐거운 시간이었다. 그곳을 모르고 그냥 지나쳤으면 어쩔 뻔했는가. 우리 가족은 그곳에서 얻어온 선물용 말발굽을 보며 즐거운 추억을 두고두고 얘기한다. 말발굽에는 성경구절이 쓰여 있었다. 농장 주인은 신실한 크리스천으로 우리 가족이 미국에서 다니기 시작한 교회의 성도였고, 우리가 사역하는 국제 예수전도단도 잘 아는 분이었다.

남편이 아니었다면 어떻게 그곳에 가볼 생각을 했겠는가. 그런 아름다운 농장 지역이 있는 줄도 몰랐을 것이다. 또 남편이 새로운 길로 들어서지 않았다면, 우리를 지지하고 격려하는 좋은 사람들을 만나지 못했을 것이다. 남편과 함께 살면서 이런 경험을 수없이 많이 했다. 나 혼자 살았다면 절대로 맛볼 수 없는 일이다. 개척자 기질이 있는 진취적인 남편과 살았기에 오늘의 내가 있다. 더 넓은 세계를 보여주고 더 많은 추억을 만들어준 남편이 고맙다. 절대로 새로운 것에 익숙해지지 않는 아내와 함께 사느라 우리 남편은 많은 수고를 한다. 내가 할 일은 그런 남편을 믿고 따라가는 일이다.

셋째, 남편에게 맛있는 밥을 차려준다

나는 예수님이 가르쳐주신 주기도문을 좋아한다. 문장과 단어 모두 특별한 의미가 있어서 좋다. 특히 일용한 양식을 구하라는 기도는 날마다 끼니를 생각하는 주부인 나에게 각별하다. 또 우리 부부는 선교단체 간사로 평생을 살아오면서 경제적인 여건이 넉넉하지 않았다. 참 많은 세월을 일용할 양식을 구하면서 살았다. 그때마다 하나님은 그 기도에 응답하셨다. 나에게 하나님은 가장 선하신 분이시다. 그 선하심은 일용한 양식을 우리 가족에게 주실 때, 분명하게 경험했다. 나는 하나님이 나를 위해 밥을 차려주신다고 믿으면서 그분의 선하심을 누려왔다.

나는 석류를 좋아한다. 석류의 맛과 향기뿐 아니라 그 예쁜 색까지다 마음에 든다. 가족의 시간에 아이들과 함께 석류를 까서 먹고 서로 나눠주고 티슈나 손수건에 진홍빛 석류물을 들이면서 놀기도 했다. 그래서 석류는 우리 아이들도 무척 좋아하는 우리 가족 모두의 추억이 깃든 과일이다.

하루는 식품을 사러 마트에 갔는데, 매우 신선해 보이는 석류가 상자마다 가득했다. 그날 구매 목록에 없었지만, 막상 석류를 보니 사고 싶었다. 가격을 확인하면서 들었다 놓았다를 반복하다가 결국 놓고 마트를 나왔다.

다음 날, 내가 양육하는 분이 우리 집에 오셨다. 성경공부를 마치고 돌아갔는데 커다란 봉투 하나가 식탁 옆에 있었다. 나는 그분이 깜박 잊고 놓고 간 물건인 줄 알고 급하게 연락했더니, 너무 작은 선물이라

말도 못하고 나왔다고 했다. 봉투를 열어보니 석류가 한가득이었다.

몸이 아파서 힘들었던 때가 있었다. 갈치조림이 정말 먹고 싶었다. 몸도 불편하고 남편도 집에 없는데 강의가 많았다. 어느 날 점심을 못 먹고 인천에서 강의를 했다. 4시에 강의가 끝나서 저녁 먹을 시간이 애매했는데 목사님과 사모님이 식사를 같이하자고 했다. 나는 좋다고 얼른 대답하고 따라갔다. 근처에 맛있는 집이 있다면서 나를 데리고 간 곳은 갈치조림 전문점이었다. 하나님은 내가 좋아하는 과일, 내가 먹고 싶은 음식을 잘 알고 채워주시는 참 좋은 분임을 그렇게 경험하며 살았다. 그래서 나도 남편의 먹거리에 관심을 갖고 그를 도와야겠다고 늘 생각했다.

또한 어렸을 때 아버지 밥상을 차리는 어머니를 통해 남편을 돕는 법을 배웠다. 어린 시절에 우리 아버지는 저녁 늦게 들어오시는 날이 종종 있었다. 전기밥솥이 없던 추운 겨울에 어머니는 아버지 밥을 이불 속에 넣어두셨다. 아버지가 들어오시면 곧바로 상을 내온 어머니는 이불 속에서 밥을 꺼냈다. 깨끗한 천을 제치고 따뜻한 밥그릇을 두 손에 받쳐서 아버지 상에 조심스레 놓으셨다. 아버지가 밥그릇 뚜껑을 열면 하얀 쌀밥에서 따뜻한 김이 모락모락 났다. 아버지가 아무리 늦게 들어와 밥을 드셔도 아버지 밥에서는 따뜻한 김이 여전했다.

나는 그것을 볼 때면 '식지 않은 밥의 비법이 뭘까' 궁금했다. 그 답은 잘 몰랐지만 아버지를 사랑하는 엄마의 마음만은 알 수 있었다. 밥을 식지 않게 지키며 아버지 밥상을 차리시는 어머니의 모습을 통해 나도 덩달아 아버지를 더 깊이 존경하게 되었다. 엄마가 의도한 게 아니기에 전혀 알지 못하셨겠지만 따뜻한 아버지 밥은 내게 부모를 존경하고 부부 사랑을 가르쳐준 산 교육이었다. 그래서 나는 남편이 해외에서 돌아오는 날은 김치찌개를 끓인다. 남편이 따뜻한 밥과 칼칼한 김치찌개를 먹으며 여행의 피로를 풀고, 정서를 풀고, 느글거리는 속을 푸는 모습을 바라보는 것은 내 사랑의 표현법이다.

나는 깊은 산골에서 나고 자랐다. 잡곡밥과 여러 종류의 나물과 시래기 된장국은 어린 시절에 주로 먹었던 음식이다. 남편은 바닷가 근처 마을에서 나고 자랐다. 꼬막과 굴과 전어를 지금도 좋아한다. 나는 남편 덕분에 창란젓갈과 감태와 갯국지를 먹는다. 명절에는 대명항에서 소라와 굴과 꽃게를 산다. 나는 마치 바닷가 처녀였던 것처럼 감태를 굽고 매생이국을 끓인다. 나는 남편이 피곤할 때는 늘 굴을 산다. 남편이 내가 만든 굴 무침을 맛있게 먹을 때, 정말 행복하다.

나와 우리 아이들은 나물도 좋아하지만 해물도 좋아한다. 남편의 식생활을 존중하다보니 우리 집 식탁은 산나물과 해산물이 함께 환영을 받는다. 현숙한 여인은 남편에게 선을 행한다고 성경은 말한다(잠 31:12). 내가 남편에게 선을 행하는 좋은 방법은 밥을 맛있게 차려주는 일이다. 남편이 좋아하는 음식에 관심을 가질 때, 아내는 남편을 존중하는 돕는 배필이 된다.

넷째, 남편의 편에 선다

아주 어린 시절 나는 혼자 집을 지키는 일이 종종 있었다. 그 외로움이 청년 시절까지 따라다녔다. 어려운 환경과 상황보다 더 견디기 힘든 것은 살아오면서 아무도 내 곁에 없다고 느낄 때였다. 그래서 나는 하나님을 더 의지하며 살았다. 결코 너를 떠나지 않고 버리지 않겠다는 말씀을 성경에서 찾은 후 나는 살아갈 힘을 얻었다.

너희는 마음을 강하고 담대하라
두려워하지 말라 그들 앞에서 떨지 말라
이는 네 하나님 여호와 그가 너와 함께 가시며
결코 너를 떠나지 아니하시며 버리지 아니하실 것임이라
신명기 31장 6절

살면서 힘들 때는 이 말씀을 수없이 되뇌었다. 남편도 마찬가지리라 생각한다. 그래서 나는 가장 가까이 그의 곁에 있는 사람이 되고자 했다. 남편이 아플 때, 남편이 오해받을 때, 재정의 어려움으로 발버둥칠 때, 자신의 실수나 약함으로 힘들어할 때 나는 그의 곁을 지켰다. 많은 남편들이 느닷없이 사업이 망하고 하루아침에 실직을 당하는 세상이다. 모두가 등을 돌리고 떠날 그때가 가장 가까이에서 남편 곁을 지킬 때다. 옆에서 묵묵히 돕는 배필이 되어줄 때다.

옆집에서 부부싸움하는 소리가 들린다. 아내의 목소리가 큰 걸 보니 남편이 뭔가 잘못한 것 같다. 아내는 얼마나 화가 났는지 한 시간이 넘도록 쉼 없이 소리를 지른다. 사실 어제도 똑같은 시간에 싸우는 소리를 들었다. 저 가정이 무너질까 봐 나는 걱정스러워 초조하고 불안했다. 나도 그러는데 당사자들의 속내는 오죽하겠는가. 현관문에 붙은 교회 명패를 보면 그리스도인 부부가 맞다. 그동안 한 번도 싸우는 소리를 들은 적이 없었는데 무슨 일일까.

이유가 무엇이든 옆집 젊은 아내가 소리를 지르는 것은 단지 화가 나서라기보다는 사면초가의 두려움 때문이라는 생각이 들었다. 자기 남편을 향한 이런 외침으로 들렸다.

'나는 이 상황을 어떻게 수습하고 해결하고 회복시켜야 할지 모르겠어요. 제발 당신이 나서서 같이 우리 가정을 지켰으면 좋겠어요.'

연일 계속되는 부모의 불화 속에서 잔뜩 움츠리고 있을 옆집 아이들의 긴장감이 내게도 전해져오는 듯했다. 나는 주님의 얼굴을 구하며 도움을 요청했다.

'옆집 부부의 마음과 생각을 다스려주셔서 서로 내면에 있는 깊은 두려움과 불안을 볼 수 있는 눈을 주소서. 저 가정을 지켜주시고 회복시켜주소서. 무엇보다 어린 세 아이의 마음과 생각을 보호해주소서. 내일은 싸움소리 대신 웃음소리를 들을 수 있게 해주소서.'

나는 어린아이 같은 심정으로 간절히 기도했다. 그날 아침 출애굽기 14장을 묵상했는데 '사면초가'라는 말이 생각났다. 홍해 앞에 서서 애굽 군대의 추격을 당하는 이스라엘 백성은 그야말로 사면초가였다. 어찌하여 하나님은 그의 백성을 이런 상황으로 몰아붙이셨는가. 이유는 두 가지다. 그 백성을 구원하고 적을 섬멸하기 위함이다. 이것은 하나님의 눈으로 보지 않으면 도저히 알 수 없는 전략이다. 사면초가에 놓인 것 같은 옆집 부부가, 상황을 바라보는 하나님의 관점을 갖기를 기도했다. 벌어진 상황에 좌절하고 원망하기보다 눈을 들어 주를 보길 바랐다.

기세등등하게 가정을 파괴하려고 추격하는 애굽의 군대 같은 마귀를 이기는 방법은 오직 하나님의 관점을 갖는 일이다. 부부를 침몰시켜 가족을 망하게 하려는 사탄을 이길 수 있는 방법은 주를 바라보는 것이다. 주님은 전능하시다. 그분을 믿으라. 반드시 구원해주신다. 적을 섬멸하는 것이 목적이다. 홍해로 가는 이스라엘 민족을 보며 적은 더 기세등등하게 추격한다. 바다가 갈라진다. 그 길로 들어선다. 적이 뒤에서 따라 들어온다. 이스라엘 민족이 바다를 빠져나온다. 물이 적을 덮는다. 더는 추격이 없다. 완벽한 구원이다.

사면초가의 두려움이 덮칠 때는 배우자와 싸우지 말고 하나님을 바라보자. 주님의 눈으로 상황을 바라보면 가정을 지킬 수 있는 방법을 찾게 된다. 하나님은 내 안에 계시고 나도 그분 안에 있다.

그 날에는 내가 아버지 안에, 너희가 내 안에,
내가 너희 안에 있는 것을 너희가 알리라
요한복음 14장 20절

하나님은 내 생명이시고 나는 그분이 거하는 집이다. 하나님은 나의 왕이시고 나는 그분의 군사다. 하나님은 내 편이시고 나도 그분의 편이다.

여호와는 내 편이시라 내가 두려워하지 아니하리니
사람이 내게 어찌할까

시편 118편 6절

　하나님과 내가 한편에 있다는 것은 내가 아무 두려움 없이 적을 무너뜨릴 수 있다는 것을 의미한다. 그래서 나는 세상을 이기고, 유혹을 이기고, 거짓을 이길 수 있다. 날마다 순간마다 승리하며 산다. '하나님이 내 편이시다'는 믿음은 늘 나에게 큰 힘이 되었다. 나도 그런 힘을 남편에게 주고 싶다.

　아내가 남편의 편에 함께 서기로 했기 때문에 부부는 한편이다. 아군이다. 아군끼리 싸우면 백발백중 적에게 진다. 나는 남편과 싸울 일이 있을 때는 언제나 우리를 싸우게 하는 마귀를 의식한다. 우리를 싸우도록 부추기는 우리의 공동의 적을 기억한다. 마귀에게 절대로 승리의 웃음을 주지 않겠다고 다짐한다. 그의 뺨을 때리겠다고 결심한다. 그래서 남편과 빨리 화해한다. 아군의 전열을 가다듬는다.

　부부끼리는 싸우면 안 된다. 부부를 싸우게 하는 그것과 싸워야 한다. 때로 남편이 아내를 돕지 않을 때도 혹 남편이 능력이 없을 때도, 남편과 아내의 가치관과 세계관이 다를 때도, 남편과 아내가 신앙의 일치가 안 될 때도 아내는 남편의 편이어야 한다.

　주님의 도우심을 바라며 결혼 서약을 지키고 절대로 싸우지 말라. 부부가 하나됨을 지키면 마귀는 무기력하게 떠나고 하나님이 예비하신 풍성한 복은 들어온다. 부부가 싸우면 부부 사이만 깨지는 것이 아니고 자녀의 마음도 깨진다.

> 스스로 분쟁하는 나라마다 황폐하여질 것이요
> 스스로 분쟁하는 동네나 집마다 서지 못하리라
> 마태복음 12장 25절

스스로 분쟁하는 부부는 망한다. 부부가 서로의 편에 서면 원수가 망한다. 끝까지 남편의 편에 서 있는 아내들 때문에 원수는 도망간다.

다섯째, 남편의 자존심을 지켜준다

나는 완벽하지 않다. 때로 실수하고 바위틈에 숨고 싶을 때도 많다. 강의를 마치고 좋았다는 말을 듣지 못한 날이나 내가 생각해도 잘 못한 날은 쥐구멍을 찾는다.

'괜찮다. 수고했다. 실수할 수도 있지. 다음에 잘하면 돼. 내가 너와 항상 함께 있단다. 너는 최선을 다했어. 너를 사랑해. 힘내. 나는 네 안에 있단다.'

이렇게 말씀하시면서 나를 세워주시는 하나님이 계시지 않았다면 나는 쥐구멍에서 못 나왔을 수도 있다. 그러나 하나님은 내가 그분을 바라보고 의지할 때 결코 수치를 입게 하지 않으셨다.

> 주를 바라는 자들은 수치를 당하지 아니하려니와

까닭 없이 속이는 자들은 수치를 당하리이다

시편 25편 3절

하나님은 내 자존심을 지켜주셨다. 나는 자신감을 갖고 다시 일어났다. 남편도 마찬가지다. 하나님이 세워주는 자존감이 없었다면 지금처럼 자신감 있게 살지 못했을 것이다.

내가 알고 있는 부부들을 관찰하다보니 아내들이 지켜주어야 하는 남편의 자존심의 영역이 보였다. 남편들은 일하는 것이 매우 중요하다. 그들의 정체성을 일에서 찾기 때문이다. 그래서 대부분 남편들은 일하고 있지 않을 때 그것을 남에게 보이기 싫어한다. 그들은 때로 사무실에 정기적으로 출근해야 하는 지위를 내려놓고, 프리랜서로 일하거나 심지어 재택근무를 할 때조차도 그러했다. 그들의 일이나 사역의 성격과 일정을 잘 모르는 사람들에게 실업자로 비쳐지는 것을 아주 싫어했다. 자존심에 손상을 입는다고 생각했다.

내 남편도 여느 남편과 다르지 않다는 것을 들은 후로 나는 남편의 자존심을 살려주려고 노력했다. 낮에는 쓰레기를 버리러 나가기 싫다고 하면 이해했다. 평일에는 택배나 세탁물을 받으러 나가는 것을 꺼려하는 것도 이해했다. 내 강의 시간에 맞추어 기쁘게 차를 운전해서 데려다주다가도 도착해서는 서둘러 벗어나고 싶어 하는 남편을 이해했다. 남편의 그런 모습을 아무런 비판이나 불평 없이 받아들이는 것이 남편을 도와주는 것임을 알았다.

여섯째, 남편에게 먼저 질문한다

어느 날 사역을 마치고 남편과 함께 집으로 돌아가는 길에 물어보았다.

"여보, 내가 집을 꾸미고 방을 정갈하게 치우는 이유를 아나?"

"당신이 좋아해서 그런 거 아닌가?"

"그것도 있지만 당신을 위해서 그러는 거야. 그럴 때 좋은 아내가 된 것 같거든."

"그래? 나는 몰랐네. 근데 내가 집에 들어갔을 때 깨끗한 집도 좋지만 나는 지금 이 순간이 더 좋은데. 당신과 함께 있잖아."

"그렇구나. 한 가지 더 물어볼게. 당신은 내가 언제 좋은 아내라고 생각해?"

"당신같이 좋은 아내는 이 세상에 없어."

"그래도 얘기해줘. 쾌적한 집보다 나와 같이 있는 공간과 시간이 더 좋다고 방금 말했잖아. 나는 그런 생각은 못했거든."

"당신이 시댁 식구들한테 잘하잖아. 나는 그때 참 고맙고 좋은 아내와 결혼해서 감사하다고 생각해."

"그렇구나. 나도 마찬가지인데. 당신이 우리 식구들한테 잘하고 같이 기도해줄 때 정말 힘이 되고 좋더라."

처음에는 남편에게 물어보는 것이 쉽지 않았다. 그냥 내 생각대로 하는 게 더 편하니까. 그런데 남편에게 질문하고, 그의 생각을 묻기 시작하면서 남편을 훨씬 더 잘 도울 수 있게 되었다. 깨끗한 집보다 나와 함께 차를 타고 다니는 것이 더 좋다고 대답할 줄 몰랐다. 시댁 식구들을 사랑한 내 모습이 그토록 좋았다니 내가 참 잘 살았구나 싶었다.

예수님도 질문을 많이 하신다.

"네가 낫고자 하는냐?"

"너는 나를 사랑하느냐?"

"너는 나를 누구라고 생각하느냐?"

질문을 하면 상대방의 생각을 들을 수 있을 뿐만 아니라 상대방에게도 자기 생각을 분명하게 정리하는 계기를 만들어준다. 그래서 질문 자체가 상대를 돕는 일이 된다. 나는 내 생각과 주장을 말하기 이전에 남편의 생각을 물어보았다.

일곱째, 남편의 변화를 따라간다

오빠가 전화를 했다. 이번 어머니 기일에 보자고 했다. 나는 몸이 아파서 가지 못한다고 했다. 오빠들은 걱정을 태산같이 하며 내 몸 상태를 확인하는 전화를 여러 번 했다.

"아프면 참지 말고 병원에 가라. 늘 하는 말이지만 약을 꼭 먹어라."

"네, 걱정해줘서 고마워요. 그런데 너무 걱정하지 마세요."

"아니야, 너는 걱정스러워. 약을 안 먹잖아. 아프면 제발 약을 먹어라."

내 평생 부모 형제로부터 들어왔던 말이다. 약을 안 먹는 박현숙!

내가 5살 때, 온 가족이 외갓집에 갔는데 그곳에서 내가 몹시 아팠다. 외삼촌은 어디서 구했는지 캡슐로 된 항생제를 내미셨다. 그것을 입에 넣고 물을 마셨는데 물만 넘어갔다. 도저히 약은 삼켜지지 않았다. 뱉어내는 나를 본 외삼촌은 새 것을 내미셨다. 나는 입을 꾹 다물고 고개를 저었다. 외삼촌은 말로 몇 번 더 권하더니 급기야 내 입을 강제로 열려고 했다. 나는 더 힘껏 입을 다물고 강하게 거부했다. 온 가족과 친척들이 내 주변으로 몰려와 외삼촌에게 포로처럼 잡혀서 버둥대는 나를 지켜봤다. 결국 나는 외삼촌한테 뺨을 맞으면서도 약을 먹지 않은 이상한 아이가 되었다. 그때 이후로 나는 약을 더 싫어하게 되었다. 특히 알약이나 캡슐 약은 절대 먹지 않았다. 그래서 가족들은 지금까지 나에 대한 고정관념을 버리지 않고 있다. 내가 약을 먹기 시작한 지 벌써 27년이나 되었는데도.

나는 첫아이를 낳고 감기에 걸렸다. '아이한테 바이러스가 전염되지 않을까' 하루 종일 염려했다. 그때 처음으로 캡슐로 된 항생제를 삼켰다. 또 한 가지 이유는 아기를 돌보려면 빨리 나아야 했기에 감기약을 자진해서 먹었다. 엄마가 된 이후로 나는 그처럼 죽을 듯이 거부했던 약을 먹게 되었다. 그런데 오빠들은 내 변화를 아직도 인정하지 않고 걱정을 한다.

사람은 환경의 변화와 세월을 따라 바뀐다. 전혀 안 바뀌는 부분도 있지만 바뀌는 부분도 많다. 나이와 환경과 역할에 따라 변하는 나를 하나님도 선하게 인도하셨다. 자녀들이 어렸을 때는 양육과 교육에 집중하게 도와주셨고, 자녀들이 다 자란 지금은 강의하며 책을 쓰도록 도와주신다. 하나님은 나의 변화를 아신다. 나에 대한 고정관념이 없으시다. 나도 그래야 함을 안다. 스무 살이 다 된 막내아들을 아직도 네 살적 파워레인저를 좋아하는 아이로 보면 안 된다. 버섯 반찬을 먹는 아이를 보며 "너 버섯 싫어하잖아"라고 말하지 않는다. 아이가 버섯을 먹기 시작한 지 5년이나 지났다는 것을 인정한다.

남편도 그렇다. 바뀌고 있다. 신체적인 부분도, 정신적인 부분도 변화를 겪는다. 습관도 바뀐다. 좋아하는 것도, 싫어하는 것도 달라진다. 나는 남편의 변화를 따라가며 그를 돕기로 했다. 관심과 사랑이 없다면 쉬운 일은 아니다. 고착된 인상으로 남편을 대하는 것이 훨씬 편하기 때문이다. 변화를 따라가는 일에는 수고가 따른다. 그래도 나는 그의 돕는 배필이므로 남편이 바뀌고 있다는 사실을 인정하고 존중하려고 애쓴다. 그렇게 남편을 돕는다.

여호와 하나님이 이르시되
사람이 혼자 사는 것이 좋지 아니하니
내가 그를 위하여 돕는 배필을 지으리라 하시니라
창세기 2장 18절

한 몸이 되려고 두 사람이 결혼한다.

그러나 결혼했다고 쉽게 하나가 되는 것은 아니다.

영, 혼, 육이 친밀하면 한 몸이 된다.

chapter 7

임은 나의 것
나는 임의 것

"당신 표정이 안 좋네. 강의하느라고 피곤했지?"

"피곤하지는 않은데….”

"그런데 왜?"

"여보! 내가 강의를 너무 못한 것 같아. 마음이 힘드네."

"아니야, 당신은 잘했을 거야. 당신 생각보다 더 좋았을 거야.”

"목이 아파서 힘들었어.”

"수고했네. 걱정하지 말고 내 손잡고 푹 자.”

우리 부부는 손을 잡고 잔다. 그래야 잠이 든다. 이사 오기 전 10년
간 작은 집에서 살았다. 허리 통증으로 방바닥에서 잠을 자기가 어려
워서 침대를 놓아야 했는데, 퀸 사이즈는 고사하고 더블 침대도 들어
갈 수 없는 작은 방이었다. 우리 부부는 싱글 침대 하나에서 10년을
살았다. 침대가 작다보니 꼭 붙어서 자야 했다. 자연스럽게 '스킨십'이
발전했다.

집 밖에서 잘 때는 그나마 괜찮은데, 집에 돌아오면 나는 아내 손
을 잡아야 잠이 들었다. 손을 잡지 않으면 도무지 잠이 오지 않았다.

잠들기 전에 사랑의 신호로 손을 세 번 누르면, 두 번 눌러 대답한다. '사.랑.해.' '나.도.'

우리 부부는 감정과 상관없이 손을 잡는다. 말다툼을 한 날도 잠잘 때만큼은 손을 잡는다. 손을 안 잡으면 잠이 안 오니 어쩔 도리가 없다. 의지적으로 손바닥을 세 번 눌러 사랑한다는 손신호를 보낸 적도 있다. 답이 한참 후에 왔다. 손을 잡는 행동은 어떤 상황에서도 우리가 한 몸이라는 확신을 갖게 했다. 그래서인지 분을 품고 하루를 넘기는 일은 없었다.

우리는 감정과 행동을 구분했다. 결코 쉽지 않은 훈련이지만, 가장 잘한 일이다. 감정과 관계없이 일정하게 좋은 행동을 하면, 감정이 조절되는 경우가 대부분이다. 아무리 기분이 언짢아도 손을 잡고 있으면 마음이 녹는다. 잠이 들기 전 손을 잡고 있는 시간은 부부로서 친밀감을 가장 분명하게 느끼는 시간이다. 행복의 정점이다.

나는 당신의 것입니다

부부는 친밀감이 중요하다. 친밀감의 사전적 정의는 친밀한 감정, 그러니까 '지내는 사이가 매우 친하고 가까운 느낌'이다. 부부 사이는 마땅히 이래야 한다. 나는 결혼하면서 아내와 가장 친하게 지내기로 결심했다. 친밀한 사이가 되고 싶었다. 친밀함이 서로 가까워지는 느낌이라면, 이를 위해서 결국 '스킨십'이 해답이었다. 서로의 피부가 맞닿을 때처럼 가깝게 느껴지는 경우는 없다. 침대가 작아서 행복했다.

결혼의 목적은 한 몸이 되는 것인데 친밀감은 한 몸을 이루는 데 꼭 필요하다. 아가서에는 친밀감을 도와주는 성경구절이 많다. 나는 여러 번역본으로 읽으며 각 표현들을 기억하고 마음에 담아두었다. 그중에서 가장 내 마음에 와닿는 구절이 공동번역 성경으로 읽었던 '나는 임의 것, 임은 나의 것'이다. 그래서 종종 아내에게 아가서 서약의 여섯 번째를 말한다.

"당신은 나의 것, 나는 당신의 것입니다."

임은 나의 것, 나는 임의 것,
임은 나리꽃밭에서 양을 치시네.
아가서 2장 16절 공동번역

최근에는 성경의 여러 번역본이 출간되어서 아가서를 읽는 기쁨이 크다. 아가서 2장 16절은 모든 번역본으로 암송하고 싶은 성경구절이다.

내 애인은 나의 것, 나는 그대의 것. 쉬운성경
님은 나의 사랑, 나는 님의 사랑 현대인의성경
내가 사랑하는 그분은 내 것입니다. 나는 그분의 것입니다. 우리말성경
내 사랑하는 자는 내게 속하였고 나는 그에게 속하였도다 개역개정

아가서 2장을 해석하는 여러 관점의 신학적 견해가 있지만, 나는 문

자 그대로 읽고 우리 부부에게 쉽게 적용했다. 특히 '임은 나의 것, 나는 임의 것'이라는 공동번역 문장은 한 번만 읽어도 뜻을 알 수 있는 쉬운 말이다. 나는 아내의 것이고, 아내는 나의 것이다. 나는 나의 것이 아니고, 아내의 몸도 아내의 것이 아니다. 놀라운 결혼의 신비이다. 결혼하면 자기의 몸을 자신이 주장할 수 없다. 결혼하면 두 사람은 하나가 되고, 한 몸이 된다. 그러나 한 몸이 되는 것보다 더 중요한 것은 먼저 '서로의 것'으로 하나가 되는 것이다. 내가 나를 주장하면 안 된다. 이것이 가장 분명하게 나타나는 경우가 부부의 성관계이다. 부부가 되면 배우자를 즐겁게 해야 한다.

부부의 성(性) 이야기

나는 결혼하자마자 우리의 성생활에 관심이 많았다. 부부는 성관계를 해야 한다. 결혼생활에서 가장 중요한 요소는 아니지만, 성이 부부의 한가운데 있는 것은 분명하다. 소홀하게 생각하면 안 된다. 만족스러운 성관계를 하면 부부가 더 친밀해지고, 자연스럽게 한 몸이 된다. 떼려야 뗄 수 없는 친밀한 관계가 된다.

하나님이 사람을 창조하시면서 생육하고 번성하라고 명령하셨다. 자녀를 낳으라는 이야기이다. 그런데 자녀는 부부의 성생활을 통해서 태어난다. 태초 이래로 인류는 자녀를 낳아왔다. 부부의 성생활이 잘 되었다는 뜻이다. 21세기처럼 문명화가 이루어지지 않았던 시대에도 부부들은 어떻게 해야 자녀가 태어나는지 알았다. 지금처럼 정보가 부족하고 교육이 안 된 시대에도 만족스러운 성생활을 하는 데 아무런 문제가 없었다. 오히려 현대인이 더 문제가 많다. 오랫동안 인류가 행복하고 만족스러우며 목적에 맞는 충분한 성생활을 유지한 비결은 무엇일까. 하나님께서 사람에게 안전장치를 넣어주셨기 때문이다. 본능과 양심이다.

사람뿐 아니라 모든 생물은 본능이 있다. 본능적으로 이성에게 끌리고, 때가 되면 성관계를 하고 싶어진다. 그 결과로 생육하고 번성하여 땅에 충만해졌다. 그것이 하나님의 명령이다. 그 명령을 지키는 자에게 하나님은 본능적인 즐거움을 선물로 주셨다. 성관계로 인한 기쁨과 만족이다. 하나님은 사람을 특별하게 사랑하셔서 본능과 함께 더 큰 선물을 주셨다. 양심을 주셨다.

본능이 달리게 하는 동력이라면, 양심은 멈추게 하는 제동장치이다. 그래야 다음에 더 잘 달릴 수 있다. 계속 달리기만 하면 지치게 되고, 왜 달리는지 목적을 잃어버릴 수 있다. 본능을 잘못 사용하면 어김없이 양심이 작동한다. 나는 아내와 성관계를 하면서 양심의 가책을 느낀 적이 한 번도 없다. 올바른 관계에서 이루어지는 정상적 행위이기 때문이다. 그러나 다른 여자를 보면, 양심이 신호를 보낸다. 실제로 어떤 행동도 하지 않았는데, 양심이 나를 지키기 시작한다. 즉시로 멈출 수 있는 안전장치가 있어서 얼마나 다행인가. 쓸데없이 다른 여자에게 힘을 낭비하지 않고 아내에게 갈 수 있다. 본능과 양심만으로 부부의 행복한 성생활이 가능하다.

그런데 왜 만족을 못하는가. 성생활을 잘못 배웠기 때문이다. 아니면 시대를 잘못 태어났기 때문이다. 문명이 발달하면서 성관계하는 모습을 영화에서 보고, 소설에서 읽고, 각종 미디어로 지나치게 많이 접했기 때문이다. 현대인은 다른 사람들이 성관계하는 장면을 너무 많이 본다. 음란하고 노골적인 영상이 아니더라도, 미루어 짐작할 만한 장면이 우리가 시청하는 미디어 안에 많이 나온다. 성이 지나치게 노출되어 있어, 우리도 모르는 사이에 영향을 받는다.

그러나 그 장면들은 건강한 성생활에 도움이 되지 않는다. 진실한 사랑으로 하는 것이 아니라, 모두 연기이고 연출이기 때문이다. 정상적인 부부라면 영화의 한 장면처럼 성관계하지 않는다. 그런데도 미디어가 던져주는 장면들을 기준 삼아 많은 사람들이 서로에게 무리한 요구를 하고 있다. 차라리 본능과 양심을 의지하라. 그리고 배우자와 열린 대화를 하라.

각 부부에게 가장 잘 맞는 방법을 찾으면 된다. 언제가 좋았는지, 어떻게 할 때 만족스러웠는지, 무엇을 원하는지 서로 대화하면 된다. 부부는 평생 동안 성관계를 하기 때문에 서두르지 말고, 점점 좋아지도록 천천히 맞추어가면 된다. 그것이 하나님을 경외하는 일이다. 하나님이 성생활을 하도록 우리를 창조하셨기 때문이다. 누구든지 성을 행복하게 누릴 수 있는데, 세속적인 기준을 적용하면 방향을 잃어버리게 된다.

우리 부부는 우리에게 맞는 성생활을 찾고 싶어 열린 대화를 했다. 본능과 양심을 따르되 올바른 지식이 있어야 하므로 부부의 성생활을 도와주는 좋은 책을 참고했다. 또한 약혼하고 결혼하기 전 3개월 정도의 교제 시간에, 우리는 "그리스도인의 결혼과 가정"이라는 주제로 공부하며 가정의 기초를 그릴 수 있었다.

결혼한 이후에는 우리 부부에게 맞는 성생활 지식을 쌓기 위해 노력했다. 부부의 성생활을 실제로 누리려고 했는데, 처음에는 잘되지 않았다. 분명 내 본능은 꿈틀거리고, 양심도 살아 있었다. 건강한 남자였고, 아내만 사랑했다. 합법적인 관계에서 이제 누리기만 하면 되었다. 그러나 실제적인 안내가 필요했다.

좋은 책을 스승 삼다

내 주위를 아무리 둘러봐도 이 주제를 도와줄 만한 사람이 없었다. 내가 먼저 마음을 열고 도움을 요청했으면 기꺼이 도와주었겠지만, '성관계'라는 주제로 대화를 꺼내기가 쉽지 않았다. 세속적인 미디어는 결과가 뻔하기 때문에 활용하고 싶지 않았다. 그래서 책을 읽었다. 책을 읽다보면 책이 책을 연결한다. 결혼과 가정에 관한 책을 계속 읽어가는데, 성생활을 도와주는 두 권의 책이 있음을 알게 되었다. 《아름다운 애정생활》(팀 라하이, 보이스사)과 《여성이 된 기쁨》(잉그릿 트로비쉬, 생명의말씀사)이다. 우리 부부에게 딱 맞는 책이었다. 우리는 이 책을 읽고 또 읽었다. 책의 내용을 중심으로 실험하고 실습했다. 덕분에 행복한 성생활을 누리게 되었다.

그 당시 《아름다운 애정생활》(같은 책이 요단에서 《결혼행전》으로 개정되었다)의 표지에는 "미성년자는 읽기를 금합니다"라는 문구가 있었다. 결혼하고 이 책을 구입해서 목차를 보는데, 깜짝 놀랐다. 내가 이런 책을 읽는 것을 다른 사람이 알까 봐 신경이 쓰일 정도였다. 신선한 충격이었다. 팀 라하이가 쓴 이 책은 출간하자마자 2년 동안 미국에서 베스트셀러 1위를 했다. 책 내용이 이론과 실제를 겸비해서 좋았다.

무엇보다도 저자가 성숙한 기독교인 지도자여서 신뢰가 되었다. 개인의 주장이 아니라 하나님나라의 진리에 기초했다는 것을 믿을 수 있었다. 남자와 여자가 얼마나 신비로운 몸을 갖고 있는지, 그 구조와 성적인 반응을 아는 것이 얼마나 중요한지, 책장을 넘기면서 남자와 여자를 만드신 하나님의 창조를 찬양했다. 상황별로 활용 가능한 방법들이 다양하게 안내되어 있어서 도움이 되었다.

내가 먼저 읽고, 아내도 따라 읽었다. 기준이 되는 책이 있으면 열린 대화가 수월하다. 아무리 부부라고 해도 갑자기 성에 관한 이야기를 꺼내기가 쉽지 않고, 성관계를 하고 나서 피드백하듯 서로를 평가하기도 쉽지 않다. 그러나 책의 내용을 차례대로 읽으면서 우리의 경험을 반추하고 새로운 목표를 정하기가 쉬웠다. 무엇보다 성적인 충동을 조절하는 게 가능했다. 실제로 성관계를 하지 않아도 이런 주제로 대화한다는 것 자체가 본능의 욕구를 만족시켰다. 어떤 누구와도 하지 않는 우리 두 사람만의 비밀스러운 대화여서, 결혼생활이 재미있었다. 건강한 성생활이 우리를 친밀하게 만들었다.

《여성이 된 기쁨》은 아내에게 교과서가 되었다. 성생활뿐 아니라 임신과 출산, 육아 전반에 걸쳐서 좋은 도움이 되었다. 가장 큰 도움은 성적인 기쁨은 좋은 것이라는 올바른 이해를 준 것이다. 그리고 그것이 가능한 방법을 여성으로서 부담 없이 배우도록 도와주었다. 《아름다운 애정생활》이 실제적인 방법을 가르쳐주었다면, 《여성이 된 기쁨》은 성을 즐기고 누려도 된다는 기반을 만들어준 책이다.

성에 관한 부부의 열린 대화는 힘이 있다. 30대 중반이 되었을 때, 나는 사역자로서 과도한 스트레스를 받고 있었다. 예수전도단 선교본부를 시작했는데 책임이 컸고, 재정적 압박은 끊임없었다. 내가 해결해야 하는 일이 내 능력을 넘어가는 경우가 많았다. 인간관계의 갈등도 있고, 설득해야 하는 사람도 많았다. 단기선교운동을 일으키기 위해 열방과 전국을 다니면서 집을 비웠다. 부부만의 시간도 부족했다. 체중이 늘어나더니 체력이 떨어졌다. 결국 남성으로서 심각한 문제가 일어났다. 성기능 장애가 생겼다. 스트레칭으로 몸을 풀어주지 않고 갑자기 달리기하려는 사람처럼 부부의 시간적 여유가 부족하다 보니 내가 급히 서둘렀다. 그럴수록 결과는 비참했고, 내 스스로 감당하기 어려웠다. 30대의 젊은 나이에 그런 경험은 나를 좌절하게 만들었다.

우리 부부는 열린 대화를 했다. 두 권의 책을 다시 한 번 교과서로 삼아서 차근차근 대화하면서 풀어갔다. 다시 운동을 시작하고 몸을 만들어갔더니 곧 정상이 되었다. 약물치료를 받지 않고, 부부 대화로만 회복했다. 대화의 기준이 되는 책이 있어서 도움이 컸지만, 부부가 서로 신뢰하면서 친밀한 관계가 있었기 때문에 가능한 일이었다. 우리끼리 문제를 해결했다는 자부심이 서로를 더 자랑스럽게 만들었다. 그 이후에는 더 즐거운 성생활이 가능해졌다.

부부가 항상 성관계를 해야 하는가? 성관계를 하면 안 되는 기간이 분명히 있다. 아내의 생리 기간 일주일 동안은 성관계를 하지 말라고 성경이 가르친다. 또 임신 말기와 출산 직후에는 정상적인 관계가 불가능하다. 이 기간에는 남편이 더욱 성숙하게 반응해야 한다. 아내를 보호하고 소중히 여기면서 지켜주어야 한다. 정상적인 관계가 곧 가능하기 때문에 힘을 비축하는 시간으로 삼아야 한다. 성령의 열매인 절제를 구하면서 아내를 행복하고 지치지 않게 해야 한다. 성생활만이 기쁨의 유일한 원천은 아니다.

그러나 이 기간에도 절대 불변의 원칙이 있다. 서로의 정상적인 욕구에 관심이 있어야 한다. 남편은 아내의 수고와 노동력을 줄여주고, 아내는 남편의 성적인 욕구를 자연스럽게 받아들여야 한다. 성에 관해서는 자기 몸을 자기가 주장할 수 없다. "나는 임의 것이다"라는 태도로 이 기간을 잘 극복하도록 도와주어야 한다. 역시 열린 대화를 하면서 서로가 원하는 방법을 찾아야 한다. 서로를 만족시켜주고 즐겁게 해주어야 한다. 성적 행위의 방법은 그 자체로 문제가 되지 않는다. 올바른 관계 안에서 성행위를 하는 것이 중요하지 그 방법이 중요한 것은 아니다. 부부가 서로 기쁘게 동의하는 방법이라면, 가능한 방법이 많다. 두드리는 자에게 문이 열리고, 찾는 자가 찾아낼 것이라는 성경 말씀을 적용하면서 각 부부에게 맞는 방법을 찾으면 된다.

친밀함의 방해 요소 제거하기

부부가 친밀한 성관계를 하는 데 방해가 되는 일 중의 하나는 결혼 전 성적인 죄 문제이다. 죄를 지었다면 회개하고 용서를 구하자. 결혼 전에 범한 성적인 죄는 반드시 회개해서 거룩하고 깨끗한 사람으로 새롭게 되어야 한다. 먼저 하나님 앞에서 참된 회개를 해야 한다.

> 내가 기뻐하는 금식은 흉악의 결박을 풀어주며
> 멍에의 줄을 끌러주며 압제 당하는 자를 자유하게 하며
> 모든 멍에를 꺾는 것이 아니겠느냐
> 이사야서 58장 6절

만약 결혼 전 성행위로 인하여 마음의 고통이 크고, 스스로 올무에 갇힌 것처럼 괴롭다면 금식하면서 기도하라. 결박을 풀어주고, 줄을 끊어야 한다. 결혼을 앞두고 배우자에게 가장 좋은 선물은 자신을 정결하게 하는 일이다. 금식하고 기도하면 이제부터 어떻게 살아야 하는지 하나님이 깨닫게 하신다. 간음하는 현장에서 잡힌 여인에게 예수님은 용서를 보여주시고, 회개를 가르치셨다. '나도 너를 정죄하지 않는다'고 말씀하시면서 '다시는 죄를 짓지 말라'고 하셨다(요 8:3-11). 과거의 죄는 하나님께 회개할 때 용서받는다. 그런데 이 죄를 배우자에게 고백해야 하는가?

어느 날 갓 결혼한 형제가 상담을 요청해왔다.

"간사님! 아주 개인적인 일로 상담을 받고 싶은데요…."

"상담? 나는 상담을 잘 못하는 거 너도 알잖아? 그냥 네가 잘 생각해서 해결해."

"제가 요즘 심각한 갈등이 있어서요."

"그러니? 그런데 신혼은 즐겁지?"

"그럼요, 새롭게 태어난 것 같아요."

"그럼 됐지, 뭐가 고민인데?"

"저… 사실은 제가 결혼 전에 다른 여자와 성적인 죄가 있었어요."

"…."

"그걸 아내에게 고백해야 하나요? 어떡해야 할까요?"

"음, 너는 죄라고 인정하니?"

"그럼요, 제가 잘못했지요. 그러니까 고민이 큽니다. 아내에게 고백하는 것이 아내를 사랑하는 거겠지요? 그런데 아내가 어떻게 받아들일지…."

간단하게 정리할 수 있다. 회개와 용서는 내가 죄를 지은 대상에게 하는 것이다. 왜 하나님께 회개하는가? 하나님 앞에서 내가 범죄했기 때문이다. 나를 사랑해서 보호하려고 양심으로 신호를 보냈는데, 그 것을 무시하고 죄를 지었기 때문에 회개하는 것이다. 양심을 무시하는 것은 그 양심을 선물로 주신 하나님을 무시하는 일이다.

같은 원칙이다. 죄를 지은 사람에게 회개하고 용서를 구해야 한다. 만약 결혼한 배우자와 결혼 전에 성적인 행위를 했다면 서로에게 죄를 고백하고 용서를 구하라. 서로 지켜주지 않았기 때문이다. 그 이후에는 서로를 정죄하지 않고, 성실하게 사랑함으로 회개의 열매를 맺어야 한다.

죄를 지은 대상이 현재의 배우자가 아니라면, 그 죄를 배우자에게 고백하지 않아도 된다. 죄를 고백하는 이유가 무엇인가. 내 마음을 편하게 하려고 고백하면 안 된다. 또 결혼 이전의 과거를 일일이 고백해야 배우자를 사랑하는 것이 아니다. 죄를 회개하려고 고백하는 것이다. 더는 같은 죄를 반복하지 않고 이제부터는 경건한 사람으로 살려고 죄를 고백해야 한다. 그렇게 해야 결혼 이후의 성생활에서 진정한 기쁨을 누릴 수 있다. 내가 과거에 지은 죄와 아무 관련이 없는 배우자는 회개의 대상도 아니고, 용서해줄 수 있는 사람도 아니다. 나와 관계없는 시기에 배우자가 범한 성적인 죄를 구체적으로 듣는 것은 오히려 고통이 될 수 있다.

그래서 그 죄를 지은 상대에게 자기의 죄를 인정하고 용서를 구해야 한다. 그렇다고 죄를 용서받기 위해서 이전의 그 사람을 다시 만날 필요는 없다. 만나지 않고도 연락하는 방법은 많다. 어떤 방법으로 연락하든지 분명하게 자신이 잘못했음을 인정하고 용서를 구하라.

그 용서에 대한 답을 듣지 않아도 된다. 결혼 전에 사귄 사람과 지금의 나는 아무런 관계가 없다. 예의를 갖춰서 진심으로 용서를 구하는 것으로 충분하다. 용서할지 용서하지 않을지는 상대방의 몫이다. 그것까지 관여할 수는 없다. 용서받으면 감사한 일이고, 용서받지 못하면 회개의 대가를 치르면 된다. 다시는 그와 같은 죄를 짓지 않는 것이 중요하다. 그리고 '죄가 있는 곳에 은혜가 더욱 넘친다'는 말씀을 의지해서 새롭게 출발하라(롬 5:20 참조). 이전 사람을 진심으로 축복하고 생각 속에서 완전히 떠나보내고, 이제부터는 배우자를 더욱 사랑해야 한다.

부부에게만 열린 문 가꾸기

우리 부부는 나이가 들어도 지속적으로 성생활을 유지할 수 있는지 궁금했다. 시간이 지날수록 체력이 떨어지고 성기능이 저하되는 것은 당연하기 때문이다. 물론 최대한 오랜 기간 건강하게 살면서 행복한 성생활을 원하고 있다. 그래서 방법을 찾았다.

가장 먼저 우리에게 맞는 횟수를 의논했다. 그리고 안심하고 관계할 수 있는 시간을 미리 결정했다. 우리 부부가 각자 사역이 많지만, 일정이 서너 달 전에 확실히 정해지기 때문에 '사랑의 날'을 미리 결정할 수 있었다. 불가피하게 바꾸어야 하면 서로 동의 하에 일정을 변경했다. 어떤 일보다도 중요하기 때문에 잘 지킬 수 있었다. 그날이 되면 각자 준비를 한다. 준비한 만큼 기쁨이 크다.

일정을 미리 정하면 충동적으로 살지 않게 된다. 갑자기 성적 충동이 일어나도 정한 날을 기대하며 기다리면 된다. 그런데 본능과 관련 있는 일이라 미리 예측하지 못하는 경우도 있다. 그때를 대비해서 서로 당당히 사용할 수 있는 긴급 쿠폰이 있었다. 서로에게 요구하는 날이다. 그 쿠폰을 사용한 대가를 아내가 요구하지 않지만 나는 자발적으로 집안일을 찾아서 하거나 아내가 좋아하는 꽃을 선물하기도 했다. 그렇게 대부분 쿠폰은 내가 사용했다. 그리고 나이 드는 속도에 내 몸을 맞춰갔다.

나는 성 관련 전문가가 아니다. 그러나 우리 부부는 서로 사랑하며 상대방을 행복하게 해주려고 노력했다. 내 몸은 아내가 주장할 수 있고, 아내의 몸은 내가 주장할 수 있다. 나는 아내를 즐겁게 했고 아내는 나를 만족하게 했다. 아가서 덕분이다.

성은 결혼한 부부에게만 열린 문이다. 그 문을 아무하고나 함부로 열면 안 된다. 잘못된 관계에서 문을 열면, 절벽 아래로 추락한다. 부부 안에서 충분하게 만족하면 다른 사람을 찾을 필요가 전혀 없다. 성추행, 성폭행, 성 중독 모두 예방과 치료가 가능하다. 부부가 친밀한 사랑을 실천하면서 예방하고 회복할 수 있다. 하나님이 허락하신 성생활을 결혼한 부부 안에서 누리면, 많은 문제가 없어진다.

이 세상은 자정 능력이 없다. 스스로 깨끗해지지 않는다. 어둠은 자기가 알아서 물러가지 않고 오직 빛이 들어올 때만 신속하게 사라진다. 하나님의 계시와 빛이 들어오면, 그때서야 비로소 세상은 밝아진다. 하나님을 아는 그리스도인들이 건강한 성생활의 기준이 되어야 한다. 그래야 성적인 죄로 가득한 세상이 정화된다.

성행위의 방법도 세상에서 배우려 하지 말고, 대화하면서 서로에게 맞는 방법을 찾으면 된다. 세상의 방법들은 지나치게 자극적이다. 부부일지라도 성적인 만족을 끌어내기 위해 신체적 자극을 과도하게 하는 것은 오히려 방해가 된다. 부부 안에 혹 막힌 것이 있다면 충분하게 대화하면서 마음을 풀어가면, 그 과정 중에 더 사랑하게 되고 더 친밀해진다. 그래야 쉽게 한 몸이 된다. 기쁨과 즐거움은 자연스럽게 따라온다.

서로의 취미활동 지지하기

부부가 올바르게 성관계를 하면 서로에게 친밀감을 갖게 된다. 그런데 그 반대도 맞는 말이다. 부부가 친밀한 관계를 유지해야 건강한 성생활이 가능해진다. 무엇이 부부를 친밀하게 하는가. 함께 놀면 친해진다.

"와! 박 간사님이 오목을 잘하시네요. 제가 계속 졌어요."

"그렇지. 아내와 오목 두면 나도 자주 진다."

"저보다 오목을 더 잘 두는 여자 분은 처음인 것 같아요. 언제부터 오목을 두셨어요?"

우리 부부는 신혼여행에서 오목을 두기 시작했다. 바쁘게 사역하다가 조용한 산으로 신혼여행을 와서 푹 쉬었다. 둘만의 행복한 시간을 많이 보냈다. 마침 여행 가방 안에 모눈종이 노트가 있어서 오목을 두었는데, 아내가 재미있어 했다. 그때부터 시작한 우리 부부의 오목은 우리 가정의 전통 놀이가 되었다. 아이들이 태어나고 자라면서 아내는 오목을 꼭 가르쳤다. 오목을 두면 둘수록 아내의 실력이 늘어갔다. 아내는 복잡한 일이 있을수록 가장 단순한 오목 놀이에 나를 초청했다. 웃고 즐기고 이기고 지면서 우리는 함께 놀았다. 모눈종이 하나로 부부의 친밀감이 더해갔다.

산책도 우리 부부가 즐기는 일이다. 동네 한 바퀴를 함께 걷기도 하고, 하천을 천천히 산책하기도 한다. 어디에 가든지 산책이 가능한 곳을 먼저 찾는다. 사실 나는 바둑과 등산을 좋아한다. 아내는 집에서 독서하는 것을 가장 좋아한다. 그렇지만 서로 조금씩 양보해서 함께 놀 만한 지점에서 만났다. 오목과 산책은 우리가 나이 들어서도 계속하고 싶은 중요한 일이다.

물건을 그냥 두면 녹이 슬듯이 가만히 있으면 부부의 친밀감도 식어지기 마련이다. 조금씩 자기 스타일을 덜어내고, 서로에게 맞추어가다 보면 부부는 가장 친밀한 친구가 된다. 특히 배우자의 취미생활을 도와주어야 한다. 아내와 엄마, 남편과 아빠 이전에 한 사람으로서 즐기는 취미활동은 삶의 활력이 된다.

"여보, 한 가지 부탁을 해도 되나?"

"뭔데? 어려운 일인가?"

"어려운 일은 아니고, 내가 지점토를 시작해도 될까?"

"당연하지. 지점토가 뭔지 몰라도 당신이 알아서 하면 되지 않아?"

"아니야. 결혼하고 확실히 알게 된 게 있는데, 남편이 도와주지 않으면 하고 싶은 일을 하기 어렵더라. 그래서 물어본 거야."

아이들을 어느 정도 키우더니 아내가 지점토 공예를 시작했다. 큰 아이가 선교원에 갈 때, 아내는 아들과 함께 오손도손 이야기하면서 걷는 것을 좋아했다. 선교원으로 아이가 들어가면 아내는 동네 한 바퀴를 돌아서 집으로 왔다. 선교원이 가까운 곳이어서 대략 10분이면 아내가 돌아왔다. 그 시간에 나는 둘째를 보고 있다가 아내가 집에 오면 출근했다. 그런데 아내가 집에 오는 시간이 점점 늦어졌다. 동네 상가에 지점토 공예방이 생겼다는 말을 하더니, 공예품이 예쁘다는 말을 자주 했다. 그리고 어느 날 지점토 공예를 시작하고 싶다면서 내게 도움을 요청했다.

나는 아내가 원하는 점토 흙을 사다주고, 서울 고속버스터미널 근처에서 여러 소품을 사다주었다. 서점에서 찾은 점토 공예 책 다섯 권도 선물했다. 아내는 밤낮없이 점토에 매달렸다. 아이들도 엄마와 함께 신나게 공작 놀이를 했다. 나는 한두 번 흙을 주물럭거리다가 내려 놓았다. 무엇이 그리 재미있는지 도무지 이해가 안 되었다. 그래도 모처럼 신이 난 아내를 보는 즐거움이 컸다. 아내의 얼굴을 보고 있으면 정서적으로 만족한 사람의 표정이 보였다. 그런 아내를 사진으로 남겨두고 싶었다. 사진촬영은 오래된 내 취미였는데, 카메라가 없었다.

"여보! 지점토가 재미있어?"

"그럼. 정말 행복해. 고마워."

"당신 얼굴이 참 밝아 보이네. 사진으로 담아놓고 싶어."

"그래? 그럼 사진 찍어줘."

"여보, 카메라가 없잖아."

"아! 그동안 사용한 카메라는 당신 것이 아니지? 카메라가 얼마나 하나? 우리 집에 그런 카메라를 살 만한 돈이 있을까?"

"…."

"여보! 카메라 살 돈이 지금 없지 않나?"

"아이들도 지금 찍어놓아야 하는데…. 그런데 아이들 돌반지가 있잖아? 그걸 팔면…."

아내는 내 말을 가만히 듣더니 아이들 돌반지를 팔아서 내게 카메라를 선물했다. 3CCD 캠코더가 나왔을 때 아내는 6개월 동안이나 생활비를 줄여서 모은 돈으로 내가 캠코더를 살 수 있도록 도와주었다. 선교사 훈련학교에서 사진촬영을 강의할 때, 아내가 사준 카메라를 사용했다. 예수전도단 캠퍼스워십의 예배 실황을 담은 DVD를 제작할 때 미디어 팀과의 전문적인 대화와 소통이 가능했던 것은 모두 아내의 도움 덕분이다.

나는 사진촬영을 다니면서 스트레스가 가라앉는 것을 느꼈다. 사역에 관련된 사진을 찍을 때는 내가 꼭 필요한 일을 하고 있어서 보람이 되었다. 간사들이 점점 많아지면서 굳이 내가 사진을 찍지 않아도 되는 때가 되었다. 더 뛰어난 전문가들에게 실무를 담당하게 하고, 나는 그들을 이해하고 도와주기만 했다. 사실 내가 사진촬영을 한 기간은 짧은 시간이었다. 그런데도 카메라로 사진촬영을 하고, 동영상 편집작업을 한 실제적인 시간의 양보다 훨씬 더 내 마음에 오래 각인되어 있다. 아내가 나를 지지하고 도와준 흔적이기 때문이다.

아내는 지점토로 작품을 계속 만들더니, 셋째를 임신하고 얼마 후에 흙을 모두 치웠다. 아무 미련 없이 취미활동을 접더니 출산 준비에 들어갔다. 그 짧은 시간의 지점토 공예는 양념 한 스푼처럼 아내에게 인생의 맛을 즐기게 했다.

나는 아내의 작품 중 하나를 액자로 만들었다. "예수님과 제자들"이라고 이름을 짓고, 식탁 옆에 걸어두었다. 액자를 볼 때마다 그때 내가 아내의 취미생활을 도와주길 참 잘했다는 생각이 든다. 점토 공예에 빠져 있는 동안에 기도 시간이 조금 줄어들었고, 성경 양육을 몇 달 쉬었지만, 아내는 정죄감을 갖지 않았다. 남편이 지지해준 덕분에 참 재미있게 보낸 시간이라고 아내는 그 기간을 추억한다. 우리 부부의 평생 기분 좋은 이야기 소재다.

우리는 그동안 부부로 살면서 각자 하고 싶은 일을 할 수 있도록 서로를 도왔다. 임은 나의 것이면서 동시에 나는 임의 것이기 때문이다.

어느 모임에서 여성 사역자 모임을 인도해달라고 아내에게 부탁했다. 모두 젊은 자매 사역자들이었다. 여러 이야기를 즐겁게 나누는데, 한 자매가 아내의 의견을 물어왔다. 쉬는 날이 되면 자기 남편이 자기와 놀아주지 않고 형제 사역자들과 축구하러 간다는 내용이었다. 그래서 남편이 쉬는 날이 되면, 가장 스트레스를 받는다고 했다. 자기를 사랑하는지 의심도 되고, 남편이 이기적이라는 생각이 든다고 고민을 털어놓았다. 선배 사역자에게 위로받기를 기대하는 자매들에게 아내가 뜻밖의 이야기를 했다.

"여러분! 제 남편이 언제 가장 행복해 보이는지 아세요?"

"잘 모르겠는데요. 간사님처럼 좋은 분이 아내인데, 항상 행복하지 않나요?"

"나하고 있을 때도 행복하겠지만, 남편이 축구하고 돌아올 때, 표정이 가장 좋아요. 남편들의 행복을 지켜주세요."

"아니, 간사님! 남편 쉬는 날을 그렇게 기다렸는데, 남편이 나하고 놀아주지 않고, 자기만 놀러 가는데, 그 시간을 지켜주라고요? 꼭 그렇게까지 해야 하나요?"

"남편이 놀러 간다고 생각하지 말고, 재충전하러 간다고 생각하세요. 저는 그렇게 생각하면서 나도 함께 축구합니다."

"네? 간사님이 어떻게 축구를 해요?"

"남편이 축구하는 시간에 저는 형제들을 위해 중보기도합니다. 아무도 다치지 않고 모두 즐겁게 축구하도록 기도하지요. 그러니까 나도 함께 축구하는 겁니다."

남편이 즐겁게 노는 시간을 확보해주라고 부드럽게 제안했다. 우리 부부에게는 익숙한 이야기인데, 그 내용을 듣고 모두 많이 놀랐다고 한다. 축구할 때 오히려 도와주라고 했다는 이야기를 그곳에 있는 형제 사역자들이 들었다. 그들이 내 아내의 팬이 되었다.

그동안 내가 축구할 때 아내는 지지하고 응원했다. 그러다가 기도도 했다. 유난히 내가 잘하는 날에는 함께 운동하는 간사들이 아내의 기도를 의심했다. 그리고 새로운 규칙을 만들었다.

'축구할 때 기도하지 않기. 축구 경기에서 기도는 반칙이다!'

배우자가 모처럼 하는 일을 막으려고만 하면, 서로를 향한 신뢰와 친밀감을 쌓을 기회를 놓치게 된다. 지점토 공예나 사진 찍기와 동영상 제작 그리고 축구는 오목이나 산책처럼 부부가 함께하기는 어렵다. 혼자 할 수 있는 일은 혼자 하고, 둘이 할 수 있는 일은 함께한다. 상대방의 편에서 이해하고 지지하면 서로 더 마음으로 가까워진다. 자꾸 막지 말고 오히려 배우자가 필요를 채울 수 있도록 적극적으로 도와주자. 그래야 친밀한 부부가 된다.

결혼기념일 여행을 기획하다

"여보! 우리 결혼기념일이 다가오네. 어떻게 보낼까?"

"응. 나도 요즘 그 생각을 하고 있었어. 그런데 내가 그 기간에 안동에서 강의가 잡혀 있어."

"당신 일정표를 봤어. 그래서 말하는 거야. 나는 그 주간에 아무 일이 없는데 우리가 떨어져서 보내는 건 좀 아쉽네."

"내가 생각해볼게."

"그래? 무리하지는 말고. 그래도 당신의 기획 능력을 기대할게."

우리 둘 다 기념일을 잘 챙기는 사람이 아니다. 그렇다고 일부러 무시하는 사람도 아니다. 기억나면 지키고, 사역이 바빠서 잊어버릴 때도 있지만 그리 섭섭해하지는 않았다. 기념일을 피해서 사역 일정을 결정하지도 않았다. 또 일방적으로 내가 아내를 챙겨주기보다는 서로 의논하면서 보람 있게 보내는 편이다. 그런데 여행은 하고 싶었다. 가만히 생각해보면 우리 부부가 가장 친하게 지내는 시간이 함께 여행을 다닐 때였다. 그래서 우리 둘이서 여행할 기회가 생기면 놓치지 않으려고 노력했다. 기념일을 지키는 것보다는 우리가 더 친밀해지는 것에 중점을 두었다. 일정을 보면서 방법을 생각해보았다.

'안동에 뭐가 있더라?'

안동 목회자 횃불회 세미나에서 강의하는 일정이 있었다. 나는 사역자로서 내 할 일을 열심히 하는 동시에 아내와 여행하는 즐거움도 누리고 싶었다. 더구나 결혼기념일이 겹쳐 있었다. 《성공하는 사람들의 7가지 습관》과 《소중한 것을 먼저 하라》의 작가인 스티븐 코비는 자신의 여러 가지 역할을 서로 연결해서 통합하라고 가르친다. 나는 평소에 그 이론을 즐겨 적용한다. 나는 강사로 사역해야 하고, 남편으로서 아내와 함께 있어야 한다. 그러면서 여행을 하고 싶다. 또 지방에 있는 맛있는 음식도 먹고 싶다. 이 모든 일을 하나의 이벤트로 통합시켰다.

'결혼기념일 여행!'

안동에 가는 길에 수안보 온천에서 하룻밤을 보냈다. 다음 날 안동 지역 목회자들에게 강의를 하고 하회마을 돌담길을 걸었다. 안동찜닭을 먹고, 오후 늦게 도산서원으로 갔다. 아름다운 풍경도 보고, 멋있는 서원을 천천히 둘러보았다. 낙향하고 후학을 가르치는 일에 정진한 퇴계 이황의 삶을 보면서 우리 부부의 미래도 그려보았다. 전시되어 있는 조선시대 선비의 글을 읽으면서 우리는 어떻게 하나님의 나라를 섬기며 어떤 태도로 사역해야 하는지 서로 얘기를 나눴다. 멋진 하루였다.

1박 2일간의 여행이 우리의 정서를 만족시켰다. 낙동강과 안동호의 아름다운 길을 아내와 천천히 걸어가는데, 아내가 말했다.

"당신을 만나서 여기까지 왔네. 도산서원도 와보고, 하회마을도 보고, 당신과 함께 사니 여러 곳을 다녀서 좋아. 고마워요. 우리 앞으로도 계속 이렇게 살자. 갈수록 당신과 더 친해지는 것 같아서 행복해."

아내의 말을 들으면서 함께 보낸 시간들이 추억되었다. 아내의 손을 잡고 손을 세 번 꾹 눌렀더니 답이 즉시 왔다.

성관계로 인한 육체적 만족은 강렬한 친밀감을 준다. 삶을 함께하며 마음이 통하는 정서적 만족은 은근한 친밀감을 준다. 그리고 영적 결합은 이러한 부부의 친밀감을 뿌리 내리게 한다.

말씀 묵상법이 달라도

부부는 영(靈)이 하나가 될 때, 진정으로 한 몸이 된다. 함께 말씀을 묵상하고 함께 기도하고 함께 예배하면서 영적으로도 친밀한 부부가 된다. 무엇보다도 하나님을 사랑할 때 그 사랑이 배우자에게로 흐른다. 가정을 이루는 삼각형의 교훈과 적용은 우리 부부가 살아가는 삶의 모든 영역에 도움이 되었다. 밑변의 양쪽에 있는 남편과 아내가 삼각형의 꼭짓점에 있는 하나님께 가까이 갈수록 부부 사이는 서로 가까워진다. 다른 방법은 모두 임시방편이다. 남편과 아내가 각자 하나님과 얼마나 친밀한가를 보면 그 부부 사이가 얼마나 친밀한지도 알 수 있다. 시편에는 하나님과의 친밀함을 강조하는 힘 있는 말씀이 있다.

여호와의 친밀하심이 그를 경외하는 자들에게 있음이여
그의 언약을 그들에게 보이시리로다
시편 25편 14절

하나님은 그분을 찾는 자를 만나주시고 구하는 자에게 응답하신다. 또한 친밀하게 가까이 다가오는 자에게 그분의 약속을 보여주신다. 하나님이 약속을 보여주실 때는 그 언약을 이루어주겠다는 뜻이다. 시편 25편 전체는 하나님과 친밀한 사람에게 어떤 은혜가 있는지 보여주는 말씀이다. 하나님과 친밀한 관계가 되면, 수치를 당하지 않는다. 원수가 이기지 못한다. 죄를 용서받는다. 항상 교훈을 주신다. 고난에서 벗어난다. 그분의 보호를 받는다. 부끄러움을 당하지 않는다. 자손이 잘된다. 원수의 그물에서 벗어난다. 하나님과 친밀함의 축복은 이 땅에서 승리하는 삶을 살게 한다.

또한 시편 25편은 하나님과 친밀한 삶을 살 수 있는 방법도 소개한다. 우리의 영혼이 주님을 우러러보아야 한다. 구원의 하나님을 기다려야 한다. 세상과 하나님나라 중에서 어느 길을 걸어갈지 선택해야 한다. 그리고 하나님의 말씀을 사모해야 한다.

하나님의 말씀을 사모하는 삶의 기초는 성경을 읽고 묵상하는 일이다. 묵상을 잘하면 그분과 더욱 친밀해진다. 그래서 나는 이를 중요하게 여기면서 예수님을 믿은 이후에 늘 성경을 묵상하였다. 특히 선교단체에서 훈련받으면서 성경을 읽고 묵상하는 생활이 강조되다보니 나는 영성 훈련의 기초를 나름 든든히 했다고 자부했다. 결혼하기 전에 묵상한 내용을 편지로도 자주 보냈다. 그런데 나름 강하다고 생각한 그 묵상에서 아내와 부딪칠 줄은 몰랐다.

어느 날 아내가 나에게 말했다.
"여보! 왜 당신은 아침에 일어나면 묵상을 안 하나?"
"나? 묵상하는데?"
"아니, 아침에 신문을 보잖아?"
"아! 신문 보고 묵상하거든."
"그렇게 해도 되나? 묵상을 먼저 하고 신문을 보는 게….."
"나만의 방법이 있어. 걱정하지 마."
"아니, 걱정하는 게 아니고, 묵상을 먼저 하면 좋겠는데….."
결혼하면 여러 부분에서 맞추어가야 한다고 생각했다. 서로 다를 것을 예상했다. 그런데 영성의 기초인 말씀 묵상부터 다를 줄은 몰랐다. 아내는 결혼생활을 꿈꾸면서 꼭 이루고 싶은 좋은 부부의 모습이 있었다. 일어나면 남편과 함께 성경말씀을 묵상하고, 저녁에 잘 때는 둘이 손을 잡고 기도하는 것이었다.
그런데 아침 묵상부터 이뤄지지 않았다. 아내는 일어나면 곧바로 성경을 읽고 말씀을 묵상한다. 나는 여러 일을 먼저 하고, 오전 시간에 성경을 읽기 시작했다. 신문을 보거나 산책을 하거나 책을 읽거나 밀린 일을 하고, 커피를 마시고, 천천히 집중해서 성경을 묵상했다. 그런 내 모습이 아내는 이상하다고 했다. 나도 아내와 묵상을 나누는 시간이 잘 되지 않았다.

아내의 말을 듣고 내 자신을 돌아보았다.

'내가 하나님의 말씀을 소홀히 여기나? 우선순위가 없나? 성경을 사랑하지 않나? 하나님을 만나는 시간보다 신문으로 세상 소식을 아는 것을 더 좋아하나?'

그건 아니었다. 결혼하기 전부터 성경을 공부하고 가르치고 말씀을 따라 살려고 노력했다. 그런데 꼭 아침에 가장 먼저 성경을 읽어야 한다고 아내가 강조했다. 아내는 내가 묵상하는 방식을 의아해했다. 나도 아내의 묵상 방법에 동의가 되지 않았다. 아내는 항상 시편을 묵상한다. 읽은 곳을 또 읽는다. 성경 본문을 골고루 읽지 않았다. 그날 아침에 어디를 묵상할지 본문이 정해져 있지 않았다. 가만히 성경을 들고 기도한 다음에 떠오르는 본문을 읽었다. 대부분 시편이었다. 그래서 내가 "시편 자매"라고 별명을 붙였다. 아내와 묵상을 나누면 본문이 달라서 내가 불편했다.

나는 내 나름대로 결혼생활의 그림이 있었다. 나도 함께 성경말씀을 묵상하는 부부가 되고 싶었다. 내가 읽은 본문을 아내도 함께 읽으면서 어떻게 생각하고 무엇을 깨달았으며 어떤 음성을 들었는지 알고 싶었다. 우리 부부는 말씀 사역자로 살기로 약속하고 결혼했는데, 가장 기초인 묵상 방법부터 일치가 되지 않았다. 아내의 말을 들어보면, 나도 문제가 있었다.

'그럼 나는 왜 성경을 나중에 읽게 되었을까?'

아내는 내 말을 듣고 자기 방법도 최선은 아닌 것 같다고 인정했다. 나는 아내가 나와 같은 본문을 묵상하길 원했고, 아내는 내가 자기와 같은 시간에 묵상하길 원했다.

'하나님의 방법은 무엇일까?'

우리는 자기의 방법을 내려놓고 우리에게 맞는 좋은 방법이 무엇인지 찾기 시작했다. 우리 둘 다 묵상을 배운 첫 방법에 익숙해져 있었다. 아내는 일어나면 가장 먼저 성경을 읽고, 그날에 주시는 주님의 음성을 들으면서 본문 말씀을 묵상하도록 교육받았다. 나는 오래전 초신자일 때 읽었던 책의 영향을 크게 받았다. 수도원의 삶을 다룬 책이었는데, 어느 수도사의 묵상법이 멋있어 보였다. 그는 수도원 전체를 청소하고 여러 일을 마무리한 다음에 가장 정신이 맑고 여유가 있을 때 성경을 읽었다. 더구나 나는 아침잠이 많았다. 졸면서 성경을 읽고 싶지 않았다. 일어나면 여러 일을 먼저 다 해놓고 마음을 집중해서 정해진 본문 순서표에 맞추어 성경을 통독하면서 묵상했다.

말씀 묵상에 대한 견해차가 커서 우리가 하나가 되지 못한 느낌이었다. 그래서 자기 방법을 조금씩 양보하면서 서로가 원하는 방식을 따르기로 했다. 우선 나는 일어나면 가장 먼저 성경을 읽기로 했다. 아내가 원하는 방식이었다. 아내는 정해진 본문을 묵상하기로 했다. 내가 요청한 방식이었다. 묵상하는 방법을 서로가 원하는 대로 바꾸면서 마침내 하나가 되었다.

그러자 우리에게 모두 유익이 있었다. 나는 아침에 일어나서 가장 먼저 성경을 읽으니 새로운 느낌이었다. 아내도 성경 전체를 묵상하기 때문에 좋다고 말했다. 결혼하기 전까지 성경을 묵상하는 방법은 서로 달랐어도 우리 둘 다 하나님의 말씀을 사랑했다. 그러나 방법까지도 서로가 원하는 대로 바꾸면서 더 깊은 영적 친밀감을 느꼈다. '임은 나의 것, 나는 임의 것'이 영적인 부분에서도 적용되었다.

영적으로 하나되기 위해

아내는 조용히 기도하는 것을 좋아한다. 장시간 정해진 시간에 기도하고 또 생활하면서 수시로 기도한다. 심지어는 잠을 자다가도 일어나서 기도한다. 어느 날 잠을 자고 있는데 아내가 옆자리에 없었다. 분명히 함께 잠이 들었는데 옆에 없어서 깜짝 놀랐다. 찾아보니 침대 끝 쪽 바닥에서 기도를 하고 있었다. 그때 나도 일어나야 하는지 계속 자도 되는지 고민이 되었다.

나는 밤에는 자고, 정해진 기도 시간에 집중해서 기도하는 것을 좋아했다. 그리고 한번 기도를 시작하면 큰 소리로 확실하게 기도하고 끝냈다. 우리 부부는 기도하는 방법이 달랐지만 우리가 영적으로 하나되는 데 어려움은 없었다. 묵상과 달리 기도는 자기에게 익숙한 방법으로 계속했다. 그러나 부부로서 함께 기도하는 시간을 꼭 갖고 싶었다. 결혼 초를 제외하고는 부부기도 시간을 갖기가 힘들었다. 아이를 출산하고 양육하면서 그 짧은 시간도 낼 수 없었다.

그러던 어느 날, 잠자기 전에 손잡고 기도하는 것이 아내가 꿈꾸던 결혼생활의 모습 중 하나라고 말했던 게 생각났다. 그렇게 하자고 말했다. 그 이후부터 밤마다 손을 잡고 기도한다. 짧은 시간이지만 우리가 영적으로 한 몸인 것을 느끼는 귀한 시간이다. 아이들이 함께 있을 때는 모두 동그랗게 손을 잡고 기도한다. 그 시간에 하는 기도를 하나님이 기뻐하신다. 하나님은 우리가 한마음으로 기도하는 것을 정말 기뻐하신다. 응답이 가장 빠르다.

하나님을 찬양하는 기도, 혹은 믿음 성장을 위한 기도와 같이 지금 당장 응답을 확인하지 않아도 되는 기도는 각자 개인기도 시간이나 공동체의 기도 시간에 했다. 그러나 재정이 필요하거나 결과에 대한 응답을 분명히 알아야 하는 기도는 둘이 손을 잡고 했다. 부부기도의 응답으로 우리 가족은 지금까지 살아왔다.

우리가 결혼하기 전에 자주 방문했던 집이 있었다. 그 집은 가정예배를 드렸다. 그 모습이 참 좋았다. 둘 다 가정예배를 드리는 가정에서 자라지 못해서 그 가정이 늘 부러웠다. 결혼하면 꼭 가정예배를 드리고 싶었다. 우리 둘은 예수전도단 간사이기 때문에 참석해야 하는 여러 종류의 예배가 많다. 그러나 가정예배는 그 어떤 것과도 바꿀 수 없는 귀한 예배 시간이다. 가정예배를 드리려면 내가 집에 있어야 한다. 그렇지만 내 사역의 지위와 역할 때문에 자주 집을 비웠다. 아내는 아이들과 꾸준히 가정예배를 드리는 것 같았다. 나는 늘 함께하지 못했다. 아이들과 함께하는 예배나 아내와 둘이서 드리는 예배를 못 드렸다. 부부로서 육체적 친밀감과 정서적 친밀감은 점점 좋아지는데, 함께 예배하지 못하니까 늘 허전했다. 잠을 자기 전의 부부기도만으로는 우리 둘 다 충분하지 않았다.

내가 맡고 있던 리더십 지위 중에서, 시간을 많이 내야 하는 것부터 차례대로 하나씩 내려놓았다. 나를 대신해서 그 지위를 맡을 사람은 항상 있었다. 그리고 그들은 준비가 되어 있었다. 주위에서 지인들이 종종 나에게 물어보았다.

"조금 더 리더십을 맡는 것이 좋지 않나요? 왜 빨리 내려놓는지요?"

나는 조용히 웃기만 했다. '아내와 함께 예배하는 시간을 확보하고 싶어서…'라고 마음속으로 대답했다. 부부는 영적으로도 한 몸이다.

안전한 지지대를 붙들라

내가 사진을 찍을 때는 지금처럼 디지털 기기가 아니었다. 수동 카메라였기 때문에 필름 가격과 사진 인화 비용을 예상해야 했다. 손떨림을 보정하는 스마트 폰으로 찍는 시대도 아니었다. 흔들림 없이 한 번에 좋은 사진을 찍고 싶었다. 그래서 삼각대를 사용했다. 삼각대만 있으면 어디서든지 초점과 노출을 조절해서 좋은 사진이 나왔다. 삼각대를 이루는 세 다리는 안정감을 위한 최소한의 숫자였다. 내가 선호하던 회사 제품의 삼각대를 들고 여러 곳에서 사진을 찍었다. 그때부터 '3'이라는 숫자는 나에게 안정감의 상징이었다.

한 몸이 되려고 두 사람이 결혼한다. 그러나 결혼했다고 쉽게 하나가 되는 것은 아니다. 서로를 안정감 있게 지탱해주는 지지대가 있어야 한다. 세 종류의 지지대만으로 부부는 충분히 한 몸을 이룰 수 있다. 영, 혼, 육이 친밀하면 한 몸이 된다.

하루는 혼자 잠을 자고 있는데, 누군가 내 손을 잡았다. 아내는 장모님 기일이어서 친정집에 갔고 분명 나 혼자 집에 있었다. 그런데 내 방에 누군가 들어와서 자고 있는 내 손을 부드럽게 잡았다. 집에는 아이들도 없었다. 어떻게 현관문을 열고 들어왔는지 알 수 없었다. 지금 내 손을 잡고 있는 사람이 여자면 어떡하나 걱정하면서 식은땀을 흘렸다. 아무리 뿌리쳐도 내 손을 풀지 않았다.

"누구세요?"

"…."

"누구냐?"

"…."

"누군데 내 손을 잡는 거야?"

"…."

"저리 가라!"

"…."

"당장 물러가!"

'저리가'라고 '물러가'라고 외치면서 예전에 배운 호신술로 손목을 비틀었다. 손가락이 잡혀서 힘을 주어 꺾었다. 갑자기 내 손가락이 부러질듯이 아파서 소리를 지르다가 잠에서 깼다. 내 손이 내 손을 잡고 있었다. 오른손으로 왼손의 손가락을 얼마나 세게 꺾었는지 조금만 더 힘을 주었으면 큰일 날 뻔했다. 아내 손을 잡고 자는 습관을 내 손들이 기억하고 있었나보다. 그 순간 깨달았다.

'내가 내 손만 잡고 있으면 악몽이 되는구나.'

아내가 보고 싶었다.

"글쎄, 내 말을 들어봐요. 그 집사는 왜 그렇게 거만을 떠는지…."

'아이고, 또 시작이시네.'

나는 교회의 목사님에게서 한 자매님을 소개받았다. 초신자인데 성경공부를 하고 싶다고 했다. 그 분과 예수전도단의 교재인 《그리스도인의 풍성한 삶》으로 성경공부를 시작했다. 예수님을 향한 순수한 열정은 있는데 험담하는 옛습관을 버리지 못했다. 나를 보자마자 다른 사람을 험담하기 시작했다. 밥 먹을 때든 쉬는 시간이든 계속 다른 사람에 관한 안 좋은 이야기를 했다. 심지어 성경공부 중에도 틈만 보이면 남의 험담을 하려 했다. 초신자라서 그러려니 했으나 도가 지나쳤다. 조언하는 것도 조심스러웠고 한계가 있었다.

나는 성경공부하는 날이면 아침 금식을 했다. 성령께서 그 자매님에게 직접 깨달음을 주시길 기도했다. 그렇게 몇 주가 흘렀으나 오늘도 여전히 험담으로 성경공부를 시작하니 걱정스러웠다. 험담을 계속한다는 것은 말씀의 능력을 경험하지 못한다는 뜻이고, 그것은 전적으로 양육을 맡은 내 부족함 때문이라 생각하니 낙심되었다. 그날의 공부를 마치고 저녁에도 금식하며 주님 얼굴을 구했다.

'주님, 어쩌면 좋습니까? 이 자매의 험담하는 습관을 고쳐주소서.'

주님이 침묵하시는 것 같았다. 나는 더욱더 주님을 부르며 도움을 구했다.

'주님, 비판하는 말보다 칭찬하는 말을 할 수 있도록 자매에게 사람들을 바라보는 주님의 눈을 주옵소서.'

주님은 또 아무 말씀도 안 하셨다.

'주님, 이 자매가 남을 비판하는 습관이 있습니다. 고쳐주세요.'

주님이 말씀하셨다.

'너도 그런다.'

나는 깜짝 놀랐다.

'무슨 말씀이신지요? 주님이 저를 잘 아시잖아요. 제가 남을 험담하지 않기 위해 말수도 줄이고, 심지어 험담을 피하기 위해 가까운 사람들도 피하다가 오해받은 적도 있다는 걸요.'

'잘 생각해보렴, 너와 네 남편이 침대에 누워 무슨 말을 하는지.'

침실의 대화를 바꾸다

그날 이후, 나는 우리 부부의 침실 대화를 살폈다. 하나님이 옳았다. 나도 모르는 사이에 내가 험담을 하고 있었다. 다른 사람들과는 험담을 하지 않기 때문에 괜찮은 줄 알았다. 남편과 대화 중에 하는 작은 험담쯤은 아무런 문제가 되지 않는다고 생각했다. 내가 험담하는 죄가 있었음을 인정하고 하나님 앞에 회개했다. 다시는 남편과 침실에서 다른 사람을 욕하지 않기로 결심했다. 그랬더니 신기하게도 그 자매가 험담을 줄였다.

남편은 다른 사람과 갈등이 있을 때에도, 내가 자기편에 서서 상대를 욕하는 것을 싫어한다. 내가 같은 상황이었을 때 나는 남편이 내 편에 서서 상대를 욕해주었으면 좋겠다. 그래서 남편도 그럴 줄 알고 열심히 상대를 비판한다. 그때마다 남편은 좋아하기는커녕 도리어 내게 화를 낸다. 나도 화가 났다.

"내가 당신 편에 서서 얘기하는 건데 왜 나한테 화를 내는 거야?"

나는 기가 막혀서 눈물이 나려고 했다. 그때서야 남편은 목소리를 낮추고 내 얼굴을 보며 말했다.

"당신은 그러지 마. 당신 같은 사람이 남 욕하는 거 어울리지 않아. 당신만은 언제까지나 천사로 있었으면 좋겠어."

이렇게 이유를 말하지만 나는 사실 그런 남편이 잘 이해되지 않았다. 그렇다고 내가 평상시에 다른 사람을 흉보는 것도 아니다. 나는 어려서부터 이 부분을 가정에서 훈련받았다. 새해 아침에 아버지가 우리 형제들에게 종이로 카드를 만들어서 열 장을 나눠주신다. 만약 누군가 욕을 비롯한 나쁜 말을 하면 카드 한 장씩을 잃게 된다. 우리는 그 카드를 잃지 않으려고 나쁜 말이 나오려는 순간 입을 다물곤 했다. 그 덕분에 우리 형제들은 집 안에서 나쁜 말이나 상대를 비판하거나 욕을 하는 경우는 없었다.

그런데 30분이 넘는 하굣길을 친구들과 걸을 때면 가끔 누군가의 흉을 보기도 했다. 집에 도착해서 가방을 마루에 놓는 순간 마음이 불편했다. 나는 입을 씻고 싶었다. 그럴 때면 회개기도를 했다. 그렇게 말에 대한 훈련을 해서인지 나는 점점 말수가 적어졌다. 예수님의 제자가 되기 위한 첫 훈련으로 나는 말과 혀에 대해 공부했다. 잠언에서 말과 혀에 대한 구절을 다 찾아 적고 묵상했다.

간사들과 공동생활을 할 때는 식사 후의 대화를 조심했다. 그때 남의 말을 많이 하게 되므로 나는 슬그머니 자리를 피하다가 오해를 받기도 했다. 혼자만 있으려고 하는 이상한 자매라고. 교회의 소그룹 모임 때도 마찬가지였다. 은혜롭게 예배를 마친 후에 대부분 은혜롭지 못한 험담을 할 때마다 마음이 아팠다. 그래서 어떻게 하면 끝까지 은혜롭게 예배를 드릴 수 있을까를 많이 고심했다.

내가 찾은 방법은 일주일 동안 주님이 베푸신 은혜를 기억하고 감사를 나누는 일이었다. 우리 아이들에게도 좋은 말을 하도록 부지런히 가르쳤다. 심지어 만화영화 〈밤비〉에 나오는 대사를 누누이 강조했다.

"만약 네가 좋은 말을 할 수 없거든 아무 말도 하지 마라."

그런데 이처럼 평상시 남을 험담하는 일을 극히 싫어한 우리 부부가 어찌하여 침실에서 우리끼리 아무렇지 않게 남 험담을 하게 되었을까? 그 누구보다도 우리가 서로 친하다는 이유 때문이었을 것이다. 사람들은 친밀감의 표시로 비밀스런 얘기를 하기 좋아한다. 또는 친해지고 싶어서 비밀스런 얘기를 꺼내기도 한다. 그 비밀스런 얘깃거리를 대부분 제삼자를 험담하는 데서 찾는다. 친밀함의 매개체를 굳이 남 얘기로 삼아야 했을까?

나는 남편과 함께 이 부분을 개선하기로 했다. 그리하여 우리는 침실에 어울리는 이야기 주제를 찾았다.

우리 아이들과 부부에 대한 이야기

첫째, 우리 아이들에 대한 좋은 이야기를 했다.

어린 시절, 잠자리에 누워 있으면 안방에서 도란도란 이야기 소리가 들리곤 했다. 가만히 들어보면 대부분 우리 형제들에 대한 이야기였다. 부모님이 자식들을 한 명씩 떠올리며 누구는 어떻고 누구는 어떻다고 하시며 이야기를 주고받곤 하셨다. 나는 불을 끄고 누워서도 부모님 얼굴에 번지는 미소를 떠올릴 수 있었다. 부모님의 이야기를 들으면서 '두 분이 우리를 참 많이 사랑하시는구나' 생각했다. 우리 부부도 그렇게 하기로 했다.

우리 부부는 침대에서 무릎을 꿇고 손을 마주잡고 저녁 기도를 한다. 아침에는 사역과 열방을 위해 기도하고 또 다른 사람을 위해 중보기도하지만, 저녁에는 우리 아이들과 양가 가족을 위해 기도한다. 그리고 불을 끄고 누워서는 자연스럽게 우리 아이들의 좋은 일들을 이야기했다. 서로 아이들을 관찰하고 느끼고 함께한 이야기를 나누고 공유하며 또 아이들을 향한 소망을 이야기하다보니 기분 좋은 미소를 머금고 잠들 수 있어 좋았다.

특히 그 시간에 남편의 말로 인해 내가 격려를 많이 받았다. 남편이 아이들에 대해 좋은 말을 하면 마치 내가 칭찬을 듣는 것 같아 좋았다. 하루 종일 아이들과 씨름한 시간들이 헛되지 않았다는 걸 증명받는 것 같았다.

둘째, 침실에서는 우리 둘만의 비밀스런 이야기를 했다.

어떻게 우리가 친밀한 부부로 살 수 있는지를 이야기했다. 마음의 소원과 고민도 이야기하지만 부부의 성(性)에 관한 이야기도 했다. 부부라면 성에 관한 이야기를 반드시 나눠야 한다. 그런 주제를 누구와 이야기할 수 있겠는가. 가장 비밀스런 이야기를 다른 곳에서 다른 사람과 나눈다면 아마 그와 더 친근감을 느끼게 되지 않겠는가. 부부 사이에서만 사용해야 하는 언어가 따로 있듯이 부부만이 나눌 수 있는 대화 주제가 따로 있다. 그래서 우리는 부부의 성에 관하여 침실에서 이야기한다.

나는 사실 성에 대한 지식이 전무했다. 잡지나 영화에서도 습득한 것이 없었다. 대학시절 성경을 읽다가 간음과 음란의 차이를 몰라 남자 간사님에게 질문한 적도 있었다. 그 분은 답변을 안 하고 얼굴만 붉혔다. 왜 그렇게 반응하는지 그 이유도 몰랐다. 요즘 같으면 오해받을 행동이었는데, 그때는 내가 참 무지했다.

결혼 후 남편은 《여성이 된 기쁨》이라는 책을 선물해주었다. 그 책을 읽고 또 읽었다. 그 책에서 라마즈 호흡법을 배워서 둘째와 셋째를 무통 분만했으니 참 고마운 책이다. 뿐만 아니라 생리 주기에 따른 가임기 체크 방법부터 아름답게 폐경기를 맞이하는 방법도 잘 정리되어 있었다. 더구나 경건한 그리스도인 부부가 어떻게 성을 즐겁고 아름답게 누려야 하는지 그 타당성과 중요성을 잘 기록해놓았다. 덕분에 성에 대한 내 사고가 많이 바뀌었다. 실로 여성이 된 기쁨이 무엇인지 알기 시작했다.

나는 부부의 성생활에 관해 몇 가지 지식을 습득하고 마음에 늘 간직했다. 성은 하나님이 준비하신 아름다운 선물이다. 부부는 이 성을 누려야 한다. 그 안에 있는 기쁨과 즐거움을 함께 맛보며 결혼 안에 두신 하나님의 선하심을 즐거워해야 한다. 남편과 아내가 서로를 만족시켜야 한다. 반면에 부부 사이에 성을 누리지 못하면 문제가 생긴다. 성경에는 마귀로 하여금 틈을 타지 못하도록 부부는 분방하지 말라고 명령한다. 부부 안에서 성을 누리지 못하면 마귀가 틈을 탄다는 말이다.

서로에게 소홀히 하면 여우가 포도원을 헐기 위해 울타리를 뚫듯이 부부 관계를 튼튼하게 묶고 있는 친밀함의 끈이 헐거워진다. 성적인 관계가 소원해지면 부부의 친밀함이 약해진다. 친밀감이 무너지기 시작하면 조그마한 일에도 서로 짜증을 낸다. 서로를 용납하고 참으며 인내하기가 어렵다. 같이 있어도 혼자 있는 것처럼 외롭다. 차라리 혼자 있는 것이 덜 외롭겠다고 생각할 정도다. 외로움을 채우기 위해 다른 곳에 눈을 돌린다. 친밀함을 다른 곳에서 찾으려고 떠난다.

그렇게 부부는 멀어져간다. 어쩔 수 없이 분방해야 할 때는 어떻게 해야 하는가. 우리 부부는 그 기간을 2주 이내로 정했다. 남편의 선교지 방문도 2주를 넘기지 않기로 했다. 일반적으로 남편들에게 가장 어려운 분방 시기는 아내의 임신 기간이다. 이때는 남편들이 많이 절제해야 한다. 남편의 절제가 쉽지 않다는 사실을 아내가 이해해주는 것이 중요하다. 당연히 절제하라고 요구하지 말고 남편의 노력을 격려하고 칭찬해야 한다. 또 성적인 만족을 부부가 서로 누릴 수 있는 다양한 방법을 반드시 찾아야 한다.

또 결혼하면 한 몸이 되었기 때문에 자기의 몸을 자신이 주장하지 못한다. 즉 배우자의 성관계에 대한 요구를 들어주어야 한다는 뜻이다. '피곤해서, 아파서, 마음이 안 생겨서, 그럴 기분이 아니어서, 오늘 생긴 무슨 일 때문에, 아이들이 깰까 봐, 옆방에 들릴 것이 걱정되어서, 배가 불러서, 소화가 덜 돼서, 추워서, 더워서' 등 오늘은 그냥 넘어가고 싶은 이유가 천 가지가 있을지라도 항상 한 가지를 기억해야 한다.

"내 몸은 내가 주장하지 않고 배우자가 주장한다."

정말 힘들 때는 지금은 왜 쉬고 싶은지를 배우자에게 이야기하고 이해를 구한다. 대신 부부의 친밀함을 일으키는 대화를 충분히 하면 된다.

…선한 말은 정결하니라

잠언 15장 26절

나는 오후가 되면 집에 가고 싶어진다.

저녁이 되면 마음이 급해진다.

날랜 사슴처럼, 달리는 노루처럼 빨리 아내에게 가고 싶다.

chapter *8*

돌아오세요
나에게 오세요

"여보! 내가 퀴즈를 낼게. 한번 맞춰봐."

"알았어. 재미있는 건가?"

"비행기를 탔는데, 갑자기 문제가 생겨서 산소 공급이 필요해. 그러면 좌석 위에서 산소마스크가 내려오거든."

"그런데?"

"당신이 아들과 함께 비행기에 타고 있다고 생각해봐. 산소마스크 두 개가 나오는데, 누가 먼저 써야 할까? 당신이야? 아들이야?"

"무슨 소리야! 당연히 아들이 먼저지!"

"땡! 당신이 먼저 써야 해."

"그게 무슨 말이야. 아들을 먼저 살려야지."

"그러니까, 아들을 살리려면 당신이 먼저 산소마스크를 써야 되는 거야. 당신이 살아 있어야 아들을 살릴 수 있지."

선교 본부 사역을 하면서 비행기 타는 일이 자주 있었다. 그때마다 승무원이 시범을 보이며 가르치는 안전 교육을 들었다. 산소마스크를 어른이 먼저 사용해야 한다는 내용이 인상적이었다. 성인의 의식이 깨어 있어야 동반하는 어린이를 안전하게 지킨다고 했다. 지금은 비행기를 타며 자주 들어서 당연한 말로 들린다. 그러나 처음에는 생소했다. 아내는 당시 막 큰아이를 출산했다. 아내는 자기 생명처럼 아들을 사랑했다. 그런 아내가 이런 교육을 들으면 어떻게 반응할지 궁금했다. 집에 와서 물어보았더니, 역시 아들에게 먼저 사용해야 한다고 주장했다. 모든 엄마의 선택이 이와 비슷할 것이다. 그러나 부모가 먼저 깨어 있어야 자녀를 돌볼 수 있다. 아무리 자녀를 사랑해도 부부관계가 우선인 것도 같은 이치다. 부부가 중요하다.

분단국가 같은 부부가 되지 않으려면

이 시대의 청소년과 우리 자녀들은 미디어에서 많은 영향을 받는다. 그들은 보는 것에 익숙하고, 눈으로 봐야 반응한다. 눈으로 보고 배우는 미디어식 교육에 익숙한 그들에게 적합한 가르침의 방법은 보여주는 것이다. 부부가 서로 사랑하는 모습을 보여줄 때, 자녀들은 흔들리지 않는 안정감을 갖는다.

2010년, 안식년을 마치고 한국에 돌아와서 우리나라의 통일과 북한의 변화를 위해 기도하고 싶었다. 집에서 자료를 보면서 기도해도 되지만, 직접 발로 밟으며 분단 현장 속에서 기도하기로 했다. 나는 강원도 고성의 통일전망대에서 임진각 평화누리공원까지 걸었다. 민통선을 따라 걸으면서 기도했고, 최전방 부대의 전망대와 곳곳에 있는 군인 교회에서 기도했다. 남북의 경계선에 최대한 가까이 가서 현장에서 기도했다. 직접 눈으로 보는 것이 얼마나 중요한지 그때 알았다. 막내아들은 처음부터 끝까지 나와 함께 걸었다. DMZ 국토순례 기도여행을 하면서 아들은 남북분단을 직접 체험했다. 기도여행을 마치고 통일 한국에 대한 비전을 품고 자기 진로를 찾았다. 직접 눈으로 보니 기도부터 달라졌다. 보는 것이 중요한 세대에게는 보여주어야 한다.

우리나라의 분단 상황처럼 부부의 마음이 나뉘어 있다면 자녀들은 흔들린다. 자녀들이 제자리를 찾아오는 가장 좋은 방법은 부모가 서로 사랑하는 모습을 보여주는 것이다. 자녀의 진로를 걱정하는 부모가 많다. 그들에게 좋은 부모가 되어 도와주고 싶어 한다. 그러나 좋은 부모가 되려면 먼저 좋은 부부가 되어야 한다.

좋은 부부가 되는 것이 어렵지 않다. 하나님의 도움으로 충분히 가능하다. 두 사람이 합심해서 무엇이든지 구하면 하나님께서 응답하신다고 성경이 말한다.

진실로 다시 너희에게 이르노니
너희 중의 두 사람이 땅에서 합심하여 무엇이든지 구하면
하늘에 계신 내 아버지께서 그들을 위하여 이루게 하시리라
마태복음 18장 19절

두 사람이 합심하는 가장 분명한 경우는 부부다. 부부가 마음을 합하여 기도하면 하나님이 도와주신다. 그래서 부부가 하나가 되어

야 한다. 이를 위해서 먼저 배우자에게 마음이 돌아와야 한다. 마음이 하나가 될 때 진정한 연합이 일어나기 때문이다.

아가서 2장 17절에서는 아내에게 돌아오라고 말한다. 어두워지기 전에 빨리 오라고 한다.

> 내 사랑하는 자야
> 날이 저물고 그림자가 사라지기 전에 돌아와서
> 베데르 산의 노루와 어린 사슴 같을지라 _개역개정_

> 날이 저물고 그림자가 사라지기 전에,
> 나의 임이여, 노루처럼 빨리 돌아와주세요.
> 베데르 산의 날랜 사슴처럼 빨리 오세요. _표준새번역_

이 성경구절을 문자 그대로 쉽게 적용하면, 남편은 빨리 퇴근해서 집에 가려고 노력해야 한다. 아내가 있는 집으로 가야 한다. 이는 남편에게만 적용되는 말씀이 아니다. 아내도 남편에게 돌아가야 한다. 전업주부로 있든지 직장에서 일하든지 시간이 되면 남편에게 돌아가야 한다. 자녀양육으로 할 일이 많고 집안일이 쌓여 있어도 남편이 집에 오면 남편에게 마음이 가야 한다.

나는 아가서를 읽으면서 그 중심 내용을 우리 부부에게 적용했다. 결혼식 축가 중 한 곡이었던 아가서 2장의 말씀을 평생 떠올리며 살았다. 아가서 서약의 목록을 만들어서 아내를 사랑하는 기초로 삼고 하

나씩 실천하면서 적용했다. 마지막 일곱 번째는 '아내에게 돌아가라'
는 말씀이었다. 나는 오후가 되면 집에 가고 싶어진다. 저녁이 되면
마음이 급해진다. 각종 모임과 강의가 있어서 밤늦게까지 사역 일정
이 있으면 마음이 먼저 출발한다. 아내와 함께 집 밖에 있으면 그나마
다행이지만 아내가 집에 있으면 마음이 급해진다. 날랜 사슴처럼, 달
리는 노루처럼 빨리 아내에게 가고 싶다.

하나되기 위한 가장 좋은 길

우리 부부는 대한민국의 남자들이 일찍 퇴근하는 날이 오기를 기도한
다. 온 가족이 함께 저녁을 먹으면 가장 좋겠지만 최소한 부부라도 저
녁 한 끼는 함께하기를 기도한다. 생업 현장이 치열하고 현실적으로
불가능하게 보여도 언젠가 그런 날이 올 것을 믿고 소망한다. 하루
종일 바쁘게 일하고, 저녁 시간이라도 부부가 여유 있게 보내면 얼마
나 좋겠는가. 그러면 자녀들도 함께 키울 수 있다. 날이 저물고 그림
자가 사라지기 전에 서로 배우자에게 돌아가야 한다. 서로에게 돌아
간다는 것은 무엇일까. 서로 사랑하는 일이다. 그런데 왜 잘 안 될까.
  서로 사랑받으려고 결혼하면, 좋은 부부가 되기 어렵다. 각자 먼저
받으려고만 하는데 누가 줄 수 있는가. 서로 사랑하려고 결혼해야 한
다. 사랑을 주려고 결혼해야 한다. 부부들이 서로 배우자에게 요구하
는 것이 많고 사랑을 받으려고만 하면 결코 채워지지 않는다. 먼저 사

랑해야 한다. 예수님은 우리에게 서로 사랑하라고 말씀하셨다. 사랑을 받으려고 하지 말고, 서로 사랑하라고 말씀하셨다(요 13:34,35).

　우리 부부는 선교단체의 간사로 함께 사역했다. 내가 맡은 사역들은 시간 사용이 들쑥날쑥했다. 일정이 규칙적이지 않아 우리만의 강점이 있고 약점도 있다. 장점이 있는 반면 분명한 단점도 있다. 몰아서 함께 시간을 보내는 때도 있었지만 장기간 집 밖으로 다니는 기간도 많았다. 이 책을 쓰고 있는데 아내가 일기를 읽어주었다. 내가 얼마나 많이 집을 비웠는지, 아내가 얼마나 자주 남편을 그리워했는지 새삼스레 알게 되었다. 나는 규칙적으로 시간을 사용할 수 없었다. 어떤 가정이든지 마찬가지이다. 부부가 하는 일의 장점을 활용하고 강점을 살리면, 단점은 보완이 되고 약점은 가려진다. 밭에 숨어 있는 보물을 찾듯이 노력하면 좋은 부부가 되는 방법이 분명히 있다.

　가장 좋은 길은 부부가 하나님께 나가는 것이다. 하나님은 구하는 자에게 좋은 것을 주신다. 하나님을 의지하는 두 사람에게 서로 사랑하는 부부의 삶을 선물로 주신다. 하나님은 왜 결혼 제도를 주셨는가. 가정을 이루라고 명령하신 뜻은 무엇인가. 이를 통해서 보여주는 하나님의 계시가 있다. 예수님과 우리의 관계를 성경은 신랑과 신부로 표현했다. 남자와 여자가 만나서 친밀한 부부가 되면 예수님과의 친밀한 관계를 배울 수 있다.

　국토순례 기도여행을 하면서 분단 조국의 현실을 보고 마음이 아팠다. 우리나라가 왜 분단의 아픔을 안고 살아야 하는가. 우리나라는 국가의 주권을 잃어버리고, 국토의 자원을 수탈당하고, 전쟁을 경험한 아픈 현대사를 살았다. 근대화의 기회를 놓친 대가를 혹독하게 치렀다. 그러나 우리 민족은 포기하지 않았다. 극한 가난을 극복하고, 한계를 뛰어넘어서 현대화를 이루었다. 세계가 부러워하고 놀랄 만한 기적을 이루었다. 이제 대한민국의 미래를 위해서 몇 가지 사회적 과제를 해결해야 한다. 어려운 일은 해결했고, 쉬운 일이 남았다. 가정의 회복이 대표적인 일이다. 자녀를 하나님 아이로 양육하고, 부모가 하나님 부부로 살아가는 결단을 해야 한다. 너무 늦기 전에 새롭게 출발해야 한다.

서로 사랑하는 좋은 부부가 되기 위해 새롭게 출발해야 한다. 자녀들이 부모가 되었을 때 그들은 가정의 무엇을 추억할까. 부모가 서로 사랑하는 모습을 기억하면서 그들도 좋은 부부가 되기를 노력할까. 언론에 오르내리는 각종 지표를 인용하지 않더라도 조금만 주위를 돌아보면 가정의 회복이 절실함을 알 수 있다. 가정과 관련된 많은 문제의 출발은 부부 관계에서 시작된다. 또한 그 문제의 해결도 부부 관계에서부터 풀어갈 수 있다. 부부 관계가 어려울 때, 자녀와 일 속으로 도망가는 것은 임시방편일 뿐이지 진정한 해결책이 아니다. 부부 안에서 이를 풀어야 한다. 이제 더는 후퇴할 수 없다. 그러나 소망이 있다. 부부들이 스스로 해결하지 못한다고 깨닫는 순간이 새로운 출발선이다. 하나님께 가까이 가야 한다. 그래야만 비로소 부부는 한 몸이 되고, 신실하신 하나님의 보호와 축복을 받는다.

평생 옆에 두고 싶은 사람

우리 가족이 형님과 함께 차를 타고 갔다. 형님이 앞자리 조수석에 앉아 있다가, 중간에 다른 약속이 있어서 내렸다. 아내는 뒤에서 아이들과 함께 앉아 있었다. 차가 출발했는데 옆자리가 비어 있으니 왠지 허전했다.

"여보! 지금 신호 대기중이니까, 문 열고 앞으로 와."

"어떻게 길 한복판에서 차 문을 열어? 난 못해."

"5초도 안 걸리겠다."

"무서워서 못해요."

그러더니 잠시 후 운전석과 조수석 사이의 틈을 비집고 몸을 비틀면서 앞으로 건너와 내 옆에 앉았다. 아내가 예뻐서 손을 잡았다.

"아빠! 엄마가 그렇게 좋아요?"

"그럼."

"아니 조금 있으면 집에 도착하는데, 그 사이를 못 참고 꼭 엄마가 옆에 앉아야 해요?"

"그럼."

"평생 함께 있었는데, 시간만 되면 또 옆에 있고 싶어요?"

"그럼."

"부부는 원래 그런가요? 나도 그렇게 해야 해요?"

"그럼."

《하나님 아이로 키워라》 책을 출간한 뒤, 성경적인 자녀양육에 대한 강의가 예전보다 많아졌다. 나는 시편 127편의 본문을 중심으로 자녀를 보는 관점과 자녀를 대하는 태도의 중요성을 말한다. 또 자녀양육의 목표는 하나님나라의 군사로 키우는 것이며, 자녀의 발달 단계에 맞게 양육방법을 다르게 하라고 제안한다. 기도로 자녀를 양육하는 이론과 실제도 소개한다. 또한 자녀가 끝까지 선물, 상, 군사가 되게 하려면 자녀를 노엽게 하지 말아야 한다고 가르친다(엡 6:4). 자녀들을 노엽게 하면 안 되는 이유를 성경은 분명하게 말한다. 낙심할까 두렵기 때문이다.

> 아비들아 너희 자녀를 노엽게 하지 말지니
> 낙심할까 함이라
> 골로새서 3장 21절

자녀들이 낙심하면 그들은 용기를 잃고 하나님의 사람으로 성장할 기회를 잃어버린다. 하나님 아이로 자라지 못하게 하는 치명적인 장애물이 자녀들의 낙심이다.

자녀를 노엽게 하지 않으려면

부모는 자녀가 낙심하지 않고 자신감을 갖고 자라도록 도와야 한다. 그렇다면 자녀는 언제 부모님에게 상처를 받고 분노하는가. 그것을 알아야 자녀를 노엽게 하지 말라는 명령을 지킬 수 있지 않겠는가. 그래서 나는 자녀양육을 강의하면서 부모들에게 질문을 한다.

"어린 시절로 잠시 돌아가봅시다. 그때 여러분의 부모가 어떻게 했을 때 상처받고, 화가 났었나요? 어렸을 때 우리를 화나게 했던 그런 일을 하지 않는다면, 우리 자녀들을 노엽게 하지 않는 좋은 부모가 될 수 있습니다. 자, 이야기해볼까요?"

나는 무선 마이크를 들고 강의실을 돌아다니며 각 사람들과 인터뷰를 한다. 많은 사람들의 대답을 종합해보면 다음과 같다.

"형제자매와 비교할 때, 딸이라는 이유나 또 다른 여러 가지 이유로 차별을 당했을 때, 부모가 약속을 지키지 않았을 때, 부모의 이중적인 모습을 보았을 때, 학업에 지나친 압박을 가할 때, 자신이 하고 싶은 공부나 가고 싶은 길을 못 가고 부모의 요구를 억지로 따라야만 했을 때, 장남이나 장녀라는 이유로 큰 부담을 안겨줄 때 화가 납니다."

그중에서 가장 많은 사람들의 대답은 '부모가 싸울 때'였다. 자녀가 가장 크게 상처 받고 화가 나고 낙심되는 이유는 바로 부부싸움이었다. 자녀는 부모가 싸울 때 상처 받는다. 어디 자녀뿐이겠는가. 부부싸움은 당사자인 아내와 남편에게 치명적인 상처를 준다. 옛말에 부부싸움은 칼로 물 베기라고 했다. 그 말은 싸워도 된다는 뜻이 아니다. 물이 다시 합쳐져서 흔적을 알 수 없듯이 싸우더라도 상처받지 말고 잊어버리라는 뜻이다.

그러나 실제로는 그렇게 되기가 쉽지 않다. 흔적이 남고, 상처가 되고 아픔이 된다. 그래서 부부는 싸우면 안 된다. 성경 어디에도 부부는 싸워도 된다든지 부부싸움은 당연하다든지 또는 부부는 싸우면서 정이 든다는 말이 있는가. 서로 사랑하라는 말만 있다. 그것이 정답이다. 사랑하면서 살기에도 너무나 짧은 인생이다. 싸우면서 세월을 낭비하기에는 너무나 아깝다. 싸우지 말자! 부부 사이가 안 좋으면 자녀는 화가 나고 마음이 무너진다.

내가 천리향을 키우는 이유

나는 베란다 정원에서 천리향을 키운다. 아기 새의 작은 입 같은 꽃잎 하나가 고개를 들면, 그 틈에서 천리를 간다는 향기가 난다. 겨우내 기다렸던 향기가 온 집에 퍼진다. 처음에는 천리향이 겨울을 견디지 못하고 죽었다. 베란다에서 키우기 어려운 화초임이 분명했다. 그러나 천리향을 포기할 수 없어서 해마다 새로 샀다. 5년 만에 드디어 월

동에 성공해서 올해 처음 천리향이 꽃을 피웠고 나는 그 향기를 맡는다. 내가 천리향을 키우는 이유는 내 후배인 현이 때문이다.

내가 대학생이었을 때, 예수전도단에 오기 이전에 학생 운동권 동아리에 있었다. 그때 현이를 만났다. 현이는 짧은 커트 머리에 개나리색 머리핀을 앙증맞게 꽂고 다녔다. 현이는 나를 보면 90도로 꾸벅 머리를 숙여 인사를 했다. 아직 어린 소녀 같은 외모였지만 그 아이의 생각은 깊고 지식은 방대했다. 토요일 학술 세미나 시간에는 사물과 현상의 이면까지 깊이 있게 이해했고, 사회과학과 인문학을 아우르는 넓은 지식을 유감없이 드러내서 선배들을 감동시켰다. 그러다가 나를 보면 영락없이 달려와서 인사를 했다. 동아리 선배이면서 동시에 학과 선배인 나를 잘 따라다녔다. 현이는 시를 즐겨 썼다. 그것을 내게 종종 읽어주었는데, 듣고 있으면 언제나 가슴이 아렸다.

'이처럼 작은 아이에게 어찌 저리 큰 아픔이 자리하고 있단 말인가.'

어느 날 현이가 자기 필통을 내게 내밀었다. 필통에서 향기가 났다. 현이는 자줏빛 작은 꽃 한 송이를 필통에서 꺼내더니 내 손바닥에 올려놓았다.

"언니, 선물!"

"고마워. 향기가 정말 좋구나. 무슨 꽃이야?"

"내가 세상에서 제일 좋아하는 꽃! 천리향이에요."

현이는 나를 만날 때마다 천리향 꽃 한송이를 내밀었다. 나는 주머니에 넣기도 하고, 책갈피에 꽂아두기도 했다. 그렇게 천리향 향기를 말았다. 동아리에서 MT를 갔을 때 우리는 순서를 따라 자기 삶을 나누었다. 후배들 이야기를 듣는데 마음이 몹시 아팠다.

특히 현이 이야기를 듣다가 나는 울고 말았다. 현이의 부모님은 자주 싸우다가 결국 이혼했다. 현이는 자기 때문에 부모님이 싸웠다고 생각했다. 부모님의 이혼 후에 현이는 할머니와 살았다. 시간이 지날수록 엄마와 아빠가 보고 싶다는 말을 하면서 터진 현이 울음이 그렇게 아프고 서럽게 끝날 줄 몰랐다. 나도 함께 울면서 현이를 오래 안아주었다.

나는 부모가 이혼한 아이를 그때 처음 보았다. 우리 고향 마을에서는 이혼한 집이 한 집도 없었다. 우리 친지 중에도 없다. 부부가 이혼한다는 것이 얼마나 자녀에게 상처가 되는지 그날 현이를 통해 생생하게 보았다.

여름방학에 현이가 나를 자기 집으로 초대했다. 아담한 주택이었다. 누군가 자기 집에 온 것은 내가 처음이라고 했다. 깨끗한 베란다에 화분들이 있었다. 나는 천리향이 어떤 화초인지 궁금해서 찾아보고 있는데, 현이가 말했다.

"언니, 천리향이 다 졌어."

"내가 천리향을 찾는 것을 어떻게 알았니? 그런데 여기에 없는 거야?"

"언니 바로 앞에 있는 나무가 천리향이야."

"그래? 천리향이 한해살이 꽃이 아니었구나."

"응, 천리향은 나무야. 잘 키우면 오래 살 수 있어. 그 나무는 10년이 되었는 걸."

나는 그날 천리향 나무를 처음 보았다. 그런데 천리향 이야기를 하는 현이의 눈에 눈물이 가득 고여 있었다.

"언니, 그 나무는 엄마랑 아빠랑 함께 심은 나무야. 이혼하기 전에…."

현이는 부모님이 함께 심은 천리향을 혼자 키우고 있었다. 나는 현이가 왜 천리향 꽃잎을 갖고 다니는지 알고 난 후, 천리향이 피는 계절에는 나도 그 향기를 쫓아간다. 꽃잎 몇 개 따서 주머니에 넣고 다닌다. 현이 부모님이 천리 밖에 있더라도 그 향기를 맡고 집으로 돌아가기를 소망한다. 현이의 서글프고 아픈 눈물을 부모님이 닦아주는 날이 왔으면 해서 나도 현이가 그랬던 것처럼 그 향기를 들고 다녔다.

당신을 용서합니다

부모가 이혼한 가정뿐만 아니라 부부 사이가 좋지 않은 가정의 자녀들도 불안하기는 마찬가지다. 반대로 서로 사랑하는 부모의 모습은 행복한 자녀를 양육하는 최고의 방법이다. 좋은 부부가 좋은 부모다. 부부 사이가 좋은 것이 자녀에게만 최고일까? 그렇지 않다. 결혼한 사람의 인생에서 가장 행복할 때는 부부가 서로 사랑할 때다.

부부가 싸우지 않고 계속 사랑하는 방법은 없을까? 세월이 지날수록 사랑이 깊어지고 불타오르게 할 수 없을까? 나는 두 가지의 기본 원칙을 지키면 가능하다고 믿는다. 그것은 배우자를 용서하고 감사하는 일이다. 형제를 몇 번이나 용서해야 하는지 질문한 베드로에게 예수님은 일곱 번을 일흔 번까지 용서하라고 말씀하셨다.

> 그때에 베드로가 나아와 이르되
> 주여 형제가 내게 죄를 범하면 몇 번이나 용서하여 주리이까
> 일곱 번까지 하오리이까 예수께서 이르시되 네게 이르노니
> 일곱 번뿐 아니라 일곱 번을 일흔 번까지라도 할지니라
> 마태복음 18장 21,22절

만약 누군가를 490번까지 용서해야 한다면 가장 가까운 사람, 함께 살고 있는 사람이 아니겠는가. 가족이 용서의 대상일 때가 많다.

일곱 번이나 용서할까 말까를 고민하게 만든 베드로의 형제는 과연 누구였을까? 하루 종일 같이 있지 않고서야 그런 일이 생기기는 쉽지 않다. 더구나 490번까지도 용서가 필요한 사람이라면 스쳐 지나가는 관계는 아닐 것이다. 가족이거나 가족처럼 자주 마주치는 사람일 것이다.

평생 사랑하며 함께 사는 관계가 가족이다. 소중한 가족을 끝까지 사랑하려면 용서는 필수다. 때로 사랑은 상처를 받는다. 그 누구도 길 가는 사람에게 상처 받았다고 말하지 않는다. 상처 받은 사랑은 용서로 치유된다. 그래서 용서는 약이다. 사랑을 회복시키는 약이다. 가족은 상처 받지만 치료해야 한다. 끝까지 함께 가야 하기 때문에 지속적으로 용서해야 한다.

남편과 아내는 가족이다. 가족 중에서도 가장 많은 것을 공유하는

사이다. 그래서 부딪히는 일도 가장 많다. 용서도 가장 많이 해야 한다. 나는 남편을 상대로 하루에 몇 번씩 '용서합니다'라고 말한다. 마음속으로 한다. 주님 앞에서 한다. 감정이 상할 때나 이해받지 못할 때, 나를 화나게 하는 소리를 들을 때 나는 둘 중에서 하나를 선택한다. 나도 목소리를 높여서 반격할 것인가 아니면 마음속으로 가만히 '용서합니다' 할 것인가. 반격하면 싸움이 된다. 싸우다 보면 남편도 아프게 되지만, 나도 피할 수 없다.

물론 대부분 대화로 해결하고 사랑과 인내로 풀어간다. 그러나 감정적인 내용은 기분이 나쁘기 때문인지 즉시로 반격하게 된다. 그러면 더 큰 공격이 들어온다. 공격과 방어를 하다보면 유익보다는 상처만 남는다. 그래서 나는 용서를 택했다. 즉시 용서한다.

단지 싸우는 것이 싫어서 용서하지 않고 포기한 적도 있다. 그러나 아무리 사소한 일이라도 생각 속에 원망이 남아 있으면 칼이 되고, 그 칼을 오래 품으면 마음에 상처를 내고 결국 육체의 병으로 나타난다. 뿐만 아니라 언젠가는 반드시 그 칼이 화살이 되어 상대를 향해 날아갈 것이고 그러면 결국 둘 다 감정이 상하고 아프고 관계가 깨질 것이다. 그래서 나는 큰일이든 작은 일이든 즉시 하나님 앞에서 "용서합니다"라고 말한다. 내 감정도 안 다치고 마음을 정리하기도 쉽다. 무엇보다 내가 더는 상하지 않게 된다.

그저 속으로 아무도 모르게 '남편을 용서합니다'라고 말하면, 남편을 향한 사랑이 꺼지지 않는다. 물론 남편이 용서받을 만큼 잘못해서

가 아닐 때도 많다. 내 생각과 판단과 의견이 더 좋지 않아서 문제가 생기기도 한다. 어쩌면 내가 더 용서를 받아야 되는 것 아닌가 싶을 때도 있다. 그래도 일단 내 감정이 상하므로 그냥 용서를 말하면 마음이 편안해진다. 여유가 생긴다. 그러면 편안하게 남편을 대하고 사건을 대할 수 있게 된다.

남편은 모른다. 내가 자기를 용서한다고 말한 사실을 못 듣는다. 내가 속으로 혼자 말했으므로. 유난히 용서를 많이 한 날이 있었다. 마음속으로 '용서합니다'를 반복하고 있는데, 내 속을 모르는 남편이 말했다.

"당신은 천사 같아서 좋아."

나는 그만 웃고 말았다.

이 방법은 지금까지 나를 살렸고 또 남편을 살렸다. 나는 가끔 속으로 '남편을 용서합니다'라고 말한 다음에 기도한다.

'주님, 우리 남편을 용서해주세요. 그리고 저를 용서해주세요. 우리 부부를 용서해주세요.'

전심으로 주님을 의지해서 기도를 이어간다.

'주님이 우리의 왕이십니다. 우리를 항상 다스리소서. 특별히 제 감정과 생각과 말을 다스려주소서.'

이렇게 기도하면 정말 놀라운 평화가 임한다. 내가 살고 남편이 산다. 우리 부부 관계가 산다. 용서는 연약하고 부족한 내가 우리 부부를 살리는 처방이다.

그래서 용서는 약이며 사랑이다. 용기 있는 사랑이 용서다. 무엇보다도 용서는 큰 사랑의 실천이다. 쉽게 할 수 없고 자신이 죽지 않으면 할 수 없는 것이 용서다. 나는 바울이 말한 "나는 날마다 죽노라"라는 고백의 뜻을 조금은 이해한다.

> 형제들아 내가 그리스도 예수 우리 주 안에서 가진 바
> 너희에 대한 나의 자랑을 두고 단언하노니
> 나는 날마다 죽노라
> 고린도전서 15장 31절

'내가 죽는다'는 말은 '내 감정과 내 고집과 내 판단과 신념대로 살지 않고 오직 주님을 따라 살겠다'는 결정이다. 자신의 의지, 생각, 감정과 말, 육체와 삶의 모든 방식까지 전부 자연인이 아닌 성령의 사람으로 살겠다는 고백이다.

육체의 열매를 맺지 않으려면

지금까지 살아오면서 내가 날마다 죽을 때만이 나는 성령을 따라 말하고 생각하고 행동할 수 있었다. 내가 살아 있을 때는 주님의 뜻이 하나도 이루어지지 않았다. 나는 나의 한계를 안다. 나의 어리석음도 인정한다. 나는 나를 온전히 신뢰하지 않는다. 그래서 아침마다 기도하고, 매 순간 기도한다. 성령님이 왕이 되셔서 나를 다스리시고, 내가

그분 안에 온전히 들어가 살기를 기도한다. 내가 성령이 아닌 내 감정과 의지대로만 산다면 나는 당연히 육체의 열매를 맺게 될 것이다.

육체의 열매는 아무 소용이 없지 않는가. 결국 우리 삶에서 남는 것은 주님이 나를 통해 이루신 생명의 열매뿐이다. 나는 내 삶을 헛된 열매 맺는 일에 허비하지 않으려고 결심했다. 그러려면 내가 날마다 성령의 다스리심을 받아야 한다. 그래서 내 자아가 날마다 죽어야 한다. 그것이 실로 내가 사는 길이다. 내가 죽지 않으려고 하면 결국 둘 다 죽게 된다. 나를 죽이면, 둘 다 살 수 있다. 이 진리는 부부 관계의 사소한 일에서부터 증명된다. 내 감정과 주장을 죽인다는 뜻이 '남편을 용서합니다'라는 고백에 포함된다. 바울이 '나는 날마다 죽노라'라고 말한 다음, 계속 말을 이어간다.

"내가 사람의 방법으로 에베소에서 맹수와 더불어 싸웠다면 내게 무슨 유익이 있으리요…"(고전 15:32a).

똑같은 의미를 부부 관계에도 적용할 수 있다.

'내가 사람의 감정과 의지와 판단을 따라 가정에서 배우자와 싸워 이긴들 무슨 유익이 있으리요.'

그래서 싸우거나 따지는 일을 포기하고 용서를 택하는 데는 대가가 지불된다. 자신이 죽는 것, 그것이 곧 대가다. 그 값을 상대가 아닌 자신이 치르는 것이 용서다. 상처도 받고 값도 지불하는 것이 용서다. 어떻게 생각하면 억울한 일 같지만 사실은 모두를 살리는 일이다.

바울이 계속 말한다.

"…죽은 자가 다시 살아나지 못한다면 내일 죽을 터이니 먹고 마시자 하리라"(고전 15:32b).

맞다. 날마다 죽는 이유는 다시 살아나는 부활이 있기 때문이다. 내가 먼저 나를 죽이고 용서하면 나도 살고 남편도 살고 가정도 산다.

속지 말자. 세상에서는 양보하지 말고 자신을 죽이지 말라고 한다. 주장할 것은 당연히 주장하라고 한다. 손해보거나 억울하게 살지 말라고 한다. 그러나 자기를 주장하지 않고 용서하면서 성령을 따라 살면 평안과 사랑의 열매를 맺는다. 가정이 다시 살아나는 부활의 기쁨을 가져온다.

다리미판 앞에서

나는 다림질을 자주 한다. 주로 남편의 셔츠를 다린다. 나는 다림질을 할 때 주로 남편을 위해 기도한다. 남편의 옷을 아침에 다리기 때문에 남편의 하루를 위해 기도할 좋은 기회로 삼았다.

'오늘도 복된 날 되게 하소서. 좋은 목자가 되게 하소서. 성령으로 충만하게 하소서. 성령의 능력으로 강의하게 하소서.'

남편의 옷을 다리면 자연스럽게 남편을 생각하게 된다. 그래서 그 시간에 남편의 하루를 축복하며 기도하다가 마지막 옷 손질을 하면서 감사기도로 마친다.

'남편이 건강하게 사역할 수 있어서 감사합니다.'

나는 감사하면서 남편 옷을 다렸다. 다리미판은 내가 감사를 배우면서 욕심을 끊어버리게 한 교과서였다.

다리미판 하나 못 사고 담요 위에서 다리던 때가 있었다. 옷을 다릴 때마다 자세가 불편했다. 어느 날 아파트 재활용품을 모아둔 곳에 깨끗한 입식 다리미판을 발견한 남편이 전화를 했다. 나는 들고 와 보라고 했다. 사용해보니 멀쩡했다. 그동안 담요를 깔고 다리던 것에 비해 셔츠 어깨를 다리기가 한결 수월했다. 나는 멀쩡한 다리미판을 버린 사람과 그것을 주워다준 남편이 고마웠다. 그러던 어느 날 남편이 꽃무늬가 화려한 새 다리미판을 샀다. 쪼그리고 앉지 않고 서서 옷을 다릴 수 있는 스탠드형 다리미판이었다.

"마트에 갈 때마다 눈여겨봤는데, 드디어 샀어."

남편이 선물처럼 스탠드형 다리미판을 내게 내밀었다. 내가 늘 바라던 바로 그 다리미판이었다. 어깨와 팔을 다리기에 편하고 옷의 등판을 마음대로 펴놓고 다려도 될 만큼 큰 다리미판이 마음에 쏙 들었다. 사용하지 않을 때는 장롱 옆에 세워놓았다. 필요할 때만 꺼내서 거실로 가지고 나왔다.

그런데 어느 날부터 들고 오기에 무겁고 다리를 펴고 세우는 게 번거롭게 느껴졌다. 사용할 때마다 넣었다 빼기를 반복하니 불편했다. 나는 항상 다리미판을 세워놓는 공간이 있으면 좋겠다고 생각했다. 문득 다리미판을 들고 거실로 나오면서 다림질 방이 하나 있으면 좋겠다는 생각이 들었다. 그때 깨달음이 왔다. '내가 계속 더 좋은 것을 원하고 있구나. 그 마음을 내려놓자. 감사를 하자.' 나는 바로 마음을 내려놓았다. 더 이상의 바람은 욕심이다. 사람의 욕심은 끝이 없다. 그것을 따라가면 끝없이 허망한 삶을 살게 된다.

욕심을 따르지 않고 끊을 수 있는 제어장치가 있다. 그것이 감사다. 나는 마음을 돌이키고 다리미판을 즐겁게 폈다. 그리고 크고 튼튼한 다리미판을 주신 하나님께 감사했다. 크고 튼튼한 새 다리미판을 사다준 남편한테도 고맙다고 다시 말했다.

"여보, 당신이 사준 이 다리미판이 정말 편하고 좋아요. 감사해요."

다리미판을 사다준 남편에게 감사했더니, 옷을 다릴 때마다 감사 기도가 나왔다. 주부로서 노동하는 시간이 아니고, 하나님과 기도하면서 교제하는 소중한 시간이 되었다.

남편을 달리게 하는 에너지원

우리 부부가 가정세미나를 할 때면 남편들의 호소가 들린다.

"아내를 사랑하기 때문에 힘닿는 대로 집안일을 나눠서 해요. 주말에 아이들을 돌보기도 하는데 아내의 요구가 끝이 없어요. 집안일을 나눠서 하고 자녀를 함께 돌보는데도 아내가 감사의 말로 격려하지 않아요. 도리어 '너무나 당연한 일을 하는 건데, 감사를 원하느냐'고 따지면 힘이 다 빠지죠. 좋은 남편이 되고 싶지만 참 어렵네요."

나는 아내들의 입장을 이해했다. 그런 이야기들을 듣고 있는데, 내가 더 좋은 다림질 환경을 원했던 것이 생각났다.

'내가 남편의 옷을 다리기 위해 다리미판이 필요하고 그것을 남편이 구해주었다고 해서 남편한테 감사해야 하는가? 자신의 옷을 다려주느라 수고한 나한테 남편이 감사해야 옳지 않은가? 집안일과 자녀를 양육하는 일은 아내만의 일이 아니고 부부 공통의 일인데 왜 감사를 말해야 하지?'

물론 이런 생각도 틀린 건 아니다. 그러나 누구든지 만족하지 않으면 욕심이 생긴다. 이 욕심이 자라나면 죄가 된다. 죄는 사망을 낳는다. 부부 중 한 사람이 만족하지 않으면 부부 사이의 틈이 생긴다. 만족한다는 것은 감사하는 삶이다. 감사는 욕심을 막는 제어장치다. 욕심은 달리는 자동차와 같다. 속도를 조절해야 하는 곳에서 브레이크를 사용하지 않고 계속 달리기만 하면 큰 사고가 난다. 남편이 당연한 일을 한다고 해도 그것은 아내와 가정을 사랑하기 때문이다. 아내가 그것에 대한 경의와 예를 표현하면 남편은 더 잘하고 싶은 의욕이 생긴다. 한 일에 대한 감사는 할 일에 대한 에너지를 준다.

에너지를 주지 않고 달리라고만 하면 누구든지 지치게 된다. 성경은 범사에 감사하라고 말씀하신다. 범사는 우리 일상의 모든 일을 말한다. 나는 당연히 한 일에 감사하는 것이 진정한 감사라고 믿는다.

부부는 세월이 갈수록 사랑의 불이 타올라야 한다. 처음부터 불이 거센 것이 아니고, 갈수록 거세지는 것이 정상이다. 그러면 열기는 더 뜨거워지고, 불의 힘은 더 강해진다. 부부 사랑은 그런 것이다.

어떻게 하면 이처럼 힘 있는 부부 관계를 이룰 수 있을까? 남편이나 아내 누구 한 사람만의 노력으로 되지 않는다. 불을 지피려면 불과 불 쏘시개가 필요하고, 불을 더 활활 타오르게 하려면 불길에 연료를 지속적으로 공급해줘야 하듯이 부부 사랑이 점점 강해지려면 두 사람의 지속적인 노력이 필요하다. 나는 남편을 용서하면서 내가 살아남았고, 남편에게 감사하면서 일상의 즐거움을 찾았다.

부부는 살아갈수록 사랑이 깊어진다. 함께 나이 들수록 애틋한 사랑이 계속된다. 오랜 세월을 같이 살수록 더 친해진다. 나는 주변 사람들에게 자주 얘기한다.

"오래 함께 사세요. 중간에 포기하면 손해입니다. 더 좋은 것이 남았는데 그것을 못 누리게 되니까요."

사랑은 타오르는 불길,
아무도 못 끄는 거센 불길입니다.
바닷물도 그 사랑의 불길 끄지 못하고,
강물도 그 불길 잡지 못합니다.
아가서 8장 6,7절 표준새번역

창밖에 눈사람이 서 있다. 창 안쪽에는 따뜻한 난로가 보인다. 난로를 본 순간부터 눈사람은 가슴이 설레더니 자꾸만 난로 가까이 가고 싶어진다. 한순간도 난로에서 눈을 떼지 않는다.

'웬일일까. 왜 이리 가슴이 설레는 걸까?'

몸은 비록 움직이지 못해도 마음은 난로를 향해 날마다 줄달음친다.

겨울이 지나가고 봄이 와서 이제 창밖에 눈사람은 보이지 않는다. 그런데 눈사람이 서 있던 그 자리에 쇠막대기 하나가 남겨져 있다. 난롯불을 헤집을 때 사용하는 난로의 단짝, 부지깽이다. 아이들이 부지깽이를 가운데 세워놓고 눈사람을 만들었던 것이다. 어렸을 때 읽은 안데르센의 동화 《눈사람》을 나는 청년이 되어서 이해했다.

'그래서 그랬구나! 그래서 그처럼 난로를 향한 그리움에 녹아내리면서 애를 태웠구나!'

사람은 어느 순간부터 이성을 보면 가슴이 설렌다. 쿵쾅거리는 자신의 심장 소리에 놀라 숨쉬기조차 힘들 때도 있다. 가까이 가고 싶고 함께 이야기를 나눠보고 싶다. 왜 그러는 걸까. 우리 중심에도 이성을 향해 줄달음치게 하는 그 무엇이 들어 있단 말인가. 맞다. 눈사람 가슴에 본래의 짝이 들어 있었던 것처럼 우리 안에도 그 무엇이 들어 있다. 눈사람이 난로에 끌리는 것처럼 우리도 누군가에게 끌린다.

이 동화 속 아이들은 단지 눈을 잘 뭉치기 위해 막대기를 사용했으므로 눈사람의 절절한 마음은 몰랐다. 절대로 가까이 가면 안 되는 난로를 향해 날마다 애를 태우는 눈사람의 눈물을 전혀 짐작조차 못했다.

그러나 하나님은 다르다. 남자의 갈빗대 하나를 꺼내시고 그 뼈를 중심으로 여자를 빚으신 하나님은 아신다. '그 여자'를 기다리며 가슴 졸이는 '그 남자'의 마음을 이해하신다. '그 남자'를 그리워하며 줄달음치는 '그 여자'의 마음도 축복하신다. 어디 그뿐인가. 하나님은 '그 여자'를 '그 남자'에게로 이끌어 오신다. '그 남자'가 '그 여자'를 만나도록 자신의 집과 부모를 떠나게 하신다. 결혼해서 한 몸이 되어 서로 사랑하는 부부가 되게 하신다.

두 사람이 하나로 연합하는 것이 결혼이다. 남편은 머리가 되고 아내는 몸이 되어 짝을 이룬다. 남편은 자기 몸인 아내를 죽도록 사랑하고, 아내는 자신의 머리인 남편을 믿고 따른다. 이것을 맛보며 누리고 살면 행복한 부부가 된다.

온 세상에 이처럼 행복한 부부가 가득하길 소망한다. 이는 우리를 짝지어주신 하나님의 소망이다. 그래서 하나님이 도우신다. 결혼하고 부부로 살다가 죽을 때까지 서로 사랑하는 복을 누리도록 하나님이 도우신다. 하나님을 의지하면서 하나님의 마음으로 서로를 사랑하면 끝까지 부부는 행복하게 살 수 있다.

나는 평소에 각 요일별로 기도 대상을 나누어서 중보기도한다. 매주 월요일은 남편을 위해 기도하는 날이다. 주로 아침에 읽은 성경 본문을 남편에게 적용하면서 생각날 때마다 하루 종일 틈틈이 기도한다. 시편 72편을 읽은 날은 '주의 판단력과 주의 의로움'을 남편에게 부어주시도록 기도한다(시 72:1 참조). 고린도후서 6장을 읽은 날은 '남편에게 아버지가 필요합니다. 하나님이 남편의 아버지가 되어주세요'라는 기도를 계속한다(고후 6:18 참조). 남편을 위해 중보기도하는 일이 아내가 하는 중요한 일이라고 믿기 때문에 잊지 않고 기도하려고 노력한다.

그런데 어느 월요일 아침, 남편을 위해 기도하려고 무릎을 꿇었는데 그날따라 기도가 쉽게 나오지 않았다. 성경 본문과도 기도 내용이 연결되지 않았다. 억지로 기도하지 않고 조용히 하나님께 질문을 했다.

'하나님! 내 남편에 대해 어떻게 생각하시는지요?'

즉시 성경의 한 구절이 떠올랐다.

"이는 내 사랑하는 아들이요 내 기뻐하는 자라"(마 3:17).

'예수님이 세례를 받을 때 하나님께서 하신 말씀이 남편에게도 적용되다니.' 그때부터 내 시선과 판단을 뛰어넘어 하나님의 관점으로 남편을 보게 되었다. 그래서일까. 나는 지금도 여전히 내 중심이 남편을 향해 설렌다. 떨어져 있으면 보고 싶고 함께 있으면 더없이 좋다. 남편과 함께 가정을 가꾸고 자녀를 양육하고 함께 사역한다. 하나님이 맡겨주신 사람들을 함께 섬기고, 하나님나라를 위해 같은 마음으로 동역한다. 무엇보다 하나님을 사랑하는 부부로 살아서 늘 감격이 된다.

또한 동일한 삶을 사는 이 땅의 많은 부부를 본다. 하나님은 우리 부부를 도우시고, 또 모든 부부를 도우신다. 결혼 제도를 만드시고 우리에게 선물하신 하나님이 그분을 의지하는 부부들을 기쁨과 사랑으로 돌보신다. 하나님이 세상을 창조하시면서 남자와 여자의 결혼으로 마무리하셨다. 부부는 창조의 완결이다. 그 하나님을 의지하고 서로 사랑하는 부부는 항상 행복하다.

> 창조 때로부터 사람을 남자와 여자로 지으셨으니
> 이러므로 사람이 그 부모를 떠나서
> 그 둘이 한 몸이 될지니라
> 이러한즉 이제 둘이 아니요 한 몸이니
> 그러므로 하나님이 짝지어주신 것을
> 사람이 나누지 못할지니라 하시더라
> 마가복음 10장 6-9절

하나님 부부로 살아가기

초판 1쇄 발행	2016년 4월 25일
초판 15쇄 발행	2024년 4월 24일

지은이	홍장빈, 박현숙

펴낸이	여진구		
책임편집	김아진		
편집	이영주 박소영 최현수 안수경 김도연 정아혜		
책임디자인	마영애 노지현 조은혜 이하은		
홍보·외서	진효지		
마케팅	김상순 강성민	마케팅지원	최영배 정나영
제작	조영석 허병용	경영지원	김혜경 김경희

303비전성경암송학교
이슬비전도학교 / 303비전성경암송학교 / 303비전꿈나무장학회

펴낸곳	규장

주소 06770 서울시 서초구 매헌로 16길 20(양재2동) 규장선교센터
전화 02)578-0003   팩스 02)578-7332
이메일 kyujang0691@gmail.com   홈페이지 www.kyujang.com
페이스북 facebook.com/kyujangbook   인스타그램 instagram.com/kyujang_com
카카오스토리 story.kakao.com/kyujangbook
등록일 1978.8.14. 제1-22

ⓒ 저자와의 협약 아래 인지는 생략되었습니다.
이 출판물은 저작권법에 의해 보호를 받는 저작물이므로 무단 전재와 무단 복제를 할 수 없습니다.

책값 뒤표지에 있습니다.
ISBN 978-89-6097-447-0 03230

규|장|수|칙

1. 기도로 기획하고 기도로 제작한다.
2. 오직 그리스도의 성품을 사모하는 독자가 원하고 필요로 하는 책만을 출판한다.
3. 한 활자 한 문장에 온 정성을 쏟는다.
4. 성실과 정확을 생명으로 삼고 일한다.
5. 긍정적이며 적극적인 신앙과 신행일치에의 안내자의 사명을 다한다.
6. 충고와 조언을 항상 감사로 경청한다.
7. 지상목표는 문서선교에 있다.

하나님을 사랑하는 자 곧 그의 뜻대로 부르심을 입은 자들에게는 모든 것이 合力하여 善을 이루느니라(롬 8:28)

규장은 문서를 통해 복음전파와 신앙교육에 주력하는 국제적 출판사들의
협의체인 복음주의출판협회(E.C.P.A:Evangelical Christian Publishers
Association)의 출판정신에 동참하는 회원(Associate Member)입니다.